安顺学院教育学学科建设资金资助出版

高校教师队伍建设的 探索与实践

王智勇 著

吉林出版集团股份有限公司
全国百佳图书出版单位

图书在版编目（CIP）数据

高校教师队伍建设的探索与实践 / 王智勇著.
长春：吉林出版集团股份有限公司，2024.8. —— ISBN
978-7-5731-5382-1

Ⅰ. G645.12

中国国家版本馆CIP数据核字第2024781VR0号

GAOXIAO JIAOSHI DUIWU JIANSHE DE TANSUO YU SHIJIAN

高校教师队伍建设的探索与实践

著 者	王智勇
责任编辑	于 欢
装帧设计	张红霞

出 版	吉林出版集团股份有限公司
发 行	吉林出版集团社科图书有限公司
地 址	吉林省长春市南关区福祉大路5788号　邮编：130118
印 刷	长春新华印刷集团有限公司
电 话	0431-81629711（总编办）
抖音号	吉林出版集团社科图书有限公司　37009026326

开 本	710 mm×1000 mm　1 / 16
印 张	16.5
字 数	305千字
版 次	2024年8月第1版
印 次	2024年8月第1次印刷

书 号	ISBN 978-7-5731-5382-1
定 价	78.00元

如有印装质量问题，请与市场营销中心联系调换。0431-81629729

前　　言

在新时代背景下，高校教师队伍的建设已成为推动高等教育内涵式发展的核心要素。本书旨在深入剖析新时代高校教师队伍建设的现状、问题与挑战，并结合实践案例，提出切实可行的建设策略与路径。

随着全球化和信息化进程的加速推进、知识经济的崛起和国际竞争的加剧，高等教育在国家发展中的战略地位日益凸显。高校作为人才培养、科学研究、社会服务、文化传承与创新的重要基地，其教师队伍的素质和能力直接关系到高等教育的质量和水平。在新时代背景下，高校教师队伍建设面临着新的机遇与挑战。一方面，国家对高等教育提出了新的发展要求，强调高校要培养具有创新精神和实践能力的高素质人才；另一方面，随着高等教育普及化程度的提高，高校教师队伍的结构和高校教师的素质也需要不断优化和提升。

当前，我国高校教师队伍建设取得了一定的成就，教师队伍规模不断扩大，教师整体素质稳步提升，为高等教育的发展提供了有力支撑。然而，这也存在一些不容忽视的问题和挑战，如教师队伍的结构不尽合理，高水平人才匮乏；部分教师教育教学能力不强，科研创新能力不足；教师评价机制不完善，激励机制不健全等。这些问题制约了高校教师队伍的进一步发展，也影响了高等教育的质量和水平。

本书的研究目的在于全面梳理新时代高校教师队伍建设的理论基础和实践经验，分析当前高校教师队伍建设的现状和问题，提出有针对性的建设策略与路径，推动高校教师队伍的持续优化和提升，进而提升高等教育的质量和水平。

本书的研究意义：一是有助于深化对新时代高校教师队伍建设的认识和理解，明确教师队伍建设的方向和目标；二是有助于为高校教师队伍建设的实践提供理论支撑和策略指导，推动教师队伍建设的科学化、规范化；三是有助于促进高校教师队伍的整体素质提升，为国家的发展提供有力的人才保障。

本书的主要内容包括以下几个方面：一是分析新时代高校教师队伍建设的时代背景和发展要求；二是梳理高校教师队伍建设的理论基础和实践经

验；三是深入剖析当前高校教师队伍建设的现状和问题；四是提出有针对性的建设策略与路径，包括优化教师队伍结构、提升教师教育教学能力、增强教师科研创新能力、完善教师评价和激励机制等；五是结合实践案例，分析高校教师队伍建设的成功案例和经验教训。

在研究方法上，本书采用文献研究法、案例分析法、实证研究法等多种方法相结合的方式进行深入研究。通过查阅相关文献，了解国内外高校教师队伍建设的最新理论和实践成果；通过案例分析，总结高校教师队伍建设的成功经验和存在的问题；通过实证研究，收集和分析相关数据，验证建设策略与路径的有效性和可行性。

展望未来，高校教师队伍建设的任务依然艰巨而繁重。随着科技的不断进步和社会的快速发展，高等教育面临着新的机遇和挑战。高校教师队伍作为高等教育的核心力量，必须不断适应时代发展的需要，持续创新和发展。

一方面，高校需要进一步加强教师队伍的师德师风建设，提升教师的职业素养和道德水平。师德师风是教师队伍建设的灵魂，只有具备高尚师德和良好师风的教师，才能培养出具有社会责任感和创新精神的学生。

另一方面，高校需要加大教师队伍的引进和培养力度，吸引更多优秀人才加入教师队伍。同时，要注重对青年教师的培养和支持，为他们提供更多的发展机会和空间。

此外，高校还需要不断完善教师评价和激励机制，激发教师的积极性和创造力。通过科学合理的评价和激励机制，可以激发教师的工作热情和创新精神，推动他们在教学和科研方面取得更好的成绩。

本书的出版旨在为新时代高校教师队伍建设提供理论支撑和实践指导，期望能为广大教育工作者提供有益的参考和启示。然而，高校教师队伍建设的探索与实践是一个永无止境的过程，需要不断总结经验、创新思路、完善机制。我们期待更多的教育工作者能够加入这一伟大的事业中来，共同推动高校教师队伍建设的持续发展，为培养更多优秀人才、服务国家发展做出更大的贡献。

在新时代的征程中，让我们携手共进，为高校教师队伍建设的探索与实践谱写新的篇章！

安顺学院　王智勇

2023年12月

目　　录

第一章 引 言

在新时代，高校教师队伍建设已成为教育界的焦点话题之一。随着社会的快速发展和知识经济的崛起，高等教育的重要性日益凸显，而高校教师作为高等教育的中坚力量，其素质和能力的提升对于培养优秀人才、推动学术研究和服务社会发展具有重要意义。然而，高校教师队伍建设面临着如教师队伍结构不合理、师资力量不足、教学方法滞后等问题，亟待我们对其进行深入的探索与实践。

本书旨在对新时代高校教师队伍建设进行全面而系统的研究，探索解决当前教师队伍建设中的问题，提出切实可行的对策和建议。通过对国内外相关理论和实践的综合梳理和分析，我们将深入剖析高校教师队伍建设的现状和存在的问题，并从教师培养、职称评聘、教学改革等多个方面进行深入研究，以期为高校教师队伍建设提供有益的思路。

本书旨在为广大高校教师、教育管理者以及相关研究者提供一本系统、全面的工具书，帮助他们更好地了解和把握高校教师队伍建设的新要求、新思路和新方法。同时，我们也希望通过本书的出版，能够引起更多人对高校教师队伍建设的关注和思考，促进高等教育的改革与发展。在新时代的背景下，高校教师队伍建设的探索与实践已经迫在眉睫，我们迫切需要共同努力，共同推动高校教师队伍建设迈上新的台阶。让我们一起开始这场探索之旅，为高校教师队伍建设贡献我们的智慧和力量。

第一节 研究的背景与意义

一、高校教师队伍建设的重要性

随着新时代的到来，党中央对高等教育提出了更高的要求。2018年5月

2日，习近平总书记在北京大学师生座谈会上的讲话中指出："高等教育是一个国家发展水平和发展潜力的重要标志。今天，党和国家事业发展对高等教育的需要，对科学知识和优秀人才的需要，比以往任何时候都更为迫切。"

2021年4月，习近平总书记在清华大学考察时强调："我国社会主义教育就是要培养德智体美劳全面发展的社会主义建设者和接班人。"2022年4月25日，习近平总书记在中国人民大学考察时，提出了"走出一条建设中国特色、世界一流大学的新路"的政治嘱托和明确要求。

党的二十大报告指出，教育是国之大计、党之大计。培养什么人、怎样培养人、为谁培养人是教育的根本问题。育人的根本在于立德。全面贯彻党的教育方针，落实立德树人根本任务，培养德智体美劳全面发展的社会主义建设者和接班人。坚持以人民为中心发展教育，加快建设高质量教育体系，发展素质教育，促进教育公平。加快义务教育优质均衡发展和城乡一体化，优化区域教育资源配置，强化学前教育、特殊教育普惠发展，坚持高中阶段学校多样化发展，完善覆盖全学段学生资助体系。统筹职业教育、高等教育、继续教育协同创新，推进职普融通、产教融合、科教融汇，优化职业教育类型定位。加强基础学科、新兴学科、交叉学科建设，加快建设中国特色、世界一流的大学和优势学科。

2023年5月29日，中共中央政治局第五次集体学习时，习近平总书记强调："建设教育强国，龙头是高等教育。要把加快建设中国特色、世界一流的大学和优势学科作为重中之重，大力加强基础学科、新兴学科、交叉学科建设，瞄准世界科技前沿和国家重大战略需求推进科研创新，不断提升原始创新能力和人才培养质量。"

以上这些体现了党中央对高等教育的高度重视和期望，强调了高等教育要坚持正确方向、服务国家战略、培养优秀人才等方面的要求。在这个背景下，高校教师队伍建设显得尤为重要。教师是高等教育质量的核心，他们的素质和能力直接影响到高等教育的效果和质量。因此，加强高校教师队伍建设是当前高等教育发展的重要任务之一。

二、高校教师队伍建设的背景

（一）国家战略需求

当前，我国正处于经济转型升级的关键时期，面临着众多挑战和机遇。在全球竞争日益激烈的背景下，国家对高科技人才和创新能力的需求愈发迫切。高校作为人才培养和科技创新的重要基地，承担着为国家输送高素质人才和推动科技进步的重要使命。高校教师队伍的素质和能力直接影响着人才培养的质量和科技创新的水平，因此，加强高校教师队伍建设具有重要意义。

首先，经济转型升级需要高校教师具备更广泛的知识和技能。随着产业结构的调整和升级，新兴产业不断涌现，传统产业也在不断升级改造。这就要求高校教师不仅要在自己的专业领域内有深厚的造诣，还要了解相关产业的发展趋势和需求，以便更好地培养适应经济发展的创新型人才。

其次，科技创新是国家发展的核心驱动力。在新一轮科技革命和产业变革中，各国都在加大对科技创新的投入和竞争。高校教师作为科技创新的重要力量，需要不断提升自己的科研能力和创新水平，积极参与国家重大科研项目，为解决关键技术问题和推动科技进步贡献自己的力量。

最后，国家战略的实施还需要高校教师具有国际视野和合作精神。在经济全球化的背景下，国际交流与合作日益频繁。高校教师应具备跨文化交流和合作的能力，积极参与国际学术交流和合作研究，提高我国在国际科研领域的话语权和影响力。

满足国家战略需求，关键是加强高校教师队伍建设。这不仅需要政府为高校提供更多的资源和政策支持，还需要高校自身不断完善教师培养和管理机制，营造良好的教学和科研环境。同时，教师也应自觉肩负起时代赋予的责任和使命，不断提升自己的素质和能力，为国家的发展和进步做出更大的贡献。

（二）教育改革深化

近年来，我国高等教育改革不断深化，各高校致力于推动高等教育内涵式发展。在这一过程中，教师扮演着关键角色，他们的教育理念、教学方法和科研能力直接影响着高等教育改革的成果。因此，加强高校教师队伍建设成为推动高等教育改革深化的必要条件。

首先，教师的教育理念是高等教育改革的重要引领。先进的教育理念能够促使教师更加关注学生的全面发展，注重培养学生的创新能力和实践能力。在教育改革中，教师应树立以学生为中心的教育理念，关注学生的个体差异，因材施教，激发学生的学习兴趣和潜能。同时，教师还应具备终身学习的意识，不断更新教育理念，以适应时代发展的要求。

其次，教师教学方法的创新是高等教育改革的重要内容。传统的教学方法已不能满足现代社会对人才培养的需求，教师需要不断探索新的教学方法，如启发式教学、探究式教学、项目式教学等。这些新的教学方法能够更好地培养学生的自主学习能力、团队合作能力和解决实际问题的能力，有助于提高教学质量和效果。

再次，教师科研能力的提升是高等教育改革的重要支撑。科研不仅能够促进教师自身的专业发展，还能够为教学提供最新的知识和技术支持。在教育改革中，教师应积极参与科研活动，提高自己的科研水平，将科研成果及时转化为教学内容，丰富教学资源，提高教学的针对性和实用性。

然后，高校需要采取一系列措施来加强教师队伍建设。一方面，高校应加强教师培训和继续教育，提供多样化的培训机会和资源，帮助教师更新知识、提升技能。另一方面，高校应建立科学的教师评价机制，鼓励教师积极参与教学改革和科研创新，充分发挥教师的积极性和创造性。

最后，教育改革的深化还需要社会各界的支持和参与。政府应加大对高等教育的投入，提供更多的政策支持和资源保障。企业和社会组织也应与高校密切合作，为教师提供实践锻炼的机会和平台，共同推动高等教育改革的深入发展。

（三）国际化发展趋势

在当今全球化的时代背景下，高等教育的国际化发展趋势愈发凸显，成为推动高等教育质量提升、促进教育交流合作、提高国家软实力的重要路径。高校教师队伍作为高等教育中的重要组成部分，其国际化水平直接关系到整个高等教育体系的国际竞争力。因此，教师队伍需要具备国际视野和跨文化交流能力，以适应和引领高等教育的国际化发展。

首先，高校教师的国际化发展体现在对教师队伍结构的要求上。随着全球化进程的加速，高校教师队伍需要具备多元化的国际背景和经验。拥有海外学习经历、工作经历或国际学术交流经验的教师能够为学生带来更广阔的视野和全球化的教育资源。因此，高校应该积极引进有国际化背景的教师，同时鼓励本土教师参与国际学术合作项目，促进教师队伍结构的多元化和国际化。

其次，教师队伍的国际化发展还需要重视教师的语言能力和跨文化交流能力。在国际化背景下，教师需要具备流利的外语表达能力，能够与来自不同国家和地区的学生进行有效沟通。同时，跨文化交流能力也是教师必备的素养之一，包括尊重他人文化差异、包容多元文化、灵活处理跨文化冲突等能力。这些能力的提升不仅有助于提高教师的教学效果，也有利于促进国际的学术交流与合作。

再次，国际化发展还要求高校教师积极参与国际学术交流与合作。教师应该利用学术会议、访学项目、国际合作研究等机会，积极扩大自己的国际学术影响力。通过与国际学者的交流合作，教师可以获得最新的学术资讯和研究成果，提升自身的学术水平和研究能力。同时，国际学术交流也有助于促进不同国家和地区之间的学术互动与合作，推动全球教育事业的共同发展。

此外，高校教师的国际化发展还需要注重教师的国际化培训与发展。学校可以通过举办国际化教育培训班、邀请国际专家授课、支持教师参与国际学术交流等方式，提升教师的国际化素养和能力。同时，学校还可以建立健全的国际化发展评价机制，对教师的国际化发展进行定期评估和指导，促进教师队伍的国际化水平不断提升。

综上所述，高校教师队伍的国际化发展是适应全球化时代的必然选择，对于推动高等教育的国际化进程、提高国家软实力具有重要意义。高校应该重视教师队伍的国际化建设，积极引进有国际化背景的教师，提升教师的语言能力和跨文化交流能力，促进教师参与国际学术交流与合作，加强教师的国际化培训与发展。只有不断提升教师队伍的国际化水平，高等教育才能更好地适应全球化挑战，为培养具有国际竞争力的人才做出贡献。

（四）信息化技术的快速发展

信息技术的迅猛发展。当今，信息技术正以惊人的速度不断演进和创新。互联网的普及、移动设备的广泛应用、大数据和人工智能的崛起，深刻地改变了人们的生活、工作和学习方式。信息技术的快速发展为高校教师队伍建设带来了前所未有的机遇和挑战。

对高校教育的影响。信息技术的发展对高等教育产生了深远的影响。在线教育的兴起打破了传统教育的时空限制，使得学习更加灵活和自主。虚拟实验室、模拟教学等技术手段为学生提供了更加真实和丰富的学习体验。同时，大数据分析和学习分析技术可以帮助教师深入了解学生的学习情况，为个性化教学提供依据。

高校教师的新角色与要求。在信息化时代，高校教师的角色也发生了转变。除了传统的教学工作，教师还要成为信息技术的引导者和创新者，熟练掌握各种教学软件和平台，善于运用多媒体资源，以丰富教学内容。同时，教师还应具备数据分析能力，能够根据学生的学习数据进行调整和改进。

信息技术在教学中的应用。信息化技术为教学方法的创新提供了广阔的空间。教师可以利用在线平台开展混合式教学，结合线上和线下教学的优势，提高教学效果。智能教育工具如智能辅导系统、自适应学习软件等能够根据学生的特点和需求提供个性化的学习支持。此外，虚拟现实、增强现实等技术也为学生带来了全新的学习体验。

教师信息技术能力的提升。为了适应信息技术的快速发展，高校教师需要不断提升自己的信息技术能力。学校可以提供相关的培训和进修机会，帮助教师掌握新的教学工具和技术。教师自身也应积极主动地学习和探索，将信息技术融入教学实践中，不断改进教学方法和策略。

信息化时代的教学资源建设。在信息化背景下，教学资源的建设变得更加重要。高校应建立丰富的数字化教学资源库，包括课程视频、电子教材、案例库等，为教师的教学提供有力支持。同时，要加大资源的共享和开放力度，促进优质教学资源的广泛传播和利用。

信息安全与隐私保护。随着信息技术的应用范围不断拓展，信息安全和隐私保护也成为重要问题。高校需要建立健全的信息安全管理制度，加强网络安全防护，保护学生和教师的个人信息。教师在使用信息技术时也应增强信息安全意识，确保教学活动的合法合规。

教育信息化的挑战与对策。信息技术的快速发展也带来了一些挑战，如技术更新换代快、技术与教学的融合问题等。高校需要加大对信息化建设的投入，提供良好的技术支持和服务。同时，要加强教师与技术人员之间的合作，共同解决技术应用中遇到的问题。

信息化技术的快速发展为高校教师队伍建设带来了新的机遇和挑战。高校教师应积极学习信息技术，不断提升自己的信息素养和教学能力，以更好地适应信息化时代对高等教育的要求。通过充分利用信息技术的优势，创新教学方法和手段，为学生提供更加优质、高效的教育，培养适应时代发展的创新人才。同时，要注意解决信息技术应用中面临的问题，保障教育信息化的可持续发展。

（五）学生需求变化

随着科技的快速发展和社会的不断变迁，大学生的思想观念、学习方式和价值取向都发生了显著的变化。这种变化不仅影响着学生个体的成长，也对高校教师队伍的建设提出了新的挑战和机遇。以下是对学生需求变化这一主题的详细阐述。

首先，随着社会的多元化和开放化，当代大学生更加注重个性发展。他们追求个性化的学习方式和生活方式，希望在学校里得到更多的自由和发展空间。传统的一刀切教学模式已经无法满足他们的需求，他们渴望在学习过程中能够发挥自己的特长和兴趣，实现个性化发展。因此，高校教师需要关注学生的个性化需求，提供多样化的教学方式和资源，激发学生的学习兴趣和潜能。

其次，当代大学生更加注重实践能力的培养。随着社会竞争的加剧，学生意识到单纯的理论知识已经无法满足未来的发展需求，他们需要具备实际操作能力和解决问题的能力。因此，高校教师应该注重开展实践教学，通过实践活动，帮助学生将理论知识应用到实际中去，培养他们的动手能力和创新能力。只有通过实践，学生才能更好地适应社会的发展需求，实现自身的价值。

最后，当代大学生更加注重创新思维的培养。随着科技的不断进步和知识的爆炸式增长，学生需要具备创新意识和跨学科学习的能力。学生所需要的能够独立思考、解决问题和创新的能力，往往是传统教学模式无法培养的。因此，高校教师需要注重培养学生的创新思维，引导他们开展跨学科的学习和研究，激发他们的创造力和创新潜力。只有具备了创新思维，学生才能在未来的社会中立于不败之地。

当代大学生的需求变化给高校教师队伍建设提出了新的挑战和机遇。教师需要关注学生的个性化发展需求，为学生提供多样化的教学方式和资源；注重培养学生的实践能力，开展实践性教学活动，帮助他们将理论知识运用到实际中去；注重培养学生的创新思维，引导他们开展跨学科学习和研究，激发他们的创造力和创新潜力。只有紧跟时代的发展潮流，关注学生的需求变化，高校教师才能更好地适应信息化时代的教育要求，为学生提供更加优质、个性化的教育，培养适应时代发展的创新人才。

综上，高校教师队伍建设的背景包括国家战略需求、教育改革深化、国际化发展趋势、信息化技术的快速发展以及学生需求变化等多个方面。这些背景共同构成了高校教师队伍建设的宏观环境和发展动力，要求高校教师队伍必须不断适应和应对这些变化，不断提升教师的素质和能力，如此才能更好地推动高等教育内涵式发展，培养出适应社会需求的高素质人才，为我国的经济社会发展做出更大的贡献。

三、高校教师队伍建设的意义

（一）提高高等教育质量

在新时代的背景下，高校教师队伍建设对于提高高等教育质量具有至关重要的作用。教师是高等教育的核心资源，他们的教学水平、师德师风和学术素养直接关系到学生的知识掌握、能力培养和人格塑造。因此，加强高校教师队伍建设，提高教师的教学水平和师德师风，是提高高等教育质量的关键所在。

教师教学水平与高等教育质量。教学水平是衡量高校教师队伍质量的重要指标之一。一个优秀的教师不仅需要具备扎实的专业知识和丰富的教学经验，还需要不断更新教学理念，掌握先进的教学方法和手段。教师需要根据学生的特点和需求，灵活运用多种教学方法，激发学生的学习兴趣和潜能，引导学生主动思考和探索。同时，他们还应该注重培养学生的实践能力和创新精神，为学生未来的职业发展奠定坚实的基础。高校教师教学水平的提高，不仅可以帮助学生更好地掌握知识和技能，还可以促进学生对学科的深入理解和综合运用。这样学生的综合素质和竞争力就会得到全面提升，从而推动高等教育质量的整体提升。

师德师风与高等教育质量。师德师风是教师的灵魂，也是高等教育质量的重要保障。一名具有良好师德师风的教师，不仅会关注学生的知识学习，还会注重学生的品德教育和人格塑造。教师应该以身作则，用自己的言行影响学生，引导学生树立正确的价值观和人生观。加强高校教师队伍建设，提高教师的师德师风，有助于营造积极向上、和谐融洽的校园氛围。在这样的环境中，学生可以感受到教师的关爱和尊重，从而更加积极地投入学习。同时，良好的师德师风还可以增强学生的社会责任感和使命感，培养学生的公民意识和公共精神，为社会的和谐稳定和可持续发展做出贡献。

学术素养与高等教育质量。学术素养是高校教师的基本素质之一，也是提高高等教育质量的重要支撑。一个具备高水平学术素养的教师，不仅能够为学生提供深入、系统的学科知识，还能够引导学生参与科学研究和创新实践，培养学生的创新思维和实践能力。加强高校教师队伍建设，提高教师的学术素养，可以促进高校科研水平的提高和科研成果的产出。这样不仅可以为社会培养更多具有创新精神和实践能力的高素质人才，还可以推动科技进步和经济发展，为国家的繁荣富强做出贡献。

教师队伍建设与高等教育质量提升的策略。为了加强高校教师队伍建设，提高高等教育质量，我们可以采取以下策略：一是加强教师培训和学习，提高教师的教学水平和学术素养；二是完善教师评价和激励机制，激发教师的工作热情和创造力；三是加强师德师风建设，营造良好的校园氛围；四是加强教师与社会的联系和合作，促进科研成果的转化和应用。

综上所述，高校教师队伍建设对于提高高等教育质量具有至关重要的作用。我们应该从多个方面入手，加强教师培训和学习、完善教师评价和激励机制、加强师德师风建设以及加强高校与社会的联系和合作等，推动高校教师队伍的整体素质提升，为高等教育质量的提升做出更大的贡献。

（二）培养高素质人才

高校教师承担着培养高素质人才的重要使命。加强高校教师队伍建设可以提高教师的教学水平和科研能力，从而更好地培养学生的创新能力和实践能力。这对于满足国家对高素质人才的需求具有重要意义。高校教师队伍建设不仅仅是提高教师个体素质的问题，更是涉及整个教育体系和人才培养体系的重要环节。在新时代，高校教师队伍建设的重要性日益凸显，培养高素质人才已成为当今教育改革和发展的迫切需求。

首先，培养高素质人才是高校教师队伍建设的根本任务。高校教师是学生学习和成长的引路人，他们的教学水平、科研能力和师德师风直接影响着学生成长的质量。因此，加强高校教师队伍建设，提升教师的教学水平和科研能力，是培养高素质人才的关键。教师需要不断提升自身的学术造诣和教学技能、积极参与科研活动、不断更新知识和教学方法，才能更好地引领学生，培养他们的创新能力和实践能力。

其次，高校教师队伍建设需要注重教师的专业发展和终身学习。随着社会的发展和科技的进步，知识更新的速度越来越快，教育教学理念和方法也在不断变化。高校教师要适应这种变化，就必须持续学习和进步。因此，高校应该为教师提供良好的专业发展平台和学习机会，鼓励教师参加学术交流、学术会议、专业培训等活动，不断提升自身的专业水平和学术造诣。只有不断学习和进步，教师才能更好地培养出高素质人才，满足社会对人才的需求。

最后，高校教师队伍建设还需要注重团队合作和交流互动。教师队伍是一个团队，只有团结合作、共同进步，才能更好地完成培养高素质人才的使命。高校应该鼓励教师之间开展合作研究，共同探讨教学方法，分享教学资源，促进教师之间的交流互动，形成良好的学术氛围和合作氛围。通过团队合作，教师可以相互学习、相互促进，共同提升教学水平和科研能力，为培养高素质人才提供更好的支持和保障。

总之，培养高素质人才是高校教师队伍建设的根本任务。只有加强高校教师队伍建设，提升教师的教学水平和科研能力，注重教师的专业发展和终身学习，促进团队合作和交流互动，才能更好地培养出适应社会需求、具有创新能力和实践能力的高素质人才。各高校需要认真对待教师队伍建设，重视培养高素质人才的使命，只有不断提升教师队伍的整体素质，才能更好地满足社会对高素质人才的需求，推动教育事业不断向前发展。

（三）推动科技创新和经济发展

在知识经济快速发展和经济全球化的今天，科技创新已成为推动经济发展的核心动力。高校作为科技创新的重要源头，其教师队伍在这一过程中发挥着举足轻重的作用。加强高校教师队伍建设，不仅能够激发教师的创新精神和实践能力，更能有效地推动科技创新和经济发展，为国家的现代化建设提供强有力的支撑。

首先，高校教师担任科技创新角色。高校教师是科技创新的重要推动者和实践者。他们通过深入系统的研究，探索未知领域，为科技进步和社会发展提供源源不断的创新成果。这些成果不仅丰富了人类的知识宝库，更为经济发展提供了强大的技术支撑。加强高校教师队伍建设，意味着我们要培养和引进更多具有创新精神和实践能力的优秀教师。这些教师能够带领学生和科研团队，在前沿领域取得突破性的研究成果，推动科技创新的不断进步。

其次，科技创新与经济发展的关系。科技创新是经济发展的重要引擎。新的科技成果能够催生新的产业、新的业态，推动产业结构优化升级，提高经济发展的质量和效益。同时，科技创新还能够提高生产效率，降低成本，增强企业的竞争力，推动经济持续健康发展。高校教师的科技创新活动，不仅能够为社会提供先进的科技成果，还能够通过技术转移和成果转化，推动科技成果的商业化应用，促进经济发展。因此，加强高校教师队伍建设，对于推动科技创新和经济发展具有重大的现实意义和深远的历史意义。

再次，高校教师队伍建设的策略。为了充分发挥高校教师在科技创新和经济发展中的作用，我们需要采取一系列措施加强高校教师队伍建设。要加大对高校教师的培养力度，提高他们的科技创新能力和实践能力。这包括加强教师的在职培训和学习，推动教师不断更新知识结构，提高专业素养；同时，还要鼓励教师参与国际交流与合作，开阔眼界，增强创新能力。要完善教师的评价和激励机制，激发教师的创新热情和工作积极性。通过建立科学的评价体系和激励机制，使教师的创新成果得到充分的认可并获得相应奖励，从而激发他们投身科技创新和经济发展的热情。此外，还要加强科研团队建设和管理，提高教师的团队协作能力和创新效率。通过组建跨学科、跨领域的科研团队，汇聚人才优势，形成创新合力，推动科技创新的突破和发展。

最后，高校教师队伍建设的长远意义。加强高校教师队伍建设，不仅有助于推动科技创新和经济发展，还具有长远的战略意义。第一，高校教师是未来科技创新的重要储备力量。通过加强队伍建设，我们可以培养和引进更多具有创新精神和实践能力的优秀人才，为未来的科技创新提供源源不断的人才支持。第二，高校教师的科技创新活动有助于提升国家的整体科技水平和国际竞争力。通过不断取得突破性的研究成果，我们可以推动国家的科技进步和产业升级，提高我国在全球经济中的地位和影响力。第三，高校教师的科技创新和经济发展活动有助于推动社会的全面进步和人民的福祉提升。通过科技创新推动经济发展和社会进步，我们可以提高人民的生活水平，改善民生福祉，促进社会和谐稳定。

综上，加强高校教师队伍建设是推动科技创新和经济发展的重要举措。在新时代的背景下，我们要充分认识到高校教师在科技创新和经济发展中的重要作用，采取切实有效的措施加强队伍建设，为国家的现代化建设提供强有力的支撑和保障。

（四）促进学科建设和学术研究水平提升

在新时代的背景下，高校作为培养人才、推动科学研究和社会服务的重要基地，其教师队伍的建设对学科建设和提升学术研究水平起着至关重要的作用。一支优秀的教师队伍不仅代表着学校的实力和水平，更能够引领学科的发展，推动学术研究的深入和广泛，进而提升学校在各领域的学术声誉和影响力。

首先是教师队伍与学科建设。学科建设是高校发展的核心任务之一，而教师队伍的建设则是学科建设的基石。一支高水平的教师队伍，能够为学科发展提供坚实的人才支撑和智力保障。他们通过深入研究学科前沿、探索新的学术领域，可以推动学科的不断发展和创新。同时，他们还能够通过教学活动，将最新的学术成果和理念传授给学生，培养学生的专业素养和创新能力，为学科发展注入新的活力和动力。加强高校教师队伍建设，意味着我们要注重引进和培养高水平的学术领军人才和优秀青年教师。通过完善人才引进机制、加强青年教师培养、优化教师队伍结构等措施，打造一支结构合理、素质优良、充满活力的教师队伍，为学科建设提供坚实的支撑和保障。

其次是教师队伍与学术研究。学术研究是高校的重要职能之一，也是高校教师的主要工作内容。一支优秀的教师队伍，不仅能够产出高水平的学术成果，还能够引领学术研究的潮流和方向。他们通过深入研究各个领域的关键问题、探索新的学术思路和方法，推动学术研究的深入和广泛。同时，他们还能够通过学术交流与合作，汇聚学术资源、分享研究成果、推动学术创新，为学术研究的发展提供广阔的平台和机遇。加强高校教师队伍建设，意味着我们要注重提高教师的学术素养和研究能力。通过加强教师学术培训、完善学术评价体系、优化学术资源配置等措施，激发教师的创新精神和研究热情，提高他们的学术水平和研究能力。同时，我们还要注重营造浓厚的学术氛围和宽松的创新环境，鼓励教师敢于探索、勇于创新，为学术研究的发展提供有力的支持和保障。

最后是提升学校的学术声誉和影响力。优秀的教师队伍和高水平的学术研究，不仅能够提升学校的学科建设水平和学术研究水平，更能够提升学校的学术声誉和影响力。一所拥有高水平教师队伍和优秀学术研究成果的学校，往往能够在国内外学术界产生学术声誉和广泛影响力。这种声誉和影响力不仅能够吸引更多的优秀学生和学者来校学习、交流和研究，还能够促进学校与国内外学术界的深入合作和交流，为学校的发展注入新的活力和动力。加强高校教师队伍建设，提升学校的学术声誉和影响力，需要我们注重提高教师的学术水平和研究能力，加强学术交流与合作，优化学术评价体系和资源配置等方面的工作。同时，我们还要注重营造浓厚的学术氛围和宽松的创新环境，激发教师的创新精神和研究热情，推动学校的学术研究和学科建设不断迈上新的台阶。

高校教师队伍的建设对学科建设和学术研究水平的提升起着至关重要的作用。在新时代的背景下，我们要充分认识到教师队伍在学科建设和学术研究中的重要地位和作用，加强教师队伍建设和管理，为学校的学科建设和学术研究发展提供坚实的支撑和保障。

（五）传承和弘扬优秀教育文化

在高校教师队伍的建设中，传承和弘扬优秀教育文化是至关重要的一环。优秀的教师不仅仅是知识的传授者，更是学生道德情操和学术素养的引领者，他们所展现的教育理念和文化传统将深刻地影响学生，为学校的教育事业注入新的活力和动力。

首先，传承和弘扬优秀教育文化是高校教师队伍建设的重要使命。优秀的教师代表着学校的教育理念和文化传统，他们通过言传身教的方式影响着学生的成长和发展。优秀的教师不仅在学术上有过人的造诣，更是学生品德和修养方面的楷模。他们的言行举止、处世态度、学术追求等方面都值得学生学习。通过教师的示范作用，学生可以接收到更多的正能量，培养出良好的品德情操和学术素养，传承和弘扬学校的优秀教育文化。

其次，传承和弘扬优秀教育文化可以促进学校教育事业的可持续发展。优秀的教师不仅在学术研究上有卓越的成就，更在教育教学中注重培养学生的综合素质和人文精神。他们注重学生的全面发展，不仅给学生传授知识，更注重培养学生的创新能力、团队合作精神和社会责任感。通过教师的引领和激励，学生可以更好地发挥自己的潜能，实现个人价值的最大化，为社会的发展和进步做出贡献。优秀的教师队伍可以不断传承和弘扬学校的优秀教育文化，促进学校教育事业的可持续发展，为社会培养更多人才。

最后，传承和弘扬优秀教育文化有利于提升学校的声誉和影响力。优秀的教师是学校的名片，他们的教育理念和教育成果直接关系到学校的声誉和影响力。通过传承和弘扬优秀教育文化，学校可以树立起良好的品牌形象，吸引更多优秀的师生加入学校的教育事业。优秀的教师队伍可以为学校赢得更多的荣誉和奖项，提升学校在学术界和社会中的地位和影响力。通过不断传承和弘扬优秀教育文化，学校可以建立起良好的教育品牌，为学校的可持续发展奠定坚实的基础。

总的来说，传承和弘扬优秀教育文化是高校教师队伍建设的重要内容，具有重要的现实意义和深远的历史意义。优秀的教师队伍可以通过言传身教的方式影响学生，培养学生的道德情操和学术素养，传承和弘扬学校的优秀教育文化。通过不断传承和弘扬优秀教育文化，学校可以促进教育事业的可持续发展，提升学校的声誉和影响力，为社会培养更多人才，推动社会的进步和发展。各高校和教育部门需要高度重视传承和弘扬优秀教育文化的工作，为高校教师队伍建设提供更加有力的支持和保障。

（六）增强学校的国际竞争力

随着全球化的浪潮不断推进，高等教育领域也面临着前所未有的挑战与机遇。在这一背景下，高校教师队伍的国际化建设显得尤为关键，它不仅关乎学校的学术声誉和科研实力，更直接关系到学校在国际舞台上的竞争力。因此，加强高校教师队伍的国际化建设，对于提升学校的国际竞争力具有不可替代的作用。

首先是国际化教师队伍的重要性。国际化教师队伍是提升学校国际竞争力的核心要素之一。具备国际视野和跨文化交流能力的教师，能够更好地理解国际学术前沿，推动学校的科研水平和学术影响力不断提升。他们不仅能够为学生提供国际化的教学内容和方法，还能为学生打开通往世界的大门，开阔学生的国际眼界，提高其跨文化交流能力。

其次是促进国际学术交流与合作。国际化教师队伍的建设，有助于学校与国际学术界的深入交流与合作。具备国际背景的教师，通常拥有广泛的国际联系和合作网络，他们可以通过参与国际学术会议、合作项目、共同研究等方式，推动学校与国际学术界的交流与合作不断深入。这种交流与合作能够为学校吸引更多的国际科研项目和资金支持。

再次是提升学校的国际声誉和影响力。国际化教师队伍的建设，对于提升学校的国际声誉和影响力具有显著作用。具备国际视野和跨文化交流能力的教师，能够在国际舞台上展示学校的学术实力和研究成果，为学校赢得更多的国际声誉和赞誉。同时，他们还能吸引更多的国际学生和学者来校交流学习，推动学校国际化进程不断加快。这种国际化进程不仅能够增强学校的国际竞争力，还能为学校带来更多的发展机遇和资源。

然后是培养具有国际竞争力的人才。国际化教师队伍的建设，有助于学校培养具有国际竞争力的人才。具备国际视野和跨文化交流能力的教师，能够为学生提供更加国际化的教学内容和方法，帮助学生更好地适应全球化的发展趋势。他们还能引导学生参与国际交流项目、国际合作研究等活动，培养学生的国际视野和跨文化交流能力，使他们成为具有国际竞争力的高素质人才。

最后是推动学校的整体发展。国际化教师队伍的建设，不仅有助于提升学校的国际竞争力，还能推动学校的整体发展。具备国际视野和跨文化交流能力的教师，能够为学校带来更多的国际合作项目和资金支持，推动学校的科研水平和学术声誉不断提升。同时，他们还能为学校带来更多的国际学生和学者，推动学校国际化进程不断加快，为学校的整体发展注入新的活力和动力。

总的来说，加强高校教师队伍的国际化建设，对于提升学校的国际竞争力具有不可替代的作用。在新时代的背景下，我们需要充分认识到国际化教师队伍建设的重要性，加强教师的国际交流与合作能力培训，完善国际化人才引进和培养机制，为学校的国际化发展提供坚实的人才支撑和智力保障。同时，我们还需要注重提升学校的国际声誉和影响力，培养具有国际竞争力的人才，推动学校的整体发展，为提升学校国际竞争力和增加国际交流合作做出更大的贡献。

（七）提升国家文化软实力

提升国家文化软实力是当前国家发展的重要任务之一，而高校教师队伍的建设在这一过程中扮演着重要的角色。教师队伍不仅是文化传承和创新的重要力量，同时也是推动文化交流与互鉴的桥梁和纽带。通过教学和研究，教师们可以传承和弘扬民族文化，促进文化创新和发展，培养具有文化自信和国际视野的人才，从而提升国家的文化软实力和国际影响力。

首先，高校教师队伍通过教学和研究来传承和弘扬中华优秀传统文化，推动文化创新和发展。教师作为文化传承者和引领者，在课堂上传授民族文化知识和价值观念，引导学生深入了解和研究中华优秀传统文化，激发他们对中华优秀传统文化的热爱和探索欲望。教师们通过研究和创新，不断挖掘中华优秀传统文化的深层内涵和独特魅力，推动文化创新和发展，为国家文化软实力的提升奠定坚实基础。

其次，优秀的教师队伍能够吸引和培养国际学生，推动文化交流与互鉴。国际学生作为文化的传播者和交流者，他们的到来丰富了高校的文化，促进了不同文化之间的交流与融合。优秀的教师队伍可以为国际学生提供专业的教学指导和文化交流平台，帮助他们更好地了解和体验，促进不同文化之间的互相理解和尊重。通过国际学生的培养和教育，高校教师队伍可以拓宽国际视野，促进文化交流与互鉴，提升国家的文化软实力和国际影响力。

此外，高校教师队伍在推动文化创新和发展的过程中，也在培养具有文化自信和国际视野的人才。教师们通过教学和研究，引导学生树立正确的文化认知和文化自信，培养他们具有国际化的视野和全球化的胸怀。教师们通过激发学生的文化创新意识和跨文化交流能力，培养具有国际竞争力和文化自信的人才，为国家的文化软实力建设注入新的活力和动力。

总的来说，高校教师队伍的建设对于提升国家文化软实力具有重要意义。教师队伍作为文化传承和创新的重要力量，通过教学和研究来传承和弘扬民族文化，推动文化创新和发展，吸引和培养国际学生，推动文化交流与互鉴，培养具有文化自信和国际视野的人才，从而提升国家的文化软实力和国际影响力。各高校和教育部门需要高度重视教师队伍的建设，加强文化教育和国际交流，共同推动国家文化软实力的提升，为国家的文化事业和国际形象做出更大的贡献。

（八）塑造大学品牌形象

在竞争激烈的高等教育市场中，大学的品牌形象和声誉至关重要。而高校教师队伍作为大学最具影响力和代表性的群体，其整体素质和表现直接影响着大学的品牌形象。优秀的教师队伍不仅是学术殿堂的支柱，更是大学品牌建设的重要推动力量。因此，塑造大学品牌形象需要建设优秀的教师队伍，以提升大学的综合竞争力和社会影响力。

首先，优秀的教师队伍是大学品牌形象的重要组成部分。教师是大学的灵魂和核心力量，他们的学术水平、教学能力、科研成果以及社会影响力影响着大学的学术声誉和社会形象。优秀的教师队伍具有极强的专业素养和教育能力，能够为学生提供优质的教学和指导，培养学生的综合素质和创新能力，为大学树立起良好的教学品质和学术声誉，从而提升大学的品牌形象。

其次，优秀的教师队伍能够吸引更多的优秀学生和国际合作机会。学生是大学的重要资源和未来发展的希望，他们选择大学的首要考量之一就是学校的教师队伍。优秀的教师队伍能够吸引更多的优秀学生入学，形成良性的学术氛围和学习环境，提升学校的学术水平和声誉。同时，优秀的教师队伍也能够吸引国际学生和国际合作机会，促进学校的国际化发展，提升学校在国际上的知名度和影响力，为学校的品牌形象注入新的活力和动力。

最后，优秀的教师队伍是大学品牌建设的重要推动力量。教师队伍的整体素质和表现直接反映了学校的教育教学水平和办学理念，是大学品牌建设的重要标志和保障。优秀的教师队伍能够为学校树立起良好的师资力量和学术声誉，形成独特的办学特色和品牌优势，提升学校的综合竞争力和社会影响力。通过建设和培养教师队伍，可以不断提升大学的品牌形象，吸引更多的资源和人才，实现可持续发展和跨越式发展。

综上，塑造大学品牌形象不仅可以建设优秀的教师队伍，还可以提升大学的综合竞争力和社会影响力。优秀的教师队伍不仅是学术殿堂的支柱，更是大学品牌建设的重要推动力量。通过提升教师队伍的整体素质和表现，大学可以树立起良好的形象，吸引更多的优秀学生和国际合作机会，实现品牌形象的持续提升和巩固。各大学和教育部门需要高度重视教师队伍的建设，为大学品牌形象的塑造和提升做出贡献。

高校教师队伍建设的重要性不仅在于提高高等教育质量、培养高素质人才、推动科技创新和经济发展，还包括促进学科建设和提升学术研究水平、传承和弘扬优秀教育文化、增强学校的国际竞争力等方面。此外，高校教师队伍还承担着提升国家文化软实力的重要任务，通过传承和创新民族文化、吸引和培养国际学生等方式，推动文化交流与互鉴，提升国家的文化软实力和国际影响力。同时，优秀的教师队伍也能够塑造大学的品牌形象，为大学树立良好的形象，吸引更多优秀学生和国际合作机会，从而提升大学的综合竞争力和社会影响力。综上所述，高校教师队伍建设的重要性涵盖了多个方面，对于社会公平与和谐、国家文化软实力以及大学品牌形象都具有深远的影响，因此加强高校教师队伍建设是新时代高等教育发展的重要任务之一。

四、新时代背景下高校教师队伍建设的紧迫性

在新时代背景下，党中央对教师队伍提出了更加迫切的要求，这反映了当前高校教师队伍建设的紧迫性。具体表现在以下几个方面。

（一）提高教师队伍整体素质

在新时代背景下，随着社会的快速发展和科技的日新月异，高等教育作为培养未来社会栋梁的重要基地，其教师队伍的建设显得尤为重要。党中央对教师队伍提出了更高的要求，这不仅是对教师队伍整体素质的考验，更是对高等教育质量和未来发展的期许。因此，提高教师队伍整体素质是新时代高校教师队伍建设的核心任务。

一是适应新时代教育教学改革的需求。新时代的教育教学改革要求高校教师队伍必须具备创新意识和实践能力，能够紧跟时代步伐，不断更新教育教学理念和方法。这要求教师们不仅要掌握扎实的学科专业知识，还要具备跨学科的学习能力和综合素质。只有这样才能培养出既具备理论知识，又具备实践能力的优秀人才，满足国家和社会的发展需求。

二是提升教师的学术水平和教学能力。教师的学术水平直接影响着教学质量和科研能力。因此，高校必须加强对教师的学术培训和学术交流，鼓励教师参与高水平的科研项目和国际学术会议，提升教师的学术影响力。同时，教学能力是教师职业发展的重要基石。高校应该为教师建立完善的教学评价和激励机制，鼓励教师不断改进教学方法和手段，提高教学效果，培养出更多符合时代要求的高质量人才。

三是提升教师的科研能力和创新能力。进行科研工作是高校教师的重要职责之一，也是提升教师整体素质的重要途径。高校应该加大对科研工作的投入，提供良好的科研环境和条件，鼓励教师积极参与科研活动，发表高水平的科研成果。同时，创新能力是教师科研能力的重要组成部分。高校应该鼓励教师敢于探索未知领域，勇于挑战传统观念，不断提高自身的创新能力，为国家的科技创新和社会发展做出更大贡献。

四是构建多元化、国际化的教师队伍。在新时代背景下，高校教师队伍的建设需要更加注重多元化和国际化。高校应该积极引进海外优秀人才，丰富教师队伍的学科背景和学术视野。同时，也应该加强对本土教师的国际交流培训，拓宽他们的国际视野，提高其跨文化交流能力。只有构建一支多元化、国际化的教师队伍，才能更好地适应全球化的发展趋势，培养出具有国际竞争力的高素质人才。

五是强化教师的师德师风建设。教师的师德师风是高校教师队伍建设的灵魂。在新时代背景下，高校应该加强对教师的师德师风教育和培训，引导教师树立正确的教育观、人才观和价值观。同时，高校应该建立完善的师德师风评价和监督机制，对违反师德师风的行为进行严肃处理，确保教师队伍的整体素质和形象。

综上，提高教师队伍整体素质是新时代背景下高校教师队伍建设的紧迫任务。高校应该加强对教师的培训和教育，提升教师的学术水平、教学能力和科研能力，构建多元化、国际化的教师队伍，强化教师师德师风建设，为培养更多符合国家发展需求的优秀人才做出更大的贡献。

（二）推动教育教学改革

在新时代背景下，高等教育面临着前所未有的机遇与挑战。作为高等教育的核心力量，高校教师不仅需要具备扎实的学科知识和教学技能，更需要有创新意识和实践能力，积极推动教育教学改革，以适应新时代对人才培养的新要求。

一是明确教育教学改革的目标与方向。教育教学改革是高校教师队伍建设的核心任务之一。要实现这一目标，首先需要明确教育教学改革的目标与方向。这包括深入研究新时代人才培养的需求，把握教育教学的规律和特点，以及了解国内外教育教学的最新趋势和发展方向。只有这样，才能确保教育教学改革的方向正确、目标明确，为高校人才培养提供坚实的支撑。

二是加强教育教学研究，探索新的教学模式和方法。教育教学研究是推动教育教学改革的基础。高校教师应该积极参与教育教学研究，深入探索符合时代发展需求的教学模式和方法，包括研究如何将现代信息技术手段融入课堂教学，改善教学效果；如何开展实践性教学，培养学生的实践能力和创新精神；如何构建多元化的评价体系，全面评价学生的学习成果等。通过加强教育教学研究，教师可以不断积累教育教学经验，提高教学水平和能力。

三是强化实践教学环节，培养学生的实践能力和创新精神。实践教学是高等教育的重要组成部分，也是培养学生实践能力和创新精神的重要途径之一。高校教师应该注重实践教学环节的设计和实施，通过开展实验、实训、课程设计等实践性教学活动，让学生在实践中学习、在实践中成长。同时，教师还应该鼓励学生参与科研项目、社会实践等活动，拓宽学生的视野和实践经验，提高学生的综合素质和竞争力。

四是构建多元化的评价体系，全面评价学生的学习成果。传统的以考试成绩为主的评价方式已经无法满足新时代对人才培养的需求。高校教师应该积极参与评价体系的改革，构建多元化的评价体系，全面评价学生的学习成果。这包括注重应用过程性评价、表现性评价、发展性评价等多种评价方式，以及将学生的实践能力、创新精神、综合素质等纳入评价体系中。通过构建多元化的评价体系，可以更全面地了解学生的学习情况和发展潜力，为人才培养提供更为准确和科学的依据。

五是加强教师之间的合作与交流，共同推动教育教学改革。教育教学改革是一项系统工程，需要全体教师的共同努力。因此，高校教师应该加强彼此之间的合作与交流，共同研究和探索符合时代发展需求的教育教学模式和方法。这包括定期举办教育教学研讨会、教学经验分享会等活动，促进教师之间的沟通与交流；开展跨学科、跨领域的合作项目，拓展教师的学术视野和教学思路；积极参与国内外教育教学交流项目，借鉴和学习先进的教育教学理念和经验。

推动教育教学改革是新时代背景下高校教师队伍建设的紧迫任务之一。高校教师应该明确教育教学改革的目标与方向，加强教育教学研究和实践探索，强化实践教学环节和评价体系的改革，加强教师之间的合作与交流，共同推动教育教学改革的深入发展。只有这样，才能培养出更多符合国家和社会发展需求的高素质人才，为实现中华民族伟大复兴的中国梦做出更大的贡献。

（三）建设高水平教师队伍

在新时代的大背景下，党中央对高校教师队伍的建设提出了更高的要求，即要建设一支高水平、具有国际视野和竞争力的教师队伍。这一战略不仅关系到高等教育质量的提升，更直接关系到国家创新能力和国际竞争力的增强。因此，建设高水平教师队伍成为新时代高校教师队伍建设的紧迫任务之一。

一是引进和培养优秀人才，优化教师队伍结构。建设高水平教师队伍的首要任务是引进和培养优秀人才。高校应该积极拓宽人才引进渠道，通过海内外招聘、校际交流等方式，吸引具有国际视野和学术背景的优秀人才加入。同时，高校还应完善人才培养机制，通过研究生培养、博士后流动站等方式，为青年教师提供成长和发展的平台。此外，高校还应优化教师队伍结构，通过合理配置教学科研资源，鼓励教师跨学科、跨领域合作，形成优势互补、协同创新的良好氛围。

二是提升教师的学术水平和国际影响力。学术水平是衡量教师队伍质量的重要指标之一。高校应该增加对教师的学术培训和学术交流机会，鼓励教师参与高水平的科研项目和国际学术会议，提升教师的学术影响力。同时，高校还应积极为教师提供出国访学、参加国际研修项目等机会，拓宽教师的国际视野，提升其跨文化交流能力。通过这些措施，高校可以有效提升教师队伍的整体学术水平和国际影响力。

三是建立健全的人才激励机制和评价体系。人才激励机制和评价体系是建设高水平教师队伍的重要保障。高校应该完善人才激励机制，通过提供优厚的薪酬待遇、良好的工作环境和广阔的发展空间等方式，激发教师的积极性和创造力。同时，高校还应建立科学的评价体系，将教师的学术成果、教学质量、社会服务等方面纳入评价范围，全面客观地评价教师的工作成果。这些措施可以有效激发教师的内在动力，推动教师队伍整体水平的提升。

四是加强师德师风建设，提升教师队伍整体素质。师德师风是教师队伍建设的灵魂。在新时代背景下，高校应该加强对教师的师德教育和培训，引导教师树立正确的教育观、人才观和价值观。同时，高校还应建立完善的师德师风评价和监督机制，对违反师德师风的行为进行严肃处理，确保教师队伍的整体素质和形象。通过加强师德师风建设，可以提升教师队伍的整体素质和社会声誉，为高校人才培养提供坚实的支撑。

五是扩大国际交流与合作，提升教师队伍的国际竞争力。在新时代背景下，高校教师队伍的建设需要更加注重国际化。高校应该积极参与国际交流与合作项目，拓宽教师的国际视野，提升其跨文化交流能力。同时，高校还应加强与国际知名高校和科研机构的合作，共同开展科研项目和人才培养活动，提升教师队伍的国际竞争力。通过增加国际交流与合作的机会，可以吸引更多的国际优秀人才加入高校教师队伍，推动高校教师队伍的整体水平提升。

综上，建设高水平教师队伍是新时代背景下的战略选择。高校应该通过引进和培养优秀人才、提升教师的学术水平和国际影响力、建立健全的人才激励机制和评价体系、加强师德师风建设以及增加国际交流与合作的机会等措施，推动教师队伍整体水平的提升。只有这样，才能培养出更多符合国家和社会发展需求的高素质人才，为实现中华民族伟大复兴的中国梦做出更大的贡献。

（四）加强师德师风建设

作为教育工作者，教师的师德师风建设是教育事业中至关重要的一环。在新时代，教师不仅要具备扎实的专业知识和教学技能，更要注重培养良好的师德师风，成为学生学习和生活的楷模。因此，加强师德师风建设，树立良好的师德形象，是当前高校教师队伍建设的重要任务之一。

首先，加强对教师的师德师风教育和管理至关重要。教师作为学生的榜样和引导者，对学生的影响至关重要。高校应该通过开展各种形式的师德师风教育活动，引导教师树立正确的人生观、价值观和行为规范，提升教师的社会责任感和使命感。同时，建立健全的师德师风管理制度，对教师的师德行为进行规范和监督，确保教师言行符合职业道德标准。

其次，高校需要增加对教师的教育和培训的机会，提高教师的道德素质和社会责任感。教师是教育事业中的中坚力量，其素质直接影响着教育质量和学生成长。因此，高校可以通过开展师德师风培训课程、组织师德师风讲座等形式，引导教师树立正确的价值观念，增强其社会责任感，提升其专业素养和教育水平。只有教师的师德素质不断提升，才能更好地为学生成长成才提供良好的示范和引导。

最后，高校还应该营造良好的校园文化氛围，激励教师积极参与社会服务和社会实践，增强教师的社会使命感和责任感。通过组织各类志愿活动、社会实践项目等，让教师深入社会，感受社会需求，增强其对社会责任的认识和担当。同时，高校可以设立相关奖励机制，鼓励教师积极参与社会服务和公益活动，树立其社会责任感和使命感，提升教师的整体素质和社会影响力。

加强师德师风建设是当前高校教师队伍建设的重要任务。高校应该重视提高教师的师德素质，通过教育、管理、培训等多种方式，引导教师树立正确的人生观和价值观，提升其社会责任感和使命感。只有不断加强师德师风建设，才能培养出更多德才兼备的优秀教师，为学生成长成才提供更好的示范和引导，推动教育事业不断向前发展。各高校需要重视师德师风建设，共同努力，打造一支高素质的教师队伍，为教育事业的繁荣发展贡献力量。

综上所述，新时代下高校教师队伍建设的紧迫性体现在对教师整体素质的要求、教育教学改革的推动、高水平教师队伍的建设以及师德师风建设等方面。高校教师队伍需要积极应对新时代的发展需求，不断提升自身素质，推动教育教学改革，为培养更多符合国家发展需求的优秀人才做出积极贡献。

五、国内外相关研究的现状与不足

在新时代背景下，高校教师队伍建设成为全球高等教育领域的热点话题。许多学者和专家对这一问题进行了深入研究和探讨，旨在提高教师队伍的整体素质和水平，推动高等教育质量的不断提升。虽然取得了一定的成果，但仍存在一些不足和需要改进的地方。

（一）国内相关研究的现状与不足

一是国内研究的现状。近年来，国内对于高校教师队伍建设的研究呈现出蓬勃发展的态势。随着国家对高等教育的日益重视和投入的不断增加，越来越多的学者和实践者开始关注并投入这一领域的研究中。这些研究不仅涵盖了教师培养、教学改革、教师职业发展等多个方面，而且在政策指导、实践经验总结等方面也取得了显著的成果。首先，在政策指导方面，国内研究已经形成了一套相对完善的理论体系。这些理论不仅为高校教师队伍的建设提供了宏观的指导方向，还为各级政府和教育主管部门的决策提供了科学依据。例如，关于高校教师职业发展的政策研究，已经形成了从入职、培训、晋升到退休的全流程的政策，为教师的个人发展提供了明确的路径。在实践经验总结方面，国内研究也取得了不少值得借鉴的经验。许多高校和研究机构通过实践探索，形成了一些具有创新性和实效性的做法。例如，一些高校通过引进海外高层次人才、建立教师发展中心、实施青年教师培养计划等措施，有效提升了教师队伍的整体素质和教学水平。

二是国内研究的不足。尽管国内研究已经取得了一定的成果，但仍存在一些不足之处。首先，一些研究仍停留在对表面现象的描述和总结上，缺乏深入的理论分析和实证研究。这些研究往往只是对现有现象进行简单的归纳和分类，没有深入挖掘其背后的深层次原因和机制。因此，这些研究往往缺乏说服力和可信度，难以对实践产生真正的指导意义。其次，在研究方法上存在局限性。一些研究的研究方法过于单一，缺乏多元化的研究方法和研究视角。例如，一些研究过于依赖访谈等定性研究方法，缺乏大样本的量比研究和跨学科的综合性研究。这种局限性使得研究结果往往缺乏全面性和客观性，难以形成具有普遍意义的结论。此外，一些研究在实践应用上的转化还有待加强。尽管一些研究提出了很好的理论框架和实践建议，但由于缺乏与实践的有效对接和转化机制，这些研究成果往往难以真正应用到实践中。这既浪费了大量的研究资源，也制约了高校教师队伍建设的实际效果。

综上所述，国内在高校教师队伍建设研究方面已经取得了一定的成果，但仍存在一些明显的不足。为了进一步提升研究水平和实际效果，未来的研究需要更加注重深入的理论分析和实证研究，采用多元化的研究方法和研究视角，并加强与实践的有效对接和转化机制建设。只有这样，才能真正推动国内高校教师队伍建设的持续发展和进步。

针对这些不足，未来的研究可以从以下几个方面进行改进：一是加强理论创新，深入挖掘高校教师队伍建设背后的深层次原因和机制；二是增加研究方法，综合运用定量和定性的研究方法，以及跨学科的综合性研究；三是加强与实践的结合，建立研究成果的转化和应用机制，确保研究成果能够真正应用到实践中；四是加强国际合作与交流，借鉴国际的先进经验和方法，提升国内研究的水平和影响力。通过这些努力，我们有信心推动国内高校教师队伍建设研究取得更加丰硕的成果。

（二）国外相关研究的现状与不足

一是国外研究的现状。国外对于高校教师队伍建设的研究已经形成了较为完整的理论体系，并且采用了多种研究方法和研究视角，包括实证研究、国际比较与借鉴以及跨学科的研究视角等。这些研究不仅关注教师的职业发展和研究视角、教育教学能力、科研能力等方面，还从多个角度全面深入地探讨了高校教师队伍建设的问题。首先，国外研究注重实证研究，通过收集大量的数据并运用统计学、计量经济学等方法进行分析，从而得出更为客观、准确的结论。这种研究方法使得研究成果更具说服力和可信度。其次，国外研究非常注重国际比较与借鉴。他们不仅关注本国的高校教师队伍建设情况，还关注其他国家或地区的经验和做法。通过比较和分析，他们可以找出自己的优势和不足，从而制定出更为有效的政策和措施。这使得国外研究具有更广泛的参考价值和借鉴意义。此外，国外研究还采用了跨学科的研究视角。他们不仅从教育学、心理学等角度进行研究，还从社会学、经济学等角度进行分析。这种跨学科的研究视角使得他们可以从多个角度全面深入地探讨高校教师队伍建设的问题，从而得出更为全面和深入的结论。

二是国外研究的不足。尽管国外在研究高校教师队伍建设方面取得了丰富的成果，但仍存在一些不足之处。首先，尽管国外研究注重实证研究和国际比较与借鉴，但某些研究成果在国际经验与中国实际的结合上存在一定的局限性。由于不同国家的政治、经济、文化背景等差异，国外的研究成果并不能完全适用于中国的高校教师队伍建设。因此，在借鉴国外经验时，需要结合中国的实际情况进行具体分析和调整。其次，国外研究在探讨高校教师队伍建设问题时，往往忽视了文化因素的重要性。不同国家和地区的文化背景和价值观存在差异，这些差异可能会影响对高校教师的选拔、培养、评价等方面。因此，在研究高校教师队伍建设问题时，需要充分考虑文化因素的影响，以确保研究结果的针对性和实用性。再次，国外研究在某些方面缺乏长期跟踪和评估机制。他们更多地关注当前的状况和问题，而缺乏对高校教师队伍建设长期发展趋势的预测和评估。这种缺乏长期跟踪和评估的研究可能会使得研究结果缺乏全面性和准确性。为了更好地了解高校教师队伍建设的长期发展趋势和效果，需要加强长期跟踪和评估机制的建设。最后，尽管国外研究在高校教师队伍建设方面取得了丰富的成果，但这些成果往往局限于各自的国家或地区，缺乏国际合作与交流。这可能会限制研究视野的广度和深度，使得国外研究在某些方面存在局限性。为了推动高校教师队伍建设领域的进步和发展，需要加强国际合作与交流，分享各自的经验和资源，共同应对全球性的挑战和机遇。

综上所述，国外在高校教师队伍建设方面的研究具有丰富的理论体系、实证研究方法、国际比较与借鉴以及跨学科的研究视角等优势。然而，这些研究也存在缺乏针对性、忽视文化因素、缺乏长期跟踪和评估以及缺乏国际合作与交流等不足。在未来的研究中，需要充分考虑这些不足并加以改进，以提高研究的全面性和准确性。同时，需要加强国内外学术交流和合作，分享各自的经验和资源，共同推动高校教师队伍建设的进步和发展。

第二节　研究的目的、方法与概要

本研究旨在深入探讨新时代高校教师队伍建设的问题、挑战与对策，以期为高等教育质量的持续提高做出贡献。为达到此目的，本研究将采用多种研究方法，包括文献分析法、案例研究法、实证调查法和专家访谈法等。

一、研究目的

本研究的主要目的是揭示新时代高校教师队伍建设的现状和问题，探究其影响因素和作用机制，并提出相应的优化策略和建议。具体而言，本研究希望实现以下目标：

1.全面梳理新时代高校教师队伍建设的政策法规和发展趋势，分析其面临的机遇和挑战。

2.通过对高校教师队伍建设的实际案例进行分析，总结其优秀经验和存在的问题，提出有针对性的改进措施。

3.通过实证调查，了解高校教师在师德师风、专业素养、教育教学能力等方面的现状和需求，为优化教师培养和评价制度提供依据。

4.运用专家访谈法，邀请高校管理者、教育专家和学者深入探讨高校教师队伍建设的成功案例，提炼出具有推广价值的经验和建议。

二、研究方法

本研究将采用以下研究方法：

1.文献分析法：系统梳理国内外关于高校教师队伍建设的政策法规、学术论文和实践案例，分析新时代背景下高校教师队伍建设的现状、趋势和问题。

2.案例研究法：选择不同类型、不同层次的高校作为研究对象，深入挖掘其在教师队伍建设方面的优秀经验和存在的问题，提出有针对性的解决方案和发展建议。

3.实证调查法：设计问卷和访谈提纲，对高校教师进行广泛的调查和访谈，了解他们在师德师风、专业素养、教育教学能力等方面的现状和需求，以及他们对现有培养和评价制度的看法和建议。

4.专家访谈法：邀请高校管理者、教育专家和学者进行深入的访谈和交流，探讨高校教师队伍建设的成功案例，提炼出具有推广价值的经验和建议。同时，通过与国内外同行的交流和合作，获取更多的学术资源和研究支持。

通过以上研究方法的综合运用，本研究将形成一套全面、深入、具有可操作性的高校教师队伍建设方案，为高等教育质量的提高做出贡献。

三、研究概要

（一）明确研究问题

为了实现研究目标，需要解决以下关键问题：

1.如何适应新时代的发展需求，加强高校教师队伍的师德师风建设？

2.如何优化教师培养机制，提高教师的专业素养和教育教学能力？

3.如何完善教师评价制度，激发教师的积极性和创造性，提高教学质量？

4.如何构建良好的工作环境和氛围，促进教师的职业发展和个人成长？

5.如何加强国际交流与合作，借鉴国外先进经验，推动高校教师队伍建设的创新与发展？

通过深入研究以上问题，本研究旨在为高校管理者和教育部门提供有价值的参考和启示，推动高校教师队伍建设的持续改进与发展。

（二）确定研究内容和主要观点

本研究将围绕上述研究目标展开，具体包括以下内容：

首先，确定高校教师队伍建设的现状及存在的问题。本部分将通过对现有文献进行梳理和评价，深入了解高校教师队伍建设的现状及存在的问题，如教师队伍的结构、素质、管理机制等。同时，将结合实际情况，分析这些问题的产生原因和影响。

其次，明确新时代对高校教师队伍建设提出的新要求和挑战。本部分将通过对新时代背景下高等教育发展的政策文件和学习资料的研究，深入了解新时代对高校教师队伍建设的要求和挑战，如国际化、信息化、多元化等。同时，将分析这些新要求和挑战对高校教师队伍建设的影响和意义。

再次，了解高校教师队伍建设的具体措施和实践经验。本部分将通过对不同类型高校的教师队伍建设情况进行案例分析，深入了解不同类型高校在教师队伍建设方面的成功经验和存在的问题。同时，将结合实际情况，总结归纳出高校教师队伍建设的具体措施和实践经验，如选拔任用、培训培养、评价激励等。

最后，进行高校教师队伍建设的国际比较和借鉴。本部分将通过对不同国家、不同地区的高校教师队伍建设情况进行比较研究，深入了解不同国家、不同地区高校在教师队伍建设方面的差异和特点，同时将结合实际情况总结归纳出国际高校教师队伍建设的经验和启示，为我国高校教师队伍建设提供参考和借鉴。

第三节 研究的理论基础与框架

一、研究的理论基础

在研究过程中，理论基础为研究的科学性提供了支撑和指导，有助于确保研究的科学性和有效性。本研究将基于以下理论基础。

一是教师专业化发展理论：该理论认为教师的专业发展是一个持续不断的过程，包括专业精神、专业知识、专业能力和专业自主权等方面的发展。在本研究中，将结合教师专业化发展理论，探讨高校教师队伍建设的策略和方法。

二是人本主义教育理论：该理论强调尊重学生的个性和差异，注重培养学生的创造性和自主性。在本研究中，将借鉴人本主义教育理论的思想和方法，关注教师的个体差异和需求，提出促进教师职业发展和个人成长的对策和建议。

三是高等教育质量管理理论：该理论关注高等教育的质量和效果，强调通过科学管理和全面质量管理来提高教育质量。在本研究中，将运用高等教育质量管理理论的思想和方法，对高校教师队伍建设进行全面的质量管理和评估。

四是组织行为学理论：该理论关注组织内部的行为和互动，强调通过组织设计和行为管理来提高组织绩效。在本研究中，将借鉴组织行为学理论的思想和方法，探讨高校教师队伍建设的组织设计和行为管理策略。

通过运用以上研究理论，本研究将为新时代高校教师队伍建设提供科学的支撑和指导，推动高校教师队伍建设的持续改进与发展。

二、研究框架的设计和构建

在研究过程中，设计并构建一个合理的研究框架至关重要。这有助于确保研究的逻辑性和条理性，同时还可以帮助研究者更好地理解和呈现研究成果。

本研究将遵循"现状分析——问题识别——对策探讨——案例分析"的基本研究框架，具体包括以下几个模块。

一是高校教师队伍建设的现状分析。该模块将通过对现有文献和实地调查数据进行分析，深入了解新时代背景下高校教师队伍建设的现状、趋势和特点。同时，还将对高校教师队伍的结构、师德师风、专业素养、教育教学能力等方面进行细致分析。

二是高校教师队伍建设的问题识别。该模块将通过实证调查和深入访谈的方式，收集并分析高校教师对现有教师培养、评价制度、职业发展等方面的反馈和建议。同时，将结合现有研究和实地调查的结果，识别高校教师队伍建设中存在的突出问题和挑战。

三是高校教师队伍建设的对策探讨。该模块将基于上述两个模块的分析结果，结合现有的理论和实证研究成果，提出一系列针对性的高校教师队伍建设对策和建议。这些对策将涵盖教师培养、评价制度、职业发展、组织文化等多个方面。

四是高校教师队伍建设的实践案例分析。该模块将选取在高校教师队伍建设方面取得突出成果的实践案例进行深入分析，以揭示其在教师培养、评价制度、职业发展等方面的成功经验和存在的问题，为其他高校提供借鉴和启示。

三、数据收集和分析方法的运用

在研究过程中，选择合适的数据进行分析对于研究的科学性和可靠性至关重要。本研究将采用定性和定量相结合的研究方法，具体包括文献分析法、问卷调查法、访谈法和案例分析法等。

（一）数据收集方法

本研究将主要采用以下方法收集数据。

一是文献分析法。通过对国内外相关文献进行系统梳理和分析，获取高校教师队伍建设的现状、趋势和问题等方面的信息。同时，还将对现有研究和实地调查数据进行归纳和整理，为本研究提供实证依据。

二是问卷调查法。设计问卷并分发给高校教师，以收集他们在师德师风、专业素养、教育教学能力等方面的现状和需求的一手数据。通过统计分析，可以揭示高校教师队伍的整体情况和个体差异。

三是访谈法。制订访谈提纲，与高校管理者、教育专家和学者进行深入的访谈和交流。这有助于获取他们对高校教师队伍建设的看法和建议，以及了解实践中的成功案例和存在的问题。

四是案例分析法。选取具有代表性的高校作为案例研究对象，深入挖掘其在教师队伍建设方面的优秀经验和存在的问题。通过实地考察和访谈，可以获取具体的案例数据和资料。

（二）数据分析方法

本研究将主要采用以下数据分析方法。

一是描述性统计分析。对收集到的问卷数据和访谈数据进行描述性统计分析，包括均值、标准差、频率和百分比等指标。这有助于了解高校教师队伍的整体情况和个体差异。

二是因子分析。运用因子分析方法对问卷数据进行分析，提取影响高校教师队伍建设的潜在因素。这有助于揭示高校教师队伍建设中存在的问题及其原因。

三是回归分析。通过回归分析方法探究高校教师队伍建设的影响因素及其作用机制。这有助于为优化教师培养和评价制度提供依据。

四是内容分析。对文献资料进行内容分析，提炼出与高校教师队伍建设相关的关键词、主题和观点。这有助于了解现有研究的重点和不足之处。

五是对比分析。对不同类型、不同地区的高校教师队伍建设情况进行对比分析，以揭示其特点和差异。这为制订有针对性的改进措施提供指导。

通过对以上数据收集和分析方法的运用，本研究将为新时代高校教师队伍建设提供科学的数据支持和理论依据，推动高校教师队伍建设的持续改进与发展。

第四节　研究的局限性与限制

一、研究的局限性和可能存在的偏差

本研究在开展过程中，尽管会尽力避免，但仍可能会存在一些研究局限性和潜在偏差。了解并正视这些可能出现的问题，有助于更全面地评估研究结果，并推动后续研究的改进。

（一）研究的局限性

一是方法论的局限性。本研究主要依赖于文献分析和实证调查方法，而这些方法本身就存在一定的局限性。例如，文献分析可能无法涵盖所有相关的研究，或者某些文献可能存在主观性和片面性。实证调查可能存在样本选择和数据收集的偏差，以及数据分析方法的不完善等问题。

二是数据来源的局限性。本研究的实证数据主要来源于问卷调查和访谈，这些数据可能存在一定的主观性和片面性。尽管我们将会采取措施（如选择具有代表性的样本、设计合理的问卷和访谈提纲等）来降低数据对研究的影响，但无法完全消除其影响。

三是研究范围的局限性。由于时间和资源的限制，本研究可能无法涵盖所有类型的高校。这可能导致研究结果具有一定的局限性，不能完全代表整个高校教师队伍的情况。

（二）可能存在的偏差

一是抽样偏差。在发放问卷和进行访谈的过程中，可能存在抽样偏差，即选择的样本并非完全代表整体情况。这可能会导致研究结果出现一定的偏差。

二是解释和理解偏差。在阅读和分析文献以及进行访谈的过程中，可能存在对数据和信息的解释和理解偏差。这可能会影响到我们对高校教师队伍建设问题的理解和认识。

三是调查工具的可靠性。问卷和访谈提纲的设计可能会影响被调查者和访谈者的回答质量。例如，问卷中的问题过于复杂或模糊，或者访谈提纲缺乏针对性，都可能导致收集到的数据可靠性受到影响。

四是数据分析的准确性。在进行数据分析时，如果采用的方法或模型不恰当，可能会导致结果出现偏差或误导。因此，在选择和分析数据的过程中，需要充分考虑方法的科学性和准确性。

为了确保研究的可靠性和有效性，我们将尽可能克服这些局限性和偏差。首先，我们将尽量选择具有代表性的样本进行调查和访谈。其次，我们将对数据进行反复核实和验证，以避免数据错误或遗漏。最后，我们还将采用多种研究方法和数据分析技术来提高研究的可靠性和准确性。

二、数据收集和分析的限制

在进行数据收集和分析的过程中，本研究将面临一些限制和挑战。这些限制可能来自数据本身的特性、收集过程的技术问题以及分析方法的局限性等。了解和明确这些限制，有助于更准确地解读研究结果，并进一步改进研究方法。

（一）数据收集的限制

一是数据来源的限制。本研究的所有数据都来源于公开可获取的文献资料、问卷调查和访谈。然而，这些数据可能受到来源不全面、不准确或存在选择性偏见等限制。例如，某些研究可能只关注某一特定类型的高校或地区，从而导致数据的不全面。

二是数据质量的限制。在数据收集过程中，可能会遇到数据质量不高的问题。例如，问卷调查中的回答可能不准确或存在欺骗行为，访谈中的记录可能存在误解或遗漏等。这些都会对数据的可靠性产生影响。

三是数据处理的限制。数据的处理和分析过程也可能存在一定的限制。例如，数据的编码和分类可能存在主观性和误差，数据的统计分析可能受到样本规模和分布的影响等。

（二）数据分析的限制

一是方法的局限性。本研究将采用定性和定量相结合的方法进行分析。然而，这些方法并非完美无缺，可能会存在一定的局限性。例如，定量分析方法可能无法完全揭示复杂的社会现象，而定性分析方法可能受到主观性和解释性偏见的影响。

二是解释的局限性。数据分析的结果需要进行解释和解读。然而，这些解释可能受到研究者自身背景和偏见的影响，从而存在一定的局限性。例如，研究者的学科背景、实践经验等都可能对结果的解释产生影响。

三是外部效度的限制。本研究的结论可能只适用于特定的高校和地区，不具有普遍适用性。由于不同类型的高校存在差异，因此本研究的结果可能只适用于类似的高校，而对其他类型的高校不具有外部效度。

为了确保研究的科学性和准确性，本研究将尽力克服这些限制。首先，我们将尽量选择可靠的数据来源和合适的处理方法，以提高数据的准确性和可靠性。其次，我们将采用多种方法和模型进行分析和解释，以减少单一方法的局限性和误差。最后，我们还将尽量将研究结果与现有理论和实证研究进行比较和分析，以验证其科学性和有效性。

三、研究结果的可靠性和推广性的讨论

在社会科学研究中，结果的可靠性和推广性是评估研究质量的重要标准。本节将讨论本研究结果的可靠性，并探讨研究结果的推广性。

（一）研究结果的可靠性

本研究通过以下方法提高结果的可靠性。

一是采用多种数据来源。本研究综合运用文献分析、问卷调查和访谈等多种方法收集数据，以提高数据的准确性和可靠性。不同方法可以相互补充，减少单一方法的局限性。

二是样本的代表性和广泛性。在进行问卷调查和访谈过程中，尽量选择具有代表性的样本，涵盖不同类型、不同地区的高校。这将有助于提高研究结果的普遍适用性。

三是数据分析的严谨性。本研究采用定性和定量相结合的方法进行分析，并对数据进行反复核实和验证。这将减少数据分析中的误差和偏见，提高结果的可靠性。

四是研究的内部一致性。在研究中保持逻辑的一致性，确保数据、分析和结论之间的逻辑关系正确无误。这将有助于增强研究结果的可靠性。

（二）研究结果的推广性

在评估研究结果的推广性时，需要考虑以下因素。

一是研究范围的限制。由于时间和资源的限制，本研究可能无法涵盖所有类型的高校。这可能导致研究结果具有一定的局限性，不适用于所有高校。

二是方法的普适性。本研究采用的方法和模型可能不适用于所有高校。不同高校可能存在差异，需要针对具体情况进行定制化的研究方法。

三是外部效度的限制。本研究的结论可能只适用于特定的高校，不具有普遍适用性。对于其他高校，需要进一步验证其外部效度。

四是理论的适用性。本研究基于现有的理论和实证研究，可能不适用于所有情况。在实践中，需要根据具体情况进行创新和发展。

综上，虽然本研究结果的可靠性较高，但推广性仍存在一定的限制。为了提高研究结果的推广性，需要进一步开展跨高校、跨地区的研究，并根据不同高校和地区的实际情况进行定制化的研究方法。此外，需要不断更新和完善现有理论，以适应时代的发展和实践的需要。

第五节 研究的创新点与特色

一、研究视角和方法上的创新

在探讨新时代高校教师队伍建设的探索与实践时，本研究在视角和方法上均有所创新。传统的教师队伍建设研究往往局限于教育学或人力资源管理的单一视角，而本研究则采用了跨学科的研究方法，融合了教育学、心理学、组织行为学、社会学等多个学科的理论和工具，以更全面、更深入的视角来审视高校教师队伍建设的问题。

首先，在研究视角上，本研究突破了传统的以教育者或管理者为中心的视角，将研究的焦点扩展到教师自身、学生、学校、社会等多个层面。这种多维度的研究视角使得我们能够更加全面地了解高校教师队伍建设的内在机制、影响因素以及发展趋势。同时，本研究还注重从全球化的视角出发，分析国际高等教育发展趋势和国际上教师队伍建设的经验，为我国的高校教师队伍建设提供有益的借鉴和启示。

其次，在研究方法上，本研究采用了定量与定性相结合的研究方法。通过收集大量的数据，运用统计分析、案例研究、深度访谈等手段，对高校教师队伍建设的现状、问题及其成因进行深入剖析。同时，本研究还注重运用实证研究的方法，通过收集和分析实际数据来验证理论假设的合理性，从而提高研究的科学性和可信度。

最后，本研究还采用了比较研究的方法，对不同类型、不同地区的高校教师队伍建设进行横向和纵向的比较分析，以揭示其共性和差异。这种比较研究的方法有助于我们更加清晰地认识高校教师队伍建设的内在规律和发展趋势，为政策制定和实践应用提供更为科学和可靠的依据。

二、研究内容和观点上的特色

在研究内容和观点上，本研究同样具有鲜明的特色。

首先，本研究关注新时代背景下高校教师队伍建设的新变化和新挑战。随着高等教育的普及化、国际化、信息化等趋势不断发展，高校教师队伍建设面临着前所未有的机遇和挑战。本研究紧密结合新时代的背景，深入剖析高校教师队伍建设的现实问题和发展趋势，为新时代的高校教师队伍建设提供有力的理论支撑和实践指导。

其次，本研究强调高校教师队伍建设的整体性和系统性。传统的教师队伍建设研究往往只关注教师的选拔、培养、评价等单一环节，而本研究则注重从整体上把握高校教师队伍建设的内在机制和发展规律。我们认为，高校教师队伍建设是一个系统工程，需要综合考虑教师的职业发展、教育教学能力、科研能力、社会服务等多个方面，以实现教师队伍的整体优化和协同发展。

再次，本研究提出了一系列具有创新性的观点和理论。例如，我们提出了"双师型"教师队伍建设的理念，即既要注重教师的学术能力，又要注重教师的实践能力和职业素养。我们认为，这种"双师型"的教师队伍建设模式能够更好地适应新时代高等教育的发展需求，培养出更多具有创新精神和实践能力的高素质人才。此外，本研究还提出了"产学研用一体化"的教师培养模式，强调将教师的学术研究与实际应用相结合，促进教师的全面发展。

最后，本研究注重理论与实践的紧密结合。我们不仅在理论上对高校教师队伍建设进行了深入剖析，还结合实践案例进行了实证研究和应用分析。这种理论与实践相结合的研究方法使得我们的研究成果更具有针对性和实用性，能够为高校教师队伍建设提供有益的指导和借鉴。

综上所述，本研究在视角和方法上有所创新，在内容和观点上具有鲜明的特色。我们紧密结合新时代的背景，从多个维度和层面深入剖析高校教师队伍建设的现实问题和发展趋势，提出了一系列具有创新性的观点和理论，为新时代的高校教师队伍建设提供了有力的理论支撑和实践指导。同时，我们注重理论与实践的紧密结合，力求为高校教师队伍建设提供有益的指导和借鉴。我们相信，这些创新点和特色将使得本研究在学术界和实践界产生广泛的影响。

第二章 高校教师队伍建设的理论基础

本章旨在为高校教师队伍建设提供理论基础，包括教师队伍建设的概念、内涵、重要性与价值等方面。通过对国内外相关文献的梳理和评价，深入探讨高校教师队伍建设的理论基础，为后续的实践探索提供理论支持。同时，结合新时代背景下高等教育发展的政策文件和学习资料，对高校教师队伍建设的重要性和紧迫性进行深入分析，为后续的实践探索提供政策指导。

第一节 高校教师队伍建设的概念与内涵

在理解高校教师队伍建设的概念与内涵之前，我们首先需要明确"高校教师"和"队伍建设"这两个基本概念的含义。

一、高校教师的概念

高校教师是指那些在高等院校中担任教育教学、科研、社会服务等工作，并具有相关专业知识和技能的专业人士。他们是高等教育的重要组成部分，负责传授知识、引领科研发展、培养学生成长成才。高校教师的专业背景、学术水平、教学能力以及综合素质等都会对高等教育的质量和水平产生重要影响。

二、队伍建设的概念

队伍建设是指为了实现某些目标而组织起来一支人才队伍。这支队伍通常需要具备专业的技能、知识和经验，以完成相应的任务和实现组织的目标。在高校中，队伍建设通常包括教师队伍建设、管理队伍建设、科研队伍建设等多个方面。其中，教师队伍建设是高校队伍建设的重要组成部分，旨在提高教师的教学水平、科研能力和综合素质，推动高等教育的发展和提升。

三、高校教师队伍建设的内涵

作为高等教育发展的核心要素，高校教师队伍建设不仅关系到人才培养的质量，还直接影响着科研创新和社会服务的水平。在全面建设社会主义现代化国家的新征程中，高校教师队伍建设的内涵愈发丰富，其重要性也愈发凸显。

教师招聘与选拔是构建高素质师资队伍的基石。高校的首要任务是吸引并选拔出具备高水平专业知识和技能的人才作为教师队伍的新鲜血液。这要求高校建立起一套科学、公正、透明的招聘和选拔机制。具体而言，包括制订明确的招聘标准，确保选拔出的教师不仅在专业知识上有所建树，还要在教学方法、科研能力、社会责任感和团队合作精神等方面表现优秀。同时，高校还应加大宣传力度，提升自身品牌影响力，吸引更多优秀人才前来应聘。在招聘过程中，高校还应注重人才的多样性和互补性，既要有学术大师，也要有教学能手；既要有科研骨干，也要有社会服务专家。这样，才能构建起一支结构合理、优势互补的高素质教师队伍。

教师培养与发展是持续提升教师队伍的综合素质。教师的培养与发展是高校教师队伍建设的核心环节。高校应关注教师的职业发展，为其持续提供培养和培训机会。这包括为新入职教师提供系统的入职培训，帮助他们快速适应教学环境，熟悉教学流程；为在职教师提供进修和深造的机会，鼓励他们不断更新知识结构，提升教学水平和科研能力；鼓励教师进行教学研究和改革，探索新的教学方法和手段，提升教学效果；建立起完善的教师发展机制，包括职称评审、职务晋升、薪酬待遇等方面的制度保障，以激发教师的工作热情和创造力，促进他们的个人成长和专业发展。

教师评价与激励是激发教师队伍的活力与创造力。科学的教师评价机制是激发教师队伍活力的重要手段。高校应建立起全面、客观、公正的教师评价体系，从教学、科研、社会服务等多个维度对教师的工作进行评价。在评价过程中，既要注重量化指标，也要关注质性评价，既要看到教师的显性成果，也要肯定其隐性贡献。

同时，高校还应根据评价结果制定相应的激励措施。对于在教学、科研和社会服务等方面表现突出的教师，应给予物质和精神上的双重奖励；对于在工作中遇到困难和挫折的教师，应给予关心和帮助，鼓励他们继续前进。这样，才能激发教师队伍的活力与创造力，推动高校教师队伍建设的持续发展。

教师团队建设是打造协同创新的教师团队。高校教师队伍建设的最终目标是打造一支协同创新的教师团队。这要求高校加强教师之间的交流与合作，建立起协同创新的工作机制。具体而言，这包括定期组织学术交流和研讨活动，促进教师之间的知识共享和经验交流；鼓励教师组建跨学科、跨领域的科研团队，共同攻关重大科研项目；加强教师团队之间的合作与竞争，形成良性互动的发展格局。

在教师团队建设过程中，高校还应注重培养教师的团队合作精神和协同创新能力。这包括引导教师树立正确的合作观念，尊重他人的劳动成果；培养教师的跨学科思维和创新意识，鼓励他们勇于探索新的研究领域和方法；建立起完善的团队合作机制，明确团队成员的职责和分工，确保团队工作的顺利进行。

综上所述，高校教师队伍建设的内涵十分丰富，包括教师招聘与选拔、培养与发展、评价与激励以及团队建设等多个方面。这些方面相互关联、相互促进，共同构成了高校教师队伍建设的完整框架。在新时代背景下，高校应充分认识到教师队伍建设的重要性和紧迫性，从多个维度入手，加强探索与实践，努力打造一支高素质、高水平的教师队伍，为高等教育事业的持续发展提供有力保障。

高校教师队伍建设的道路仍然漫长而曲折。我们需要不断探索和创新，不断完善和优化教师队伍建设机制，以适应新时代高等教育事业发展的新要求和新挑战。同时，我们也需要全社会的共同关注和支持，为高校教师队伍建设创造更加良好的环境和条件。只有这样，我们才能推动高等教育事业不断向前发展，为培养更多优秀人才、推动社会进步做出更大的贡献。

在未来的发展中，高校教师队伍建设还将面临更多的机遇和挑战。我们需要紧跟时代的步伐，不断更新观念，创新机制，努力打造一支适应新时代要求的高素质教师队伍。同时，我们也需要加强国际交流与合作，借鉴国外先进的经验和做法，不断提升我国高校教师队伍建设的水平和影响力。相信在全社会的共同努力下，高校教师队伍建设的明天一定会更加美好。

四、高校教师队伍建设的定义、范围和意义

（一）高校教师队伍建设的定义

高校教师队伍建设是一个系统性、长期性的工程，它旨在通过科学、规范的措施和手段，全面提升和优化高校教师队伍的整体素质和水平。这一过程的最终目标是确保高校教师能够充分发挥其在人才培养、科学研究、社会服务以及文化传承与创新等方面的核心作用，从而更好地实现高等教育的目标和使命。

具体而言，高校教师队伍建设涉及多个关键环节。首先是教师的招聘与选拔，这要求高校建立一套公正、透明、高效的招聘机制，确保吸引并选拔到具有高水平学术能力、教学经验和良好职业道德的优秀人才。其次是对教师进行培养，高校需要为教师提供持续的职业培训和发展机会，帮助他们在学术、教学和社会服务等方面不断提升自己。

此外，建立科学的教师评价机制，对教师的工作进行全面、客观、公正的评价，并根据评价结果实施相应的激励措施，是激发教师工作热情和创造力的关键。同时，加强教师团队建设，促进教师之间的交流与合作，形成协同创新的良好氛围，也是高校教师队伍建设的重要内容。

在整个建设过程中，高校还需注重教师的职业道德建设，强化教师的责任意识和使命感，确保他们能够以高尚的师德和良好的学术风范，为学生和社会的发展做出积极贡献。

综上所述，高校教师队伍建设是一个多维度、全方位的过程，它要求高校从多个层面入手，不断提升教师的专业素养和综合能力，以建设一支高素质、高水平的教师队伍，为高等教育事业的繁荣和发展提供坚实的人才保障。

（二）高校教师队伍建设的范围

高校教师队伍建设是一个系统性的过程，涵盖了多个关键领域和方面。这一建设的目的是确保高校拥有一支高素质、高水平、高凝聚力的教师队伍，以支撑和推动高等教育事业的持续健康发展。具体来说，高校教师队伍建设的范围包括以下几个方面。

教师招聘与选拔。教师招聘与选拔是高校教师队伍建设的起点和基础。这一环节旨在吸引和选拔具备优秀学术背景、教学能力和职业道德的人才，为高校教师队伍注入新鲜血液。为了实现这一目标，高校需要建立完善的招

聘机制，明确招聘标准和要求，采用多种渠道和方式进行招聘宣传，确保吸引到足够多且优质的应聘者。同时，高校还应建立公正的选拔机制，通过面试、试讲、考核等方式全面评估应聘者的综合素质和能力，确保选拔出的教师具备完成教育教学、科研和社会服务等工作所需的专业知识和能力。

教师培养与发展。教师培养与发展是高校教师队伍建设的核心环节之一。高校应关注教师的职业成长和个人发展，为他们提供培养和培训机会。这包括为新入职教师提供系统的入职培训，帮助他们熟悉教学环境、掌握教学技巧；为在职教师提供进修和深造的机会，鼓励他们更新知识结构、提升学术水平；鼓励教师进行教学研究和改革，探索新的教学方法和手段，提升教学效果。此外，高校还应建立完善的教师发展机制，包括职称评审、职务晋升、薪酬待遇等方面的制度保障，激发教师的工作热情和创造力，促进他们的个人成长和专业发展。

教师评价与激励。通过建立科学的教师评价机制，对教师的教学、科研和社会服务等工作进行全面、客观的评价，可以激发教师的工作热情和创造力，促进他们的专业发展。同时，根据评价结果制订相应的激励措施，如奖励制度、晋升机制等，可以进一步激发教师的工作积极性和主动性。此外，高校还应营造尊师重教的良好氛围，增强教师的归属感和荣誉感，使他们更加全身心地投入高等教育事业中。

教师团队建设。教师团队建设是高校教师队伍建设的重要组成部分。通过加强教师之间的交流与合作，建立协同创新的工作机制，可以促进教师团队的形成和发展。这不仅可以提高教师队伍的整体素质和水平，还可以推动学科交叉融合和科研创新。为此，高校应定期组织学术交流和研讨活动，促进教师之间的知识共享和经验交流；鼓励教师组建跨学科、跨领域的科研团队，共同攻关重大科研项目。同时，还应加强教师团队之间的合作与竞争，形成良性互动的发展格局。

教师职业道德建设。教师职业道德建设是高校教师队伍建设的灵魂和基石。高校应注重培养教师的职业道德和敬业精神，强化他们的社会责任和教育使命感。通过加强师德师风教育、完善师德考核机制等方式，可以引导教师树立正确的教育观、人才观和质量观，自觉遵守职业道德规范，做到为人师表、教书育人。同时，高校还应建立健全的师德监督机制，对违反职业道德的行为进行严肃处理，维护教师队伍的整体形象和声誉。

高校教师队伍建设的范围十分广泛，涵盖了招聘选拔、培养发展、评价激励、团队建设和职业道德建设等多个方面。它们相互关联、相互促进，共同构成了高校教师队伍建设的完整框架。在新时代背景下，高校应充分认识到教师队伍建设的重要性和紧迫性，从多个维度入手，加强探索与实践，努力打造一支高素质、高水平、高凝聚力的教师队伍，为高等教育事业的持续健康发展提供有力保障。

（三）高校教师队伍建设的意义

高校教师队伍建设，不仅关乎高校的日常运作和学术氛围的营造，更是决定高等教育质量和未来走向的关键因素之一。其深远意义体现在以下几个方面。

第一，提升教育教学质量。优秀的教师是教育质量的基石。高校教师队伍建设的核心目标之一是汇聚和培养一批拥有优质的学术成果、丰富的教学经验和先进的教育理念的高水平的教师。这些教师能够为学生提供前沿的学术知识、科学的研究方法，以及展现严谨的学术态度，从而培养出更多具有创新精神和实践能力的高素质人才。

第二，推动学科和科研进步。高校教师是学科建设和科研创新的主力军。通过加强教师队伍建设，可以吸引和培养更多的学术领军人才和创新团队，推动学科交叉融合和新兴学科的发展。同时，高水平的教师队伍还能产生更多高质量的科研成果，提升学校在国内外学术界的影响力和竞争力。

第三，塑造学校的整体实力和社会影响力。优秀的教师队伍是学校整体实力的重要体现。一支高水平的教师队伍不仅能够为学生提供优质的教育服务，还能吸引更多的优秀学生和社会资源，从而增强学校的综合实力和社会影响力。同时，高水平的科研成果和社会服务也能为学校赢得更多的声誉和信任。

第四，适应新时代发展需求。随着社会的快速发展和科技的日新月异，高等教育面临着前所未有的挑战和机遇。加强高校教师队伍建设，培养一支适应新时代发展需求的高素质教师队伍，是高等教育应对挑战、抓住机遇的关键所在。这不仅有助于提升高等教育的质量和水平，还能为国家的发展提供有力的人才支持。

第五，实现高校可持续发展。高校教师队伍建设的长远意义在于实现高校的可持续发展。通过不断优化教师队伍结构、提升教师素质和能力、完善教师管理制度等措施，可以确保高校拥有一支稳定、高效、有创新精神的教师队伍，为高校的长期发展提供坚实的人才保障。同时，高水平的教师队伍还能激发学校的创新活力和发展潜力，推动高校在新时代实现更高水平、更高质量的发展。

总的来说，高校教师队伍建设对于提升高等教育质量和水平、推动学科和科研进步、塑造学校整体实力和社会影响力、适应新时代发展需求以及实现高校可持续发展等方面都具有重要意义。因此，高校应高度重视教师队伍建设工作，采取有效措施加强教师的培养、引进和管理，努力打造一支高素质、高水平、高凝聚力的教师队伍，为高等教育的繁荣和发展做出更大的贡献。

五、高校教师队伍建设的关键要素和特点

（一）高校教师队伍建设的关键要素

高校教师队伍建设作为提升高等教育质量和水平的核心环节之一，其重要性不言而喻。一个优秀的教师队伍不仅关乎学校的声誉和地位，更是培养未来社会精英的基石。因此，构建一支高素质、高水平、充满活力的教师队伍，是高校持续发展的重中之重。

一是人才招聘与选拔。高校的首要任务是吸引和选拔具有卓越才华和潜力的教师。这不仅要求我们有明确的招聘标准和流程，还需要我们扩大视野，积极寻找和吸引多元化的人才。一要明确的招聘标准和流程。制订详尽的招聘标准和选拔流程，确保招募到的教师不仅在学术上有深厚的造诣，而且在教学、团队合作和社会服务等方面也有出色的表现。这些标准应涵盖教育背景、研究能力、教学经验、个人品质等多个方面。二要吸引多元化人才。我们不仅要关注国内的人才，还要放眼全球，吸引来自不同文化背景、拥有不同学科背景和国内外经验的教师。这样的教师队伍将带来更加丰富的学术观点和教学方法，促进不同学科之间的交流和融合。三要积极宣传招聘信息。通过各种渠道和方式，如学术网站、社交媒体、招聘会等，积极宣传学校的招聘信息，提高学校的知名度和吸引力。

二是教师培养与发展。教师的培养和发展是一个持续的过程，需要高校提供全方位的支持和资源。一要有系统的入职培训。为新入职的教师提供全面的入职培训，帮助他们快速适应高校的教学和研究环境，提升教学技能和研究能力。二要持续发展学术。鼓励教师参加各种学术研讨会、工作坊和培训课程，不断更新他们的学术知识和教学方法，同时，提供科研经费和资

源，支持教师开展高质量的科研项目。三要有专业的技术支持。为教师提供数字化教学工具、科研资源平台等技术支持，帮助他们更加高效地开展教学和研究工作。

三是教师评价与激励。科学合理的评价体系和激励机制能够激发教师的积极性和创造力，推动他们不断进步。一要有全面的评价体系。设计涵盖教学质量、科研成果、社会服务等多个方面的评价体系，确保评价结果的公正性和客观性。同时，引入同行评价和学生评价等多元评价主体，提高评价的准确性和有效性。二要有有效的激励机制。设立多种形式的奖励制度，如教学成果奖、科研成果奖、优秀教师奖等，给予教师物质和精神双重激励。同时，提供晋升机会和职业发展路径，帮助教师实现自我价值和事业发展。

四是教师团队建设。教师团队建设是提升教师队伍整体素质和水平的重要途径，需要高校加强组织和管理。一要促进教师间的交流与合作。组织各种形式的团队教学和科研项目，促进教师之间的合作与交流，培养团队协作精神。同时，鼓励教师参与跨学科团队，推动交叉学科研究和创新。二要加强团队建设。定期举办团队建设活动，如学术沙龙、体育比赛、文化交流等，增进教师之间的相互了解和信任，营造和谐的工作氛围。

五是教师职业道德建设。高尚的职业道德是教师队伍的灵魂，需要高校加强教育和监督。一要强化教师的职业道德教育。通过开设职业道德课程、举办讲座和研讨会等方式，加强教师的职业道德教育，培养他们的职业操守和责任感。二要建立监督机制。建立教师职业道德监督机制，对违反职业道德的行为进行严肃处理，维护教师队伍的整体形象和声誉。

六是工作环境与福利待遇。良好的工作环境和合理的福利待遇是吸引和留住优秀教师的重要保障。一要创造优质工作环境。为教师提供先进的办公设施、先进的实验室等优质工作环境，确保教师能够安心从事教学和研究工作。二要为教师提供合理福利待遇。制订合理的薪酬体系和福利保障制度，确保教师的收入与他们的贡献相匹配。三要关注教师的工作压力和身心健康，为教师提供相应的支持和关怀。

七是学校文化。积极向上的学校文化能够激发教师的归属感和使命感，促进他们为学校的发展贡献力量。一要培育学校文化。通过制订学校文化发展规划、举办文化活动等方式，培育积极向上的学校文化，营造尊师重教的氛围。二要强调学术诚信和创新精神。在学校文化中强调学术诚信和创新精神，培养教师的学术道德和科学精神，推动他们在学术领域取得更高的成就。三要传播校园文化。明确学校的校园文化，并通过各种渠道和方式进行传播和宣传，促进教师对学校文化的认同感和归属感。

八是领导与管理支持。有效的领导和管理支持是教师队伍建设的重要保障，需要高校提供战略指导和资源保障。一要提供战略指导。制订教师队伍建设的战略规划和发展目标，为教师队伍建设提供明确的方向和指导。二要建立沟通机制。建立与教师之间的定期沟通机制，听取他们的意见和建议，及时解决问题和改进工作。鼓励教师参与学校的决策和管理过程，增强他们的主人翁意识和责任感。三要给予教师一定的自主权和发展空间：在保证学校整体利益的前提下，给予教师充分的自主权和发展空间，让他们能够根据自己的兴趣和特长开展教学和研究。

九是教学创新与教学质量保障。在新时代背景下，教学创新和教学质量保障是高校教师队伍建设不可或缺的一部分。随着科技的不断进步和教育理念的不断更新，传统的教学方法和手段已经无法满足现代教育的需求。因此，高校教师需要不断探索新的教学方法和手段，引入先进的教学理念和技术，提升教学质量和效果。一要创新教学方法和手段。高校教师应积极尝试新的教学方法和手段，如混合式教学、翻转课堂、在线开放课程等，激发学生的学习兴趣和积极性，改善教学效果。同时，教师还应关注学生的学习体验和学习成果，及时调整教学策略和方法，确保教学质量。二要建立健全教学质量评估机制。高校应建立健全的教学质量评估机制，对教师的教学质量进行定期评估和反馈。评估应综合考虑学生的学习成果、教学效果、教学方法和手段等多个方面，确保评估结果的客观性和公正性。高校还应为教师提供相应的教学支持和指导，帮助教师提升教学质量。

十是跨学科合作与学科交叉培养。在新时代背景下，跨学科合作与学科交叉培养已成为高等教育发展的重要趋势。这种趋势不仅有利于培养学生的综合素养和创新能力，还有利于推动科研创新和学术进步。一要开展跨学科合作。高校教师应积极参与跨学科合作，与不同学科的教师共同开展教学和科研工作。通过跨学科合作，可以促进不同学科之间的交流和融合，产生新的学术思想和研究成果。同时，跨学科合作还有利于培养学生的跨学科思维和综合能力，提高他们的综合素质和竞争力。二是进行学科交叉培养。高校应设立跨学科项目和课程，推动学科之间的交叉培养。通过学科交叉培养，可以培养学生的创新思维和跨学科解决问题的能力。同时，学科交叉培养还有利于拓宽学生的知识面和视野，提高他们的综合素质和适应能力。

十一是国际化视野与国际交流合作。随着全球化的不断深入和发展，国际化视野和国际交流合作已成为高校教师队伍建设的重要方向。培养国际化教师不仅可以提升教师的学术水平和竞争力，还可以促进学校的国际影响力和竞争力。一要具有国际化视野。高校教师应拓宽国际视野，了解国际学术前沿和发展趋势。通过参与国际学术交流与合作，教师可以引进国际优秀教育资源和先进教学理念，提升自己的学术水平和竞争力。同时，国际化视野还有利于培养学生的国际视野和跨文化交流能力。二要加大国际交流合作。高校应加强国际合作项目，与国际知名高校和研究机构建立合作关系。通过国际合作项目，可以促进教师之间的学术交流和合作，共同开展科研工作和人才培养工作。同时，国际交流合作还有利于提升学校的国际影响力和竞争力，吸引更多的优秀学生和教师。

十二是科研创新与成果转化。科研创新是高校教师队伍建设的重要组成部分，也是推动高等教育发展的重要动力。高校教师应积极参与科学研究，推动科研成果的转化和应用。一要加强科研创新。高校教师应关注学科前沿和热点问题，积极开展科学研究工作。通过科研创新，可以产生新的学术思想和研究成果，推动学科的发展和进步。科研创新还有利于培养教师的创新思维和科研能力，提高他们的学术水平和竞争力。二要强化科研成果转化。高校应建立健全的科研成果转化机制，鼓励教师将科研成果转化为实际应用和产业化。通过科研成果转化，可以促进科技与经济的结合，推动社会进步和发展。科研成果转化还有利于提升教师的社会影响力和声誉，吸引更多的优秀人才加入高校教师队伍。

综上所述，高校教师队伍建设的关键要素包括人才招聘与选拔、教师培养与发展、教师评价与激励、教师团队建设、教师职业道德建设、工作环境与福利待遇、学校文化与价值观、领导与管理支持、教学创新与教学质量保障、跨学科合作与学科交叉培养、国际化视野与国际交流合作以及科研创新与成果转化等方面。这些要素相互关联、相互促进，共同构成了完整的高校教师队伍建设体系。

在新时代背景下，我们需要持续关注和实践这些关键要素，不断提升高校教师的综合素质和能力水平。同时，我们还需要不断创新和完善高校教师队伍建设体系，以适应时代发展的需要和高等教育的发展趋势。只有这样，我们才能建设一支高素质、高水平、充满活力的高校教师队伍，为提高教育质量、推动学术进步和社会发展做出积极贡献。

（二）高校教师队伍建设的特点

一是专业化。高校教师队伍建设需要专业化的人才。这些教师应拥有相应的学科背景，深入掌握所教授领域的知识和理论。他们不仅要具备扎实的学术基础，还应不断更新自己的知识体系，紧跟学科前沿。此外，高校教师还应具备良好的教育教学能力，能够将复杂的知识以易懂的方式传授给学生，引导学生进行深入思考。

二是高素质。高校教师应具备较高的综合素质。这包括良好的教育教学能力，如灵活运用多种教学方法激发学生学习兴趣等。科研能力也是重要的素质之一，教师应能够开展创新性研究，为学科发展做出贡献。此外，社会服务能力也不可或缺，教师应积极参与社会服务活动，将学术成果应用到实际问题上。

三是团队协作。高校教师队伍的建设需要加强教师之间的交流与合作。通过建立协同创新的工作机制，促进教师团队的形成和发展。教师之间可以分享教学经验、共同开展科研项目，实现资源共享和优势互补。团队协作有助于提升教学质量，推动科研创新，培养教师的团队合作精神。

四是持续发展。关注教师的个人成长和专业发展是高校教师队伍建设的重要特点之一。学校应提供持续的培养和培训机会，满足教师不断提升自身能力的需求。这包括参加学术研讨会、课程培训、教学观摩等活动。持续发展有助于教师保持专业竞争力，不断适应教育变革的要求。

五是激励与评价。科学的评价机制对于高校教师队伍建设至关重要。通过全面、客观的评价，学校可以了解教师的教学水平、科研成果和社会服务成果，并以此为依据制定相应的激励措施。激励措施可以激发教师的工作热情和创造力，促使他们在教学和科研上取得更好的成绩。

六是创新性。创新精神是高校教师的重要品质。他们需要不断探索新的教育教学方法和手段，以满足学生多样化的学习需求。同时，教师应积极参与科研工作，推动学科和科研的进步。创新能力不仅有助于提高教学质量，还能为社会提供新的发展路径和解决方案。

七是社会责任感。高校教师肩负着培养人才和服务社会的重要使命，应具备强烈的社会责任感和教育使命感。教师应通过教育教学和科研工作，努力培养学生的社会责任感，引导学生成为有担当的社会公民。

八是跨学科合作。鼓励高校教师进行跨学科合作具有重要意义。不同学科之间的交流与融合可以激发教师的创新思维，拓宽教师的研究视野。通过跨学科合作，教师可以共同解决复杂的问题，培养具有跨学科思维和能力的学生，促进学科交叉和协同发展。

九是国际化视野。在全球化背景下，培养高校教师的国际化视野显得尤为重要。学校应鼓励教师参与国际学术交流与合作，了解国际先进的教育理念和科研成果。引进国际优质教育资源，提升教师队伍的国际竞争力，有助于培养具有国际素养的学生，推动高校的国际化发展。

十是信息化教学。随着信息技术的迅速发展，推动高校教师信息化教学能力的提升愈发必要。教师应善于运用现代技术手段进行教学创新，例如利用在线教学平台、多媒体资源等丰富教学内容和形式。信息化教学能够提高教学效率，增强学生的学习体验，适应数字化教育的发展趋势。

十一是生涯规划。为教师提供个性化的生涯规划是高校教师队伍建设的重要方面。学校可以帮助教师制订职业发展规划，明确个人目标和发展方向，为教师提供晋升机会和职业发展路径，有助于提升教师的工作满意度和专业发展空间，激励他们充分发挥自己的潜力。

十二是社会影响力。高校教师应积极参与公益活动和社会服务，提升教师队伍在社会中的影响力和声誉。通过与社会各界互动，教师可以将专业知识应用于社会实践，为社会进步做出积极贡献。这也有助于增强高校的社会影响力，吸引更多优秀人才投身教育事业。

综上所述，高校教师队伍建设的特点涵盖了专业化、高素质、团队协作、持续发展、激励与评价、创新性、社会责任感、跨学科合作、国际化视野、信息化教学、生涯规划和社会影响力等多个方面。这些特点相互关联、相互促进，共同构建了一支优秀的高校教师队伍。在新时代，高校应不断加强教师队伍建设，以适应社会发展的需求，培养具有创新精神和社会责任感的高素质人才。通过提升教师的专业素养和教学能力，推动教育教学改革与创新，为社会的进步和发展做出积极贡献。

第二节　高校教师队伍建设的重要性与价值

高校教师队伍建设是高等教育发展的核心，对于提高高等教育质量和水平具有重要意义。高校教师作为高等教育的重要力量，对于培养学生的综合素质、推动学科和科研水平的进步，以及提升学校的整体实力和社会影响力都起着至关重要的作用。因此，加强高校教师队伍建设，提高教师队伍的整体素质和水平，是适应新时代发展需求、实现高等教育可持续发展的重要保障。

一、高校教师队伍建设对高等教育发展的意义

高校教师队伍建设对高等教育发展具有重要的意义，它是实现高等教育目标的关键因素之一。以下是高校教师队伍建设对高等教育发展的几个主要意义。

高校教师队伍建设一直被认为是高等教育事业中至关重要的一环，其对高等教育发展的意义不可忽视。通过对高校教师队伍建设的深入探讨与实践，可以发现其在高等教育发展中的重要意义。

首先，高校教师队伍建设对提升高等教育教学质量具有重要意义。教师是高等教育的主要实施者，他们直接参与学生的教育教学活动，对于培养学生的综合素质和专业能力至关重要。建设一支高水平、专业化的教师队伍，可以提高教师的教学水平和教育能力，激发学生的学习兴趣，推动教学改革和创新，从而提升高等教育的整体教学质量。

其次，高校教师队伍建设对推动科学研究和学科发展具有重要意义。优秀的教师队伍不仅在教学上有所建树，还能够在科学研究领域取得突出成就，推动学科的发展和进步。建设高水平的教师队伍可以促进学术交流与合作，推动学科交叉融合，提升高校的学术影响力和竞争力。同时，教师队伍的科研实力和创新能力也直接影响着高校在科研领域的地位和声誉。

再次，高校教师队伍建设对促进高校与社会的良性互动和发展具有重要意义。教师队伍作为高校与社会联系的桥梁和纽带，他们的专业知识和社会影响力对推动产学研合作、服务社会发展至关重要。建设高水平、具有社会

责任感的教师队伍，可以为高校与社会各界搭建合作平台，促进资源共享、人才培养和社会服务，实现高校与社会的良性互动和共同发展。

最后，高校教师队伍建设对于培养优秀人才和推动人才培养模式创新也具有重要意义。教师是学生的榜样和引路人，他们对学生的影响深远。通过建设高水平、具有教育情怀的教师队伍，可以为学生提供优质的教育资源和学习环境，激发学生的学习潜力，培养学生的创新精神和实践能力，为社会培养更多具有国际竞争力的优秀人才。

综上所述，高校教师队伍建设对高等教育发展具有重要意义，体现在提升高等教育教学质量、推动科学研究和学科发展、促进高校与社会的良性互动和发展，以及培养优秀人才和推动人才培养模式创新等方面。通过不断加强教师队伍建设，高校可以提升自身的综合实力和核心竞争力，为高等教育事业的可持续发展和社会进步做出更大的贡献。因此，高校教师队伍建设的重要性和意义不可低估，需要引起高校和社会各界的高度重视和关注。

二、高校教师队伍建设对学生学习和成长的影响

高校教师队伍建设不仅对高等教育发展具有重要意义，而且对学生学习和成长也有着深远的影响。以下是高校教师队伍建设对学生学习和成长的几个主要影响。

一是引导学生树立正确的价值观和人生观。高校教师作为学生的引路人，对学生的价值观和人生观的塑造起着至关重要的作用。通过建设高校教师队伍，可以提高教师的素质和能力，从而引导学生树立正确的价值观和人生观，为学生未来的成长和发展奠定坚实的思想基础。

二是激发学生的学习兴趣和动力。高校教师队伍的素质和水平直接影响到学生的学习兴趣和动力。优秀的教师能够以丰富的教学手段和深入浅出的讲解方式，激发学生的学习兴趣和热情，提高学生的学习积极性和主动性。教师的人格魅力和敬业精神也可以感染和激励学生，使学生更加热爱学习、热爱生活。

三是培养学生的创新思维和实践能力。高校教师作为学术研究和科技创新的主体，对培养学生的创新思维和实践能力起着关键作用。通过加强高校教师队伍建设，提高教师的学术水平和科研能力，可以为学生提供更多的学术资源和科研机会，激发学生的创新思维，培养学生的实践能力。

四是塑造学生的良好品德和人文素养。高校教师不仅是传授知识的人，

也是培养学生品德和人文素养的重要力量。通过加强对高校教师队伍的建设，提高教师的道德修养和人文素养，可以为学生树立良好的榜样，引导学生塑造良好的品德和人文素养，为学生的全面发展提供有力的支持。

五是促进学生的综合素质和专业能力发展。优秀的高校教师队伍能够为学生提供更加全面和专业的教学指导和学术指导，帮助学生在学术领域和专业领域不断提升自己的素质和能力。教师的教学方法和学术研究成果可以启发学生的思维，拓宽他们的视野，促进学生的学科专业能力和综合素质的全面发展。

六是激励学生的自主学习和自我发展。高校教师队伍的建设可以通过激励学生的自主学习和自我发展，培养学生的学习自觉性和主动性。优秀的教师会引导学生树立正确的学习态度和学习方法，帮助他们建立自主学习的意识和习惯，培养他们独立思考和解决问题的能力，从而使学生在学习和成长过程中更加积极主动。

七是提升学生的职业素养和社会适应能力。高校教师队伍的建设也可以帮助学生提升职业素养和社会适应能力。教师作为社会的一员，通过自身的言传身教，可以为学生树立正确的职业道德观，引导他们积极适应社会发展的需求和挑战，培养他们具备良好的社会责任感和团队合作精神，为他们未来的职业生涯打下坚实的基础。

八是促进学生的终身学习和自我提升。高校教师队伍的建设还可以促进学生的终身学习和自我提升。优秀的教师会激发学生对知识的渴望和对未来的追求，引导他们形成终身学习的习惯和理念，使他们在不断学习中实现个人价值和社会价值的双重提升。

综上所述，高校教师队伍建设对学生学习和成长的影响是多方面的，涵盖了学生的思想观念、学习动力、创新能力、品德素养、综合素质、自主学习能力、职业素养和终身学习等方面。通过不断加强高校教师队伍建设，可以更好地引领学生成长，把他们培养成为具有高素质、全面发展和有社会责任感的优秀人才，为社会和国家的可持续发展做出积极贡献。

三、高校教师队伍建设对科学研究和学术创新的推动作用

在新时代的背景下，高校教师队伍建设不仅是高等教育发展的核心任务之一，更是推动科学研究和学术创新的重要基石。一个优秀的教师队伍不仅能为科研提供坚实的人才基础，还能引领学术风气，促进科研与社会的深度

融合。以下是对高校教师队伍建设在推动科学研究和学术创新方面所起作用的深入分析和探讨。

一是提供科研力量和人才支持。高校教师是科学研究的主体，他们的学术水平和科研能力直接关系到学校科研工作的质量。加强高校教师队伍建设，提高教师的科研水平和创新能力，是提升学校科研实力和创新能力的重要途径之一。通过引进和培养高水平的科研人才，建设结构合理、素质优良的教师队伍，可以为学校提供稳定的科研力量，推动科学研究和学术创新的深入发展。

二是促进学科交叉和跨领域合作。现代科学研究越来越注重学科交叉和跨领域合作，这不仅可以拓宽研究视野，还能拓展新的科研思路和方法。高校教师队伍的建设应鼓励不同学科之间的交流和合作，打破学科壁垒，促进学科交叉融合。通过搭建跨学科研究平台，组织跨学科研究团队，可以激发出更多的科研潜力和创新点，推动科学研究和学术创新的跨越式发展。

三是推动科研成果转化和社会应用。科研成果的转化和社会应用是科学研究和学术创新的重要目标。高校教师队伍的建设应关注科研成果的转化和应用，加强与产业界、社会的联系和合作。通过与企业合作开展技术研发，推动科研成果的产业化、商业化，可以实现科研成果的经济价值和社会价值。同时，高校教师还可以通过为社会提供科技服务和咨询，推动科研成果在社会中的应用和推广，提高科研工作的社会效益和影响力。

四是培养创新型人才和未来领导者。高校教师队伍的建设不仅要注重教师的科研能力和学术水平，还要注重教师的育人能力。优秀的教师应具备激发学生的创新能力和实践能力的能力，能够为学生提供良好的学术环境和科研机会。通过加强教师的育人能力培训，建立激励机制，可以培养出更多的创新型人才和未来领导者。这些人才将为未来的科学研究和学术创新做出更大的贡献，推动人类社会的进步和发展。

五是激励教师进行前沿科研和探索。前沿科研和探索是推动科学研究和学术创新的重要动力。高校教师队伍的建设应激励教师进行前沿科研和探索，为他们提供良好的科研条件。通过设立科研奖励机制、提供科研经费和资源、组织学术交流活动等措施，可以激发教师的科研热情和创新精神，推动他们在新领域、新理论和新方法上取得突破性的研究成果。

六是促进科研成果的评价和认可体系建设。科研成果的评价和认可体系是推动科学研究和学术创新的重要保障。高校教师队伍的建设应促进科研成果的评价和认可体系建设，建立科学、公正、透明的评价机制。通过制定明确的评价标准和程序，对科研成果的质量和价值进行评估，可以激励教师产出更多高质量的科研成果，推动科学研究和学术创新向更高水平迈进。

七是推动科研资源共享和合作交流。科研资源的共享和合作交流是推动科学研究和学术创新的重要手段。高校教师队伍的建设应推动科研资源的共享和合作交流，促进校内外的科研合作和交流。通过建立科研合作平台、共享科研设施和资源、组织科研合作项目等措施，可以实现科研资源的优化配置和共享利用，提高科研工作的效率和成果的质量，推动科学研究和学术创新的协同发展。

八是引领学术风气和学术规范建设。学术风气和学术规范是科学研究和学术创新的重要基础。高校教师队伍的建设应引领学术风气和学术规范的建设，树立良好的学术道德和学术风气。通过加强学术规范和学术道德的教育和培训，建立完善的学术监督和惩戒机制，可以促进学术界的诚信和规范化发展，为科学研究和学术创新提供健康、规范的学术环境。

总的来说，高校教师队伍建设对科学研究和学术创新的推动作用是多方面的，其涵盖了提供科研力量和人才支持、促进学科交叉和跨领域合作、推动科研成果转化和社会应用、培养创新型人才和未来领导者、激励教师进行前沿科研和探索、促进科研成果的评价和认可体系建设、推动科研资源共享和合作交流、引领学术风气和学术规范建设等方面。在新时代的背景下，加强高校教师队伍建设，提高教师的科研水平和创新能力，是推动科学研究和学术创新的重要任务。通过不断优化教师队伍结构，提高教师素质和能力，可以为科学研究和学术创新注入新的活力和动力，推动学术界繁荣发展。

第三节　高校教师队伍建设的相关理论

在新时代背景下，高校教师队伍建设已成为推动高等教育内涵式发展的重要支撑。为了深入了解和有效推进高校教师队伍建设，我们需要依托一系列相关理论作为指导。这些理论不仅为高校教师队伍的建设提供了理念指引，还为其具体实践提供了策略和方法。

教师专业发展理论。教师专业发展理论是高校教师队伍建设的基石之一。它强调教师作为一名专业人员应该持续成长，包括知识更新、技能提升、态度转变等多个方面。该理论主张通过提供系统的培训、科研机会和激励机制，促进教师的专业发展，从而提升教师队伍的整体素质和教学科研能力。

人力资源开发理论。人力资源开发理论在高校教师队伍建设中发挥着重要作用。它认为教师是一种重要的人力资源，需要通过有效的开发和管理来实现其最大价值。这一理论强调通过制定科学的招聘选拔机制、激励机制和评价机制，吸引和留住优秀人才，激发教师的积极性和创造力，促进教师队伍的优化和升级。

终身教育理论。终身教育理论为高校教师队伍建设提供了新的视角。它认为教育是终身的，教师也需要不断地学习和进修，以适应不断变化的教育环境和社会需求。这一理论鼓励高校建立终身学习的机制，为教师提供持续的学习和发展机会，促进教师的专业成长和知识更新。

组织发展理论。组织发展理论关注组织内部的变革和进步，为高校教师队伍建设提供了组织层面的指导。它强调通过改善组织结构、优化组织文化、提高组织效能等手段，推动教师队伍的整体发展。该理论提倡建立学习型组织，鼓励教师之间的合作与交流，营造积极向上的组织氛围，激发教师的团队精神和创新意识。

教育心理学理论。教育心理学理论在高校教师队伍建设中同样具有重要意义。它关注教师的心理需求、动机和行为，为教师管理提供了心理学依据。通过运用教育心理学理论，我们可以更好地了解教师的心理特征和行为规律，从而制订更加人性化的管理措施和激励机制，提高教师的工作满意度和归属感，增强教师队伍的凝聚力和向心力。

知识管理理论。知识管理理论在高校教师队伍建设中的作用也不可忽视。它强调知识的获取、共享和创新对于组织发展的重要性。在高校教师队伍建设中，知识管理理论倡导建立有效的知识分享平台和学习共同体，促进教师之间的知识交流和经验分享，提升教师队伍的知识水平和创新能力。

多元智能理论。多元智能理论由美国心理学家霍华德·加德纳提出，他认为每个人都具备多种智能，如语言智能、数学逻辑智能、空间智能等。这一理论在高校教师队伍建设中的应用，意味着我们要认识到每位教师都有其独特的才能和优势，应该为他们提供多样化的发展路径和展示平台，以充分发挥他们的潜能和创造力。

成人学习理论。成人学习理论关注成人学习者的特点和学习方式，对于高校教师队伍的建设同样具有指导意义。它强调成人学习者具有自主性、实践性和经验性等特点，需要采用适合成人学习的方式和方法进行培训和发展。在高校教师队伍建设中，我们应该充分考虑教师的成人学习特点，为他们提供具有针对性、实用性和灵活性的培训和发展机会。

综上所述，高校教师队伍建设的相关理论涵盖了教师专业发展、人力资源开发、终身教育、组织发展、教育心理学、知识管理、多元智能和成人学习等多个方面。这些理论为高校教师队伍的建设提供了全面的指导和支持，有助于我们更加科学、有效地推进高校教师队伍的优化和升级。在新时代背景下，我们应该深入学习和运用这些理论，不断创新和完善高校教师队伍建设的实践路径和策略方法，为高等教育的内涵式发展提供坚实的人才保障和智力支持。

一、教师专业发展理论

在新时代的背景下，高校教师队伍的建设与发展显得尤为重要。作为高等教育的核心力量，教师的专业发展不仅关乎其个人的成长与进步，更直接影响到教育质量的好坏和学术研究的高度。因此，深入探讨教师专业发展理论，对于高校教师队伍的建设具有深远的理论和实践意义。

（一）教师专业发展的内涵

教师专业发展是一个持续不断的过程，它涵盖了教师的知识更新、技能提升、态度转变以及教育理念的更新等多个方面。这个过程不仅要求教师在学科领域内有前沿的知识和技能，还需要他们在教育教学方法、教育心理学、教育技术等方面有所建树。同时，教师的职业道德、教育信仰、教育理念等也是教师专业发展的重要组成部分。

（二）教师专业发展的必要性

一是适应教育变革的需求。随着教育理念的不断更新和教育技术的快速发展，教师需要不断更新自己的知识和技能，以适应新的教育环境和要求。

二是提高教育质量的需要。教师的专业素质直接影响到教育质量。只有具备高度专业素养的教师，才能为学生提供优质的教育服务，培养出高素质的人才。

三是促进教师个人成长。教师专业发展不仅有助于教师提升职业技能，还有助于其实现个人价值，提升职业满意度和幸福感。

（三）教师专业发展的路径

一是系统培训。高校应建立完善的教师培训机制，包括岗前培训、在岗培训、专题培训等，为教师提供持续学习和发展的机会。

二是科研机会。鼓励教师参与科研项目、发表学术论文、申报课题等，提升教师的科研能力和学术水平。

三是激励机制。通过设立奖励机制、提供晋升机会、优化薪酬体系等方式，激发教师的工作积极性和创新精神。

四是自我发展。鼓励教师进行自主学习、自我反思、同伴互助等，以实现个人专业素养的持续提升。

（四）教师专业发展与高校教师队伍建设的关联

教师专业发展与高校教师队伍建设是相辅相成的。一方面，教师的专业发展是推动高校教师队伍建设的核心动力。只有不断提升教师的专业素养和教学能力，才能确保高校教师队伍的整体素质和教学科研能力得到持续提升。另一方面，高校教师队伍建设的成果也为教师专业发展提供了有力的保障和支持。通过优化招聘选拔机制、完善培训体系、建立激励机制等措施，可以为教师的专业发展创造更好的条件和机会。

（五）教师专业发展理论在高校教师队伍建设中的实践应用

一是制订个性化的教师发展计划：根据教师的个人特点、专业背景和发展需求，制订个性化的教师发展计划，帮助教师明确职业目标和发展方向。

二是构建多元化的培训体系：结合教师的实际需求和教学科研任务，构建多元化的培训体系，包括在线课程、工作坊、研讨会等多种形式，为教师提供多样化的学习和发展机会。

三是营造良好的学术氛围：通过举办学术讲座、组织学术沙龙、建立学术团队等方式，营造良好的学术氛围，激发教师的科研兴趣和创新精神。

四是建立科学的评价体系：建立科学的评价体系，将教师的专业素养、教学能力、科研成果等纳入评价范围，客观全面地评估教师的工作表现和发展水平。

（六）结论与展望

教师专业发展理论是高校教师队伍建设的基石之一。通过深入研究和实践应用这一理论，我们可以更好地推动高校教师队伍的整体素质和教学科研能力的提升。展望未来，我们还需要不断探索和创新教师专业发展的路径和模式，以适应新时代高等教育的发展需求和挑战。同时，我们也需要关注教师专业发展与高校其他工作的协同推进，如课程改革、学生管理、社会服务等，以实现高等教育的全面发展和进步。

二、人力资源开发理论

在新时代背景下，高校教师队伍建设面临着前所未有的机遇与挑战。人力资源开发理论为这一领域提供了重要的理论指导，帮助我们更好地理解和管理这一关键资源。人力资源开发不仅关乎教师的个人成长与发展，更直接关系到高校的学术水平、教育质量和长远发展。

（一）人力资源开发理论的核心观点

人力资源开发理论的核心观点在于将教师视为一种重要的人力资源，强调通过有效的开发和管理来实现其最大价值。这一理论认为，教师资源的开发与管理是一个系统的工程，涵盖了招聘选拔、培训发展、激励保障和绩效评价等多个环节。通过这一系统工程，可以吸引和留住优秀人才，激发教师的积极性和创造力，促进教师队伍的优化和升级。

（二）招聘选拔机制

招聘选拔机制是人力资源开发的第一步。高校应建立科学、公正、透明的招聘选拔机制，确保吸引到优秀人才。这包括制订明确的招聘标准、采用多元化的招聘方式、建立专家评审团队等措施。同时，高校还应注重人才的发展潜力，而不仅仅是注重短期的学术成果或教学经验。

（三）激励机制

激励机制是激发教师积极性和创造力的关键。高校应根据教师的不同需求和特点，建立多元化的激励机制。这包括物质激励（如薪酬、奖金、福利待遇等）、精神激励（如荣誉称号、晋升机会、学术支持等）以及情感激励（如良好的工作环境、和谐的团队氛围、尊重与信任等）。通过综合运用这些激励手段，可以激发教师的内在动力，推动他们为高校的发展做出更大贡献。

高校教师队伍建设的探索与实践

（四）培训发展机制

培训发展机制是提升教师专业素质和能力的重要途径之一。高校应建立完善的培训发展体系，为教师提供持续学习和发展的机会。这包括岗前培训、在岗培训、专题培训等多种形式。同时，高校还应鼓励教师积极参与国内外学术交流活动、承担科研项目等，以拓宽教师的视野、增强其创新能力。

（五）绩效评价机制

绩效评价机制是衡量教师工作表现和发展水平的重要手段之一。高校应建立科学、公正、客观的绩效评价体系，将教师的教学质量、科研成果、社会服务等纳入评价范围。通过绩效评价，可以及时发现教师的优点和不足，为他们的职业发展提供有针对性的指导和支持。同时，绩效评价结果也可作为薪酬调整、晋升晋职等的重要依据。

（六）人力资源开发理论在高校教师队伍建设中的实践应用

首先，制订人力资源开发计划。高校应根据自身的发展战略和目标，制订人力资源开发计划，明确教师队伍建设的方向、目标和任务。这有助于确保人力资源开发与高校的整体发展保持高度一致。其次，加强教师培训与发展。高校应加大教师培训与发展的投入力度，为教师提供更多的学习和发展机会。这不仅可以提升教师的专业素质和能力水平，也有助于增强教师的归属感和忠诚度。再次，优化薪酬与福利体系。高校应建立科学、合理的薪酬与福利体系，确保教师的收入与他们的贡献紧密挂钩。然后，高校还应关注教师的精神需求和情感需求，为他们创造更加和谐、宽松的工作环境。最后，建立良好的团队氛围。高校应注重培养教师队伍的团队精神和合作意识，鼓励教师之间的交流与合作。通过建立良好的团队氛围，可以激发教师的集体荣誉感和责任感，促进教师队伍的整体优化和升级。

（七）结论与展望

人力资源开发理论在高校教师队伍建设中发挥着重要作用。通过制订科学的招聘选拔机制、激励机制、培训发展机制和绩效评价机制等措施，可以吸引和留住优秀人才、激发教师的积极性和创造力、促进教师队伍的优化和升级。展望未来，随着高等教育的不断发展和教师职业需求的不断变化，高校还需要不断创新和完善人力资源开发策略和方法，以适应新时代的发展需求和挑战。同时，高校还需要加强与其他领域的合作与交流，借鉴先进的管理理念和经验做法，共同推动高校教师队伍建设迈向新的高度。

三、终身教育理论

终身教育理论自20世纪60年代提出以来，已逐渐成为教育领域的重要指导思想。它强调教育是一个持续不断的过程，涵盖了人的一生，包括婴幼儿期、青少年期、成年期以及老年期。对于高校教师而言，终身教育理论同样具有深远的指导意义。在新时代背景下，高校教师队伍建设必须充分认识和运用终身教育理论，以适应快速变化的教育环境和社会需求。

（一）终身教育理论的核心观点

终身教育理论的核心观点在于强调教育的连续性和整体性。它认为，教育不应该仅仅局限于某个特定的阶段或领域，而应该贯穿人的一生，涵盖各个方面和层次。对于高校教师而言，这意味着他们需要不断地学习和进修，更新自己的知识和技能，以适应不断变化的教育环境和社会需求。同时，终身教育理论还强调教育的个性化和自主性，即每个人都有权利根据自己的兴趣、需求和能力选择适合自己的学习方式和内容。

（二）终身教育理论在高校教师队伍建设中的应用

首先，建立终身学习的机制。高校应该为教师提供持续学习和发展的机会，建立终身学习的机制。这包括制订完善的培训计划、提供丰富的学习资源、建立学习共同体等。通过这些措施，鼓励教师不断学习，提升自己的专业素养和教学能力。其次，促进教师的专业成长。终身教育理论强调教师的专业成长是一个持续不断的过程。高校应该为教师提供多样化的职业发展路径和晋升机会，帮助他们实现个人价值和职业追求。再次，高校还应该建立完善的评价体系，将教师的专业素养、教学能力、科研成果等纳入评价范围，为教师提供有针对性的指导和支持。最后，加强与其他领域的合作与交流。终身教育理论鼓励高校与其他领域建立紧密的合作关系，共同推动教师的专业发展。高校可以与企业、研究机构、社区等建立合作关系，为教师提供实践机会，实现资源共享。通过这些合作与交流，教师可以了解最新的教育理念和技术手段，以拓宽其视野、增强创新能力。

（三）终身教育理论对高校教师队伍建设的意义

首先，能够适应快速变化的教育环境。随着科技的快速发展和社会的不断进步，教育环境也在不断变化。高校教师作为教育领域的领军人物，必须不断学习才能适应这些变化。终身教育理论强调教育的连续性和整体性，有助于教师不断更新自己的知识和技能，保持与时俱进的教育观念和教学方法。其次，能够提升教师的综合素质。终身教育理论鼓励教师自主学习实现个性化发展，这有助于提升教师的综合素质。通过持续学习，教师可以拓宽知识面、增强创新能力、提升教学水平，为学生提供更高质量的教育服务。最后，可以促进教师的职业幸福感和成就感。终身教育理论关注教师的个人成长和发展，有助于增强教师的职业幸福感和成就感。当教师感到自己的职业发展有前景、有动力时，他们会更加投入地工作、更加热爱教育事业，从而形成良好的教育生态。

（四）实践策略与建议

首先，制订个性化的学习计划。高校教师应该根据自己的兴趣、需求和能力制订个性化的学习计划。这些计划应该包括短期目标和长期目标，以及实现这些目标所需的具体步骤和时间安排。通过制订个性化的学习计划，教师可以更加有针对性地进行学习。其次，利用现代科技手段进行学习。现代科技手段为高校教师提供了更加便捷和高效的学习方式。例如，教师可以通过在线课程、网络研讨会、远程协作等方式进行学习和交流。这些方式不仅可以节省时间和精力，还可以拓宽学习资源和交流渠道。最后，建立学习共同体。高校教师应该建立学习共同体，共同分享学习资源和经验。通过相互学习、相互支持，教师可以相互促进、共同成长。同时，学习共同体还可以为教师提供情感支持和心理慰藉，增强他们的归属感和凝聚力。

（五）结论与展望

终身教育理论为高校教师队伍建设提供了新的视角和指导思想。在新时代背景下，高校应该充分认识和运用终身教育理论，为教师提供持续学习和发展的机会，促进他们的专业成长和知识更新。同时，高校还应该加强与其他领域的合作与交流，共同推动教师的专业发展。展望未来，随着科技的快速发展和社会的不断进步，终身教育理论在高校教师队伍建设中的应用将更加广泛和深入。我们需要不断探索和创新教育理念和方法手段，以适应新时代的发展需求和挑战。

（六）未来发展方向

首先，技术驱动的终身学习。随着信息技术的快速发展，未来的终身学习将更加依赖于技术。例如，虚拟现实（VR）、增强现实（AR）和人工智能（AI）等技术可以为教师提供沉浸式的学习体验，使他们能够更加深入地理解和掌握新知识。其次，跨学科学习与合作。未来的教育将更加注重跨学科的学习与合作。高校教师应该鼓励自己跨越学科界限，与其他领域的专家进行合作与交流，以拓宽自己的视野、增强创新能力。再次，持续的专业认证与评估。为了确保教师的学习和发展质量，未来的终身教育将更加注重专业认证与评估。这将有助于确保教师的学习成果得到认可，并为他们的职业发展提供有力的支持。最后，全球化视野下的终身学习。在全球化的背景下，未来的终身学习将更加注重培养教师的全球化视野和跨文化交流能力。高校应该为教师提供更多的国际交流机会，帮助他们了解不同文化背景下的教育理念和实践。

综上所述，终身教育理论对于高校教师队伍建设具有深远的意义。在新时代背景下，我们应该充分认识和运用这一理论，为教师提供持续学习和发展的机会，促进他们的专业成长和知识积累。

四、组织发展理论

组织发展理论是指导组织变革和进步的重要理论之一，它对于高校教师队伍建设同样具有深远的指导意义。在新时代背景下，高校教师队伍建设不仅需要关注教师的个人成长与发展，还需要从组织层面出发，推动整个教师团队的优化与进步。组织发展理论强调通过改善组织结构、优化组织文化、提高组织效能等手段，实现教师队伍的整体发展。

（一）组织发展理论的核心观点

组织发展理论的核心观点在于关注组织的持续变革与进步。它认为，组织在面对内部和外部环境变化时，必须不断适应和调整，以保持竞争力和活力。对于高校而言，这意味着教师队伍的建设不能仅停留在个体层面，还需要从组织层面进行整体规划和设计。

组织发展理论强调以下几个方面。首先，优化组织结构。优化组织结构是组织发展的重要基础。高校应该建立灵活、高效的组织结构，确保教师队伍能够迅速响应各种变化和挑战。这包括明确各职能部门的职责和权限、建立有效的沟通机制、推动跨部门合作等。其次，优化组织文化。组织文化是影响组织发展的重要因素。高校应该营造积极向上的组织氛围，鼓励教师之间的合作与交流，激发教师的团队精神和创新意识。同时，高校还应该培养教师的职业道德和学术规范，以提升整个教师队伍的素质和形象。再次，提高组织效能。组织效能是衡量组织发展水平的重要指标。高校应该通过制订科学的管理制度、完善激励机制、加强绩效评价等方式，提高教师队伍的整体效能。这有助于确保教师能够充分发挥自己的专业优势，为高校的发展做出更大贡献。

（二）组织发展理论在高校教师队伍建设中的应用

首先，建立学习型组织。学习型组织是组织发展理论的核心内容之一。高校应该鼓励教师树立终身学习的理念，为他们提供持续学习和发展的机会。同时，高校还应该建立学习共同体，促进教师之间的知识分享和经验交流，共同推动教师队伍的进步。其次，加强团队建设与协作。组织发展理论强调团队合作的重要性。高校应该注重培养教师的团队精神和协作能力，推动他们之间进行深度合作与交流。通过组建跨学科、跨领域的教师团队，可以激发教师的创新思维和协作精神，共同推动高校的教学和科研工作。最后，营造积极向上的组织氛围。组织氛围对于教师的工作积极性和创造力具有重要影响。高校应该努力营造积极向上的组织氛围，关注教师的成长与发展，为他们提供必要的支持和帮助。同时，高校还应该建立公正、透明的激励机制，激发教师的工作热情和创造力。

（三）组织发展理论对高校教师队伍建设的意义

首先，提升教师队伍整体素质。通过组织发展理论的指导，高校可以对教师队伍进行整体规划和设计，提升整个队伍的素质和形象。这有助于教师能够更好地适应新时代的教育需求和社会挑战，为学生提供更高质量的教育服务。其次，增强教师队伍的凝聚力和向心力。组织发展理论强调团队合作和协作精神的培养。通过加强团队建设与协作，可以增强教师队伍的凝聚力和向心力，形成共同的目标和价值观。这有助于推动教师队伍的整体进步和发展，为高校的长远发展奠定坚实基础。最后，促进高校的创新与发展。组织发展理论鼓励高校建立学习型组织和培养创新意识，这有助于激发教师的创新精神和创造力，推动高校在教学、科研和社会服务等方面的创新与发展。通过不断推动组织变革和进步，高校可以保持竞争优势并为社会做出更大贡献。

（四）实践策略与建议

首先，制订组织发展计划。高校应该根据自身的发展目标和需求，制订详细的组织发展计划。这包括明确教师队伍建设的目标、任务和时间表，以及制订相应的保障措施和评估机制。通过制订明确的计划，可以确保组织发展工作有条不紊地进行。其次，完善组织管理制度。高校应该建立科学、高效的组织管理制度，确保教师队伍建设的各项工作得到有效落实。这包括完善招聘选拔机制、培训发展机制、绩效评价机制等，为教师的成长和发展提供有力保障。再次，加强沟通与协作。高校应该建立有效的沟通机制，促进教师之间的信息共享和经验交流。同时，高校还应该鼓励跨部门、跨学科的协作与合作，推动教师队伍之间进行深度合作与交流。最后，营造积极向上的组织氛围。高校应该注重营造积极向上的组织氛围，关注教师的成长与发展需求。通过举办各种形式的活动、提供必要的支持和帮助等方式，激发教师的工作热情和创造力。

（五）结论与展望

组织发展理论为高校教师队伍建设提供了新的视角和理论指导。在新时代背景下，高校应该充分认识和运用组织发展理论，从组织层面出发推动教师队伍的整体发展。通过改善组织结构、优化组织文化、提高组织效能等手段，可以激发教师的团队精神和创新意识，推动高校的创新与发展。展望未来，随着教育环境的不断变化和社会需求的不断提高，组织发展理论在高校教师队伍建设中的应用将更加广泛和深入。我们需要不断探索和创新教育理念和方法手段，以适应新时代的发展需求和挑战。

（六）未来发展方向

随着时代的变迁和教育改革的深入推进，组织发展理论在高校教师队伍建设中的应用将面临新的挑战和机遇。以下是未来组织发展理论在高校教师队伍建设中可能的发展方向。首先，深化跨学科与跨领域合作。随着知识边界的日益模糊和交叉学科的兴起，未来的高校教师队伍建设将更加注重跨学科和跨领域的合作。组织发展理论将鼓励高校打破传统的学科壁垒，促进不同学科背景的教师之间进行交流与合作，共同解决复杂的教育问题。这种跨学科和跨领域的合作不仅有助于提升教师的综合素质和创新能力，还能推动高校在教学、科研和社会服务等方面的全面发展。其次，强化国际化视野与跨文化交流。全球化趋势的加速推进和国际交流的增多使得高校教师队伍注重国际化建设。组织发展理论将强调培养教师的国际化视野和跨文化交流能力，鼓励他们参与国际合作项目、学术交流和访学等活动，以拓宽其国际视野，增强国际竞争力。同时，高校还应积极引进海外优秀人才和资源，为教师队伍的国际化发展提供有力支持。再次，推广数字化转型与智能化应用。信息技术的快速发展和数字化转型为高校教师队伍建设提供了新的机遇。组织发展理论将鼓励高校利用现代信息技术手段，如大数据、人工智能等，推动教师队伍的数字化转型和智能化应用。这包括建立数字化教学平台、推广在线课程和教育技术应用、开展智能化教学评价等，以提高教学效果和教师的工作效率。然后，注重教师职业发展与生涯规划。未来的组织发展理论将更加注重教师的职业发展和生涯规划。高校应该建立完善的教师职业发展机制，为教师提供个性化的职业发展规划和成长路径。这包括制订明确的职业发展目标、提供多元化的职业发展机会和资源、建立科学的评价体系和激励机制等，以激发教师的内在动力和发展潜力。最后，推动教师参与社会服务与决策咨询。高校教师应该积极参与社会服务和决策咨询。组织发展理论将鼓励高校加强与政府、企业和社会组织的合作，推动教师参与社会服务项目和决策咨询工作。这不仅可以提升教师的社会责任感和使命感，还能提升高校的社会声誉和影响力。

综上所述，未来的组织发展理论在高校教师队伍建设中将面临新的挑战和机遇。高校应该紧跟时代步伐，不断创新教育理念和方法手段，推动教师队伍的全面发展。通过深化跨学科与跨领域合作、强化国际化视野与跨文化交流、推广数字化转型与智能化应用、重视教师职业发展规划与生涯规划，以及推动教师参与社会服务与决策咨询等措施，可以构建更加高效、开放、创新的教师队伍，为高校的长远发展和社会进步做出更大贡献。

五、教育心理学理论

教育心理学理论在高校教师队伍建设中扮演着至关重要的角色。它深入探究教师的心理需求、动机和行为，为高校管理者提供了宝贵的心理学依据。在新时代背景下，随着教育理念的不断更新和教育环境的日益复杂，运用教育心理学理论来指导教师队伍建设显得尤为重要。

（一）教育心理学理论的核心观点

教育心理学理论的核心观点在于关注教师的心理需求和行为表现，以揭示其背后的心理机制。它强调以下几点。首先，教师心理需求的重要性。教育心理学理论认为，教师作为个体，拥有多种心理需求，如自尊、归属、成就等。这些需求影响着教师的工作态度和行为表现。高校管理者应该深入了解教师的心理需求，并采取相应的措施予以满足，以激发教师的工作积极性和创造力。其次，动机与行为的关系。教育心理学理论认为，动机是推动行为的内驱力。教师的动机来源于其对工作的认同、对成就的渴望以及对自我实现的追求等。高校管理者应该关注教师的动机状况，通过制订合理的激励机制，激发教师的内在动力，促进其行为的积极转变。最后，教师心理健康的保障。教育心理学理论强调教师的心理健康对于其工作效果和个人成长的重要性。高校管理者应该关注教师的心理健康状况，提供必要的心理支持和辅导，帮助教师排解工作压力、缓解职业倦怠，维护教师的心理健康。

（二）教育心理学理论在高校教师队伍建设中的应用

首先，个性化管理与激励。根据教育心理学理论，高校管理者应该关注教师的个体差异和心理需求，采取个性化的管理和激励措施。例如，对于不同性格类型的教师，可以采用不同的沟通方式和管理策略；对于不同职业发展阶段的教师，可以提供相应的培训和发展机会。通过满足教师的个性化需求，可以激发教师的工作热情和创造力，提高教师的工作满意度和归属感。其次，营造积极的工作氛围。教育心理学理论强调工作氛围对于教师工作积极性和创造力的影响。高校管理者应该努力营造积极的工作氛围，促进教师之间进行合作与交流。通过定期组织学术研讨、教学交流等活动，增进教师之间的了解与信任，形成团结互助的工作氛围。同时，高校管理者还应该关注教师的心理健康状况，提供必要的心理支持和辅导，帮助教师排解工作压力、缓解职业倦怠。最后，建立科学评价体系。教育心理学理论认为，科学的评价体系对于激发教师工作动力和促进教师成长具有重要意义。高校管理者应该建立公正、客观、全面的教师评价体系，注重对教师教学能力、科研成果、师德师风等多方面的评价。同时，评价过程中应该注重教师的参与和反馈，确保评价结果的公正性和有效性。通过科学的评价体系，可以激发教师的竞争意识和进取精神，推动教师队伍的整体进步。

（三）教育心理学理论对高校教师队伍建设的意义

首先，提升教师队伍整体素质。通过运用教育心理学理论，高校管理者可以更加深入地了解教师的心理特征和行为规律，从而制订更加人性化的管理措施和激励机制。这有助于激发教师的内在动力和发展潜力，提升教师队伍的整体素质和教学水平。其次，增强教师队伍的凝聚力和向心力。教育心理学理论强调关注教师的心理需求和动机，通过满足教师的个性化需求和提高教师的工作满意度，可以增强教师队伍的凝聚力和向心力。这有助于形成共同的目标和价值观，推动教师队伍的整体进步和发展。最后，促进高校的创新与发展。运用教育心理学理论指导教师队伍建设，有助于激发教师的创新精神和创造力。通过营造积极的工作氛围、建立科学评价体系等措施，可以推动教师在教学、科研和社会服务等方面的创新与发展。这对于提升高校的竞争力和社会声誉具有重要意义。

（四）实践策略与建议

首先，加强心理健康教育与培训。高校应该定期开展心理健康教育与培训活动，帮助教师了解自身的心理特点和需求，提高自我认知和自我调节能力。同时，高校还可以邀请心理学专家为教师提供心理咨询服务，帮助教师解决工作和生活中遇到的心理问题。其次，建立完善的激励机制。高校应该根据教师的不同需求和动机特点，建立完善的激励机制。这包括物质激励和精神激励两个方面。物质激励可以通过提高薪酬待遇、提供住房保障等方式实现；精神激励则可以通过表彰奖励、晋升机会等方式实现。通过综合运用多种激励手段，可以激发教师的工作积极性和创造力。再次，还要营造良好的工作氛围。高校应该注重营造良好的工作氛围，促进教师之间的合作与交流。这可以通过定期组织学术研讨、教学交流等活动实现。同时，高校还应该关注教师的心理健康状况，提供必要的心理支持和辅导。最后，要建立科学的评价体系。高校应该建立科学、公正、全面的教师评价体系，注重对教师教学能力、科研成果、师德师风等多方面的评价。在评价过程中，应该注重教师的参与和反馈，确保评价结果的公正性和有效性。同时，高校还应该根据评价结果对教师进行有针对性的培训和指导，帮助教师提高自身素质和教学水平。

（五）结论与展望

教育心理学理论在高校教师队伍建设中具有重要的指导意义。通过深入了解教师的心理需求、动机和行为规律，我们可以制订更加人性化的管理措施和激励机制，提高教师的工作满意度和归属感，增强教师队伍的凝聚力和向心力。展望未来，随着教育理念的不断更新和教育环境的日益复杂，教育心理学理论在高校教师队伍建设中的应用将更加广泛和深入。

六、知识管理理论

在新时代背景下，随着信息技术的迅猛发展和知识经济的崛起，知识管理理论已成为推动组织持续创新和发展的关键因素之一。在高校教师队伍建设中，知识管理理论同样发挥着不可替代的作用。它强调知识的获取、共享和创新对于提升教师队伍整体素质和教学科研水平的重要性。

（一）知识管理理论的核心观点

知识管理理论的核心观点在于将知识视为组织最重要的资源，通过有效的知识管理活动，促进知识的获取、共享、应用和创新，从而提升组织的竞争力和创新能力。在高校教师队伍建设中，知识管理理论的应用主要体现在以下几个方面。首先，强调知识的共享与传承。知识管理理论鼓励教师之间建立知识分享平台和学习共同体，通过互相学习、交流和合作，实现知识的共享和传承。这有助于促进新老教师之间的知识传递和经验传承，提升整个教师队伍的知识水平和教学科研能力。其次，注重知识的创新与应用。知识管理理论强调在知识共享的基础上，不断进行创新和应用。高校教师应该具备创新意识和能力，通过不断学习和探索，将新知识、新技术、新方法应用于教学和科研实践中，推动教育教学的改革和创新。最后，构建学习型组织。知识管理理论倡导构建学习型组织，鼓励教师持续学习、自我更新和不断进步。高校应该为教师提供良好的学习环境和资源支持，促进教师的专业成长和职业发展。

（二）知识管理理论在高校教师队伍建设中的应用

首先，建立知识分享平台。高校可以利用信息技术手段，建立在线知识分享平台，如教师论坛、教学博客、学术数据库等，方便教师之间进行知识交流和经验分享。通过这些平台，教师可以发布教学心得、科研成果、教学资源等信息，促进知识的传播和应用。其次，促进跨学科交流。高校应该鼓励不同学科背景的教师之间进行交流和合作，促进跨学科知识的融合和创新。可以通过组织跨学科研讨会、合作项目等方式，为教师提供跨学科交流的机会和平台。再次，建立学习共同体。高校可以建立教师学习共同体，鼓励教师之间互相学习、互相支持、互相成长。可以通过组建学习小组、开展合作学习活动等方式，促进教师之间进行合作与交流，提升整个教师队伍的学习能力和创新能力。最后，推广在线学习与培训。高校可以利用在线学习平台和技术手段，为教师提供丰富多样的在线学习资源和培训课程。这有助于教师随时随地进行学习，提高自身的专业素养和教学能力。

（三）知识管理理论对高校教师队伍建设的意义

首先，提升教师队伍整体素质。通过知识管理理论的应用，可以促进教师之间进行知识交流和经验分享，提升教师队伍的整体素质和教学水平。同时，还可以激发教师的创新意识和能力，推动教育教学的改革和创新。其次，促进科研合作与创新。知识管理理论的应用有助于促进教师之间的科研合作与创新。通过跨学科知识交流和合作项目的开展，可以推动科研成果的产出和转化应用，提升高校的科研水平和社会影响力。最后，增强组织的竞争力。知识管理理论的应用有助于构建学习型组织，提高教师的学习能力和创新能力，从而增强高校的竞争力。同时，通过知识的共享和创新，还可以增加高校的知识资产积累、促进高校管理水平的提升。

（四）实践策略与建议

首先，完善知识管理基础设施。高校应该加大对知识管理基础设施的投入力度，建立完善的信息技术平台和知识库系统，为教师提供便捷高效的知识获取和分享渠道。其次，营造知识共享的文化氛围。高校应该积极营造知识共享的文化氛围，鼓励教师之间互相学习、互相支持、互相成长。可以通过制定相关政策、举办知识共享活动等方式引导和激励教师进行知识分享和交流。再次，提供持续的学习与培训机会。高校应该为教师提供持续的学习与培训机会，帮助他们不断更新知识、提升技能。可以通过定期组织培训课程、提供在线学习资源等方式满足教师的学习需求。最后，建立激励机制与评价体系。高校应该建立知识共享的激励机制和评价体系，对在知识管理活动中表现突出的教师进行表彰和奖励。同时，还将知识管理成果纳入教师评价体系中，作为教师晋升和评聘的重要依据之一。

（五）结论与展望

知识管理理论在高校教师队伍建设中发挥着重要作用。通过建立有效的知识分享平台和学习共同体，促进教师之间进行知识交流和经验分享，可以提升教师队伍的知识水平和创新能力。展望未来，随着信息技术的不断发展和知识经济的深入推进，知识管理理论在高校教师队伍建设中的应用将更加广泛和深入。高校应该继续加强知识管理理论的研究与实践探索，不断完善知识管理体系和机制建设，为提升教师队伍整体素质和教学科研水平提供有力支撑。同时，还需要关注新兴技术的发展趋势和应用前景，如人工智能、大数据等技术在知识管理领域的应用潜力，积极探索将其应用在高校教师队伍建设的有效途径和方法。通过不断创新和完善知识管理理论和实践策略，推动高校教师队伍建设迈向更高水平的发展阶段。

七、多元智能理论

在新时代的高校教师队伍建设中，多元智能理论为我们提供了一种全新的视角和思路。由美国心理学家霍华德·加德纳提出的多元智能理论，强调每个人都具备多种智能，这些智能在不同的个体身上会以不同的方式、不同的程度表现出来。因此，在高校教师队伍建设中，我们应当充分利用这一理论，认识到每位教师的独特才能和优势，并为他们提供多样化的发展路径和展示平台，以充分激发和释放他们的潜能和创造力。

（一）多元智能理论的核心观点

多元智能理论的核心观点在于强调智能的多样性和个体差异性。加德纳认为，智能并不能被单一的、以语言能力和数学逻辑能力为核心的传统观念所能涵盖，智能包括语言智能、数学逻辑智能、空间智能、身体运动智能、音乐智能、人际交往智能、自我认知智能、自然观察智能等多种智能。这些智能在不同的个体身上会以不同的方式、不同的程度表现出来，形成每个人独特的智能结构。在高校教师队伍建设中，多元智能理论的应用意味着我们要转变传统的教师评价观念，不再强调单一的教学能力或科研成果，而是要关注教师的多元智能发展，充分挖掘和利用他们的各种智能优势，为他们提供多样化的发展机会和平台。

（二）多元智能理论在高校教师队伍建设中的应用

首先是个性化教学设计与实施。每位教师都拥有自己独特的智能结构，因此在教学中应该充分发挥自己的智能优势，设计出符合自己特点的教学方案。高校应该鼓励教师根据自己的智能特点进行个性化教学设计和实施，以提高教师的教学效果和学生的学习体验。其次是跨学科合作与交流。多元智能理论鼓励不同学科背景的教师之间进行合作与交流，以促进跨学科知识的融合和创新。高校可以组织跨学科的教学研讨会、合作项目等，为教师提供跨学科交流的机会和平台，促进教师之间的知识共享和优势互补。再次是多元化评价体系的建立。传统的教师评价体系往往强调教学和科研成果的数量和质量，而忽视了教师的多元智能发展。因此，高校应该建立多元化的评价体系，将教师的多元智能发展纳入评价范畴，更全面地评价教师的工作表现和发展潜力。最后是提供多元化发展机会和平台。高校应该为教师提供多元化的发展机会和平台，如开设多样化的培训课程、组织各类学术活动、鼓励教师参与社会服务等。这些机会和平台可以帮助教师发展自己的多元智能，提高自身的专业素养和综合能力。

（三）多元智能理论对高校教师队伍建设的意义

首先是促进教师个性化发展。多元智能理论鼓励教师根据自己的智能特点进行个性化发展，有助于激发教师的内在动力和创造力，提高教师的工作满意度和成就感。其次是增强教师队伍的凝聚力。通过跨学科合作与交流、多元化评价等方式，可以促进教师之间的互相理解和尊重，增强教师队伍的凝聚力和向心力。再次是推动教育教学改革与创新。多元智能理论的应用有助于推动教育教学的改革与创新。教师可以根据自己的智能优势设计出更具个性化和创新性的教学方案，提高教学效果和学生的学习体验。同时，不同学科背景的教师之间的合作与交流也可以促进教育教学的跨学科融合和创新。最后可以提升高校的综合竞争力。通过加强教师队伍的多元智能发展，可以提高教师的专业素养和综合能力，进而提升高校的教学质量和科研水平。这将有助于提升高校的综合竞争力，吸引更多的优秀人才和学生。

（四）实践策略与建议

首先是加强多元智能理论的宣传与培训。高校应该加强对多元智能理论的宣传与培训，让教师了解多元智能理论的核心观点和应用意义。通过培训活动，可以帮助教师认识自己的智能结构和发展潜力，为他们的个性化发展提供指导和支持。其次是建立个性化的教师发展路径。高校应该根据每位教师的智能特点和发展需求，为他们制订个性化的发展路径。这包括提供针对性的培训课程、鼓励参与跨学科合作项目、设立多样化的奖励机制等。通过个性化的教师发展路径，可以激发教师的潜能和创造力，促进他们的全面发展。再次是强化跨学科合作与交流机制。高校应该建立跨学科合作与交流机制，鼓励不同学科背景的教师之间进行合作与交流。可以通过组织跨学科研讨会、合作项目等方式，促进教师之间的知识共享和优势互补。同时，还可以建立跨学科的教师团队或研究中心，推动教育教学的跨学科融合和创新。然后是要完善多元化的评价体系。高校应该完善多元化的评价体系，将教师的多元智能发展纳入评价范畴。在评价过程中，应该注重对教师个性化教学、跨学科合作与交流、创新能力等方面的评估。同时，还可以引入学生评价、同行评价等多元评价主体，以确保评价结果的客观性和公正性。最后是营造良好的校园文化氛围。高校应该营造良好的校园文化氛围，鼓励教师积极探索和实践多元智能理论。可以通过举办多样化的文化活动、提供丰富的学习资源等方式，激发教师的创新精神和团队合作意识。同时，还应该注重培养教师的批判性思维和自主学习能力，为他们提供持续学习和成长的机会和空间。

（五）结论与展望

多元智能理论在高校教师队伍建设中展现出了其独特的价值和深远的影响力。通过深入理解和应用这一理论，我们得以更加全面地认识和评价每位教师的智能特点和发展潜力。这种全面而深入的理解不仅为我们提供了个性化发展的视角，也鼓励我们为教师提供多样化的发展机会和平台。这不仅充分激发了教师的内在动力和创造力，同时也推动了他们专业素养和综合能力的不断提升。

展望未来，随着教育领域的持续变革和社会对人才培养需求的升级，多元智能理论将在高校教师队伍建设中发挥更加重要的作用。通过持续的研究和实践探索，我们期待能够不断完善和丰富教师队伍建设的理论体系和实践方法，以适应新的教育环境和挑战。同时，我们也希望高校能够积极与社会、企业等外部机构合作，共同推动教育教学的改革和创新，为培养更多优秀人才做出更大的贡献。综上所述，多元智能理论为高校教师队伍建设注入了新的活力和动力，我们相信，在未来的发展中，这一理论将继续引领我们走向更加包容、多元和创新的教师队伍建设之路。

八、成人学习理论

在新时代的高校教师队伍建设中，成人学习理论为我们提供了宝贵的指导和启示。成人学习理论专注于研究成人学习者的特点和学习方式，强调了成人学习者的自主性、实践性和经验性等特质。这些特质在高校教师队伍建设中具有极其重要的意义，因为它们直接关系到教师的培训和发展，以及教师队伍整体素质的提升。

（一）成人学习理论的核心观点

成人学习理论的核心观点在于强调成人学习者的自主性和实践性。与儿童和青少年相比，成人学习者通常具有更加明确的学习目的和动机，他们更倾向于根据自己的需求和兴趣来选择学习内容和学习方式。同时，成人学习者也更加注重学习内容的实用性和应用性，他们希望将所学知识和技能直接应用到工作和生活中。此外，成人学习者还拥有丰富的经验和背景知识。这些经验和知识既是他们学习的宝贵资源，也是他们学习过程中的重要参考。因此，成人学习理论还强调在教学过程中要充分利用成人学习者的经验和知识，促进其新旧知识的融合和转化。

（二）成人学习理论在高校教师队伍建设中的应用

在高校教师队伍建设中，我们应该充分考虑教师的成人学习特点，为他们提供具有针对性、实用性和灵活性的培训和发展机会。具体而言，可以从以下几个方面入手。首先是强调教师的自主学习和终身学习意识。高校应该鼓励教师树立自主学习和终身学习的意识，根据自己的专业发展和教学需求，自主选择学习内容和学习方式。同时，高校还应该为教师提供丰富的学习资源和学习平台，支持他们进行自主学习，实现持续发展。其次是注重实践性和应用性培训。高校应该注重教师的实践性和应用性培训，通过组织实践活动、案例分析、教学研讨等方式，帮助教师将所学知识和技能应用到实际教学和科研工作中。这种培训方式不仅有助于提高教师的教学水平和科研能力，还能增强他们的工作满意度和成就感。再次是充分利用教师的经验和知识。高校应该充分利用教师的经验和知识，发挥他们的传帮带作用。通过组织教师之间的交流活动、分享会等方式，促进新老教师之间的知识共享和经验传承。同时，高校还可以鼓励教师将自己的经验和知识整理成案例或教材，以便更好地传播和应用。最后是提供灵活多样的培训方式。高校应该根据教师的不同需求和特点，提供灵活多样的培训方式。例如，可以组织线上课程、工作坊、研讨会等多种形式的培训活动，以满足不同教师的学习需求和时间安排。此外，高校还可以为教师提供个性化的培训方案和发展路径，以更好地满足他们的职业发展需求。

（三）成人学习理论对高校教师队伍建设的意义

首先要提高教师培训的针对性和实效性。成人学习理论强调根据成人学习者的特点和学习需求来设计和实施培训活动。这有助于高校更加准确地把握教师的培训需求和发展方向，提高教师培训的针对性和实效性。通过有针对性的培训方式和方法，可以确保培训内容更加贴近教师的实际工作需求，提高教师的教学水平和科研能力。其次要激发教师的学习动力和创造力。成人学习理论强调成人学习者的自主性和实践性，这有助于激发教师的学习动力和创造力。当教师能够根据自己的需求和兴趣选择学习内容和学习方式时，他们会更加投入地学习并取得更好的学习效果。同时，有实践性和应用性培训也有助于教师将所学知识和技能应用到实际工作中，从而增强他们的工作满意度和成就感。再次要促进教师队伍的整体素质提升。成人学习理论的应用有助于促进教师队伍的整体素质提升。通过提供具有针对性、实用性和灵活性的培训和发展机会，可以帮助教师不断更新知识体系、提高教学水平和科研能力。同时，充分利用教师的经验和知识也可以促进新老教师之间的知识共享和经验传承，从而实现教师队伍的可持续发展。最后要适应教育改革的需要。随着教育改革的不断深入，高校教师需要不断更新教育观念和教学方法以适应新的教育环境。成人学习理论的应用可以帮助教师更好地理解和适应教育改革的要求，提高他们的专业素养和综合能力。这将有助于高校培养更多高素质、创新型人才，推动教育事业的持续发展。

（四）实践策略与建议

首先是建立完善的教师培训机制。高校应该建立完善的教师培训机制，明确教师培训的目标、内容、方式和评估标准。同时，还应该加强对教师培训的组织和管理，确保培训活动的顺利开展。其次是提供多样化的学习资源和学习平台。高校应该为教师提供多样化的学习资源和学习平台，包括线上课程、图书资料、学术数据库等。这将有助于满足教师不同的学习需求，提高他们的学习效率。再次是加强教师之间的交流与合作。高校应该鼓励教师之间进行交流与合作，组织各种形式的学术活动和教学研讨活动。这将有助于促进教师之间的知识共享和经验传承，提高教师队伍的整体素质。最后是建立激励机制和评价体系。高校应该建立有效的激励机制和评价体系，鼓励教师积极参与学习和培训活动，并为他们的学习成果提供合理的评价和认可。这将有助于激发教师的学习动力和创造力，促进他们的职业发展和个人成长。

（五）结论与展望

成人学习理论在高校教师队伍建设中的应用，已经显示出其独特的价值和深远的影响力。通过深入理解和应用这一理论，我们不仅能够更加准确地把握教师的成人学习特点和学习需求，还能为他们量身定制具有针对性、实用性和灵活性的培训和发展机会。这种以成人学习者为中心的培训模式，不仅可以极大地激发教师的学习动力和创造力，还可以促进他们专业素养和综合能力的提升，为高校教师队伍的整体素质提升奠定了坚实的基础。

同时，我们也意识到，成人学习理论的应用不仅仅是理论层面的探讨，更是实践层面的探索。只有在实践中不断摸索、总结和完善，才能真正发挥出成人学习理论在高校教师队伍建设中的最大价值。因此，我们需要在未来的工作中，更加注重理论与实践的结合，不断探索和创新成人学习理论的应用方式和方法。

展望未来，随着教育改革的不断深入和教师队伍建设的持续推进，成人学习理论在高校教师队伍建设中的应用将面临更加广阔的前景和更高的要求。一方面，教育改革的不断深入将对教师队伍的素质和能力提出更高的要求，这要求我们在成人学习理论的应用中更加注重教师的实践能力和创新能力的培养；另一方面，教师队伍建设的持续推进将要求我们不断完善和创新成人学习理论的应用方式和方法，以适应新的教育环境和挑战。

为此，我们需要采取以下措施。首先，加强对成人学习理论的研究和探索，不断深化对成人学习特点和学习需求的认识和理解。只有深入研究和探索成人学习理论，才能更好地指导我们的实践工作，为教师队伍的建设提供更有力的理论支持。其次，创新成人学习理论的应用方式和方法，为教师队伍提供更加丰富的培训和发展机会。我们应该充分利用现代科技手段和教学方法，打造具有时代特色和高校特色的培训体系，以满足不同教师的学习需求和发展需求。最后，加强教师之间的交流与合作，促进教师之间的知识共享和经验传承。通过组织各种形式的学术活动和教学研讨活动，促进教师之间的交流与合作，提高教师队伍的整体素质和教学水平。

总之，成人学习理论在高校教师队伍建设中具有重要的应用价值。展望未来，我们将继续深入研究和探索成人学习理论的应用方式和方法，为高校教师队伍的建设提供更加有力的理论支持和实践指导。同时，我们也期待与社会、企业等外部机构加强合作与交流，共同推动教育教学的改革和创新，为培养更多优秀人才做出更大的贡献。

第三章　高校教师队伍建设的政策与制度环境

在高等教育领域，教师队伍建设无疑是促进学校发展、提升教育质量的关键因素之一。而教师队伍建设的成功与否，又深受政策与制度环境的影响。本章将聚焦探讨高校教师队伍建设的政策导向与制度保障，分析现行政策与制度在推动教师队伍建设中的积极作用与潜在不足，以期为我国高等教育的发展提供有益的参考。

首先，我们将回顾近年来国家层面出台的一系列关于高校教师队伍建设的政策文件，解读其背后的战略意图与改革方向。这些政策不仅为高校教师队伍的选拔、培养、评价和管理提供了明确的指导，也反映了国家对于高等教育事业发展的重视与期待。

其次，我们将深入剖析现行的高校教师管理制度，包括职称评审、薪酬体系、激励机制等方面。这些制度对于激发教师的工作热情、提升教学质量和科研水平具有重要作用。然而，在实践中，这些制度也暴露出一些问题，如评价标准单一、激励机制不足等，这些问题需要我们认真思考和解决。

再次，我们还将关注高校教师队伍建设的外部环境，包括社会文化因素、经济发展状况、国际竞争态势等。这些因素虽然不直接作用于教师队伍的建设，但却通过影响高校的办学环境和发展空间，间接地对教师队伍建设产生影响。

最后，我们将结合案例分析，探讨高校教师队伍建设的成功经验和不足之处，提出有针对性的政策建议和改进措施。我们希望通过这些努力，能够为高校教师队伍建设的持续优化和高等教育事业的繁荣发展贡献一份力量。

第一节　国家层面的高校教师队伍建设政策

国家层面的高校教师队伍建设政策是指国家教育行政部门、人力资源和社会保障部门等相关部门制定的关于高校教师队伍建设的政策和法规。这些政策和法规对高校教师队伍的规模、结构、培养、引进、发展、评价等方面都作出了规定。

一、高校教师队伍规模与结构的政策导向

在高校教师队伍的建设过程中，其规模与结构是密不可分的两个方面。合理的教师队伍规模和结构不仅可以提高教学质量和科研水平，还能够促进高校的可持续发展。因此，政策导向在高校教师队伍规模与结构方面具有重要的作用。

（一）高校教师队伍的规模

高校教师队伍的规模通常由高校的招生规模、学科建设和科研需求等因素决定。在政策层面，政府和高校需要制订相应的规划和计划，确保教师队伍规模与学校发展需求相适应。同时，还需要关注教师队伍的性别、年龄、职称等结构比例，以实现教师资源的合理配置。

（二）高校教师队伍的结构

高校教师队伍的结构主要包括学科结构、学历结构、职称结构、年龄结构等。政策导向在优化教师队伍结构方面具有重要作用。首先是学科结构。高校需要依据自身的办学定位和学科特点，制订学科建设规划，调整和优化学科结构。政府和高校应加大对新兴学科、交叉学科的支持力度，促进学科的均衡发展。在国家层面，教育行政部门通过制订学科发展规划，推动不同学科之间进行交叉融合，促进学科结构的优化。同时，还通过实施学科建设项目等措施，重点支持新兴学科、交叉学科的发展，推动高校学科结构的整体优化。其次是学历结构。高校应通过招聘和培养等方式，提高教师队伍的学历水平。在政策上可以制订相应的激励机制，如提供攻读博士学位的资助

等，以吸引更多高学历的人才加入教师队伍。国家教育行政部门通过制订学历提升计划，鼓励和支持教师提高自身学历水平。例如，为年轻教师提供攻读博士学位的资助，为在职教师提供国内外访学和参加学术交流的机会，以提高教师的学术水平和综合素质。再次是职称结构。合理的职称结构是高校教师队伍稳定性和教学质量的重要保障。政府和高校应建立完善的职称评聘机制，确保职称评聘的公正性和合理性。应注重培养和选拔年轻骨干教师，提高教师队伍的整体素质。国家教育行政部门通过制定职称评聘标准和程序，指导高校优化职称结构。鼓励高校实施青年教师培养计划，加强对年轻教师的培养和支持力度，为他们提供更多的晋升机会和职业发展平台。最后是年龄结构。有合理年龄结构的高校教师队伍有助于传承学术思想、提高教学水平。政策上应鼓励和支持教师进行学术交流和合作，促进不同年龄段教师之间的互动与合作。关注青年教师的培养和发展，为他们的职业成长提供良好的环境。国家教育行政部门通过制定相关政策和规划，鼓励和支持不同年龄段的教师进行学术交流和合作。同时，还设立了专门针对青年教师的培养计划和项目，为他们提供更多的学术机会和职业发展平台。还要关注老教师的传承作用，鼓励他们与年轻教师进行学术传承和思想交流，促进年轻教师的成长和发展。

综上所述，国家层面的政策主要关注优化教师队伍的结构和规模以满足高等教育事业的发展需求。通过制订学科建设规划、学历提升计划、职称评聘标准和程序以及关注年龄结构等措施来引导和推动高校教师队伍的持续发展和优化升级。这将有助于提高高等教育的质量和水平，为培养更多优秀人才提供坚实的保障，以实现高等教育的可持续发展。

二、高校教师队伍培养与引进的政策支持

在高校教师队伍的建设过程中，培养和引进人才是两个核心环节。这不仅关系到教师队伍的质量，也直接影响到高校的教学和科研水平。政策支持在这两个方面都起着至关重要的作用。

（一）高校教师队伍的培养政策支持

高校教师队伍的培养政策支持主要从以下几个方面进行。首先是岗前培训政策。新入职的教师往往具备较高的学术能力和研究背景，但教学经验和教学方法相对欠缺。因此，政府和高校通常会为他们提供全面的岗前培训，包括教学方法、教育心理学、学生指导等方面的专业培训。还会提供一定的实践机会，让新教师在实际教学中提升自己的教学能力。其次是在职培训政策。对于已经在教学一线工作的教师，政府和高校会提供各种形式的在职培训。例如，定期组织教师参加各类研讨会、学术会议和专业培训课程，以提升他们的教学和科研能力。同时，还会鼓励教师进行跨学科交流和研究合作，以促进学术思想的碰撞和学科交叉优势的发挥。再次是学历提升政策。为了提高教师队伍的整体素质，政府和高校会积极鼓励教师提升自身的学历水平。例如，为在职攻读博士学位的教师提供一定的经济支持和时间保障，同时为他们提供良好的学习环境和学术资源。最后是教学科研奖励政策。为了激发教师的工作热情和积极性，政府和高校会设立一系列的教学科研奖励政策。这些奖励不仅涉及教学成果，还包括科研成果、学术论文、专利等方面。这不仅可以让教师在自己的领域内得到认可，还能进一步提升他们的工作满意度和归属感。

（二）高校教师队伍的引进政策支持

高校教师队伍的引进政策支持主要从以下几个方面进行。首先是人才引进政策。为了吸引国内外优秀的教师来到本校工作，政府和高校会制定一系列的人才引进政策。这些政策通常包括优惠的待遇、安家费、科研经费等方面的支持，为引进的人才提供良好的工作和生活环境。同时，还会为他们提供职业发展指导和平台，让他们的才华得到充分的发挥。其次是学术交流政策。为了拓宽教师的视野、提升他们的学术水平，政府和高校会积极推动国际学术交流。例如，定期举办国际学术会议和研讨会，邀请国内外知名学者来校进行学术交流和合作。这不仅可以为教师提供与专家交流的机会，还能促进学科交叉和资源共享。再次是人才流动政策。为了优化教师队伍的结构，提升教师队伍质量，政府和高校会制定人才流动政策。例如，鼓励教师在不同高校之间进行流动，实现优质教育资源的共享。这不仅可以促进教师个人的职业发展，还能为整个高等教育系统带来积极的影响。最后是柔性引进政策。为了弥补短期内人才短缺的问题，政府和高校会实施柔性引进政策。例如，聘请国内外知名学者作为兼职教授或客座教授，与本校教师进行合作研究和指导。这不仅可以提高本校的学科建设和人才培养水平，还能为教师提供有益的工作经验和学术资源。

综上所述，政策支持对于高校教师队伍的培养和引进具有至关重要的作用。通过制定完善的培养和引进政策，可以提升教师的教学和科研能力，吸引外部优秀人才加入本校教师队伍进一步推动高校教师队伍的建设和发展。这将有助于提高高等教育的质量和水平培养更多优秀人才，实现高等教育的可持续发展。在实践中各高校应根据自身的实际情况制定具体的政策和措施并根据形势的变化及时进行调整和完善确保政策的有效性和适应性，为建设高质量的教师队伍提供有力保障。

三、高校教师队伍发展与评价的政策导向

高校教师队伍的发展与评价是教师队伍建设的重要组成部分，政策导向在此方面具有至关重要的作用。政策导向不仅可以规范和激励教师的发展和评价，还可以引导教师队伍的整体发展和提升。

（一）高校教师队伍发展的政策导向

高校教师队伍发展的政策导向主要从以下几个方面进行。首先是教师职业发展规划。政府和高校为教师提供职业发展规划和支持，帮助教师明确个人职业目标和实现路径。这包括制订职业发展计划、提供个性化的职业发展指导和培训等，以促进教师的专业成长和个人发展。其次是教师科研能力提升。政府和高校通过制定科研项目支持、科研奖励等政策，鼓励教师积极从事科研工作，提升自己的科研能力和水平。同时，还会提供科研合作和交流的机会，拓宽教师的学术视野和资源。然后是提升教师学历。政府和高校鼓励教师在职攻读更高的学位，提高教师的学术水平和专业素养。这包括提供学历提升的奖励和支持措施，激发教师提升自身学历的积极性和动力。最后是教师队伍结构优化。政府和高校通过制定一系列的政策措施，优化教师队伍的结构，包括学科结构、职称结构、年龄结构等。例如，通过引进高层次人才、实施人才流动政策等措施，优化教师队伍的结构和整体素质。

（二）高校教师队伍评价的政策导向

高校教师队伍评价的政策导向主要从以下几个方面进行。首先是评价标准制定。政府和高校制定科学、公正的教师评价标准，包括教学、科研、社会服务等方面的评价内容。评价标准应具有可操作性和可量化性，能够客观

地反映教师的实际工作表现和绩效。其次是评价机制完善。政府和高校建立健全的教师评价机制，包括学生评价、同行评价、专家评价等多种评价方式。同时，还要注重评价的反馈和指导作用，以促进教师的专业发展和个人成长。再次是评价结果运用。政府和高校将教师评价结果作为教师晋升、奖励、聘任等的重要依据，充分发挥评价的激励和引导作用。同时，还要关注评价结果的反馈和改进，帮助教师发现问题并改进工作表现。最后是评价文化建设。政府和高校积极推动评价文化建设，倡导科学、公正、客观的评价理念，营造良好的评价氛围和文化环境。这有助于提高教师的工作积极性和职业认同感，促进教师队伍的整体发展和提升。

综上所述，政策导向在高校教师队伍的发展和评价中具有重要的作用。通过制定科学合理的政策和措施，可以规范和激励教师的发展和评价，促进教师队伍的整体发展和提升。同时，还需要根据实际情况及时调整和完善政策和措施，确保政策的有效性和适应性为建设高质量的教师队伍提供有力保障。

第二节　高校层面的教师队伍建设制度

高校层面的教师队伍建设制度是指高校根据国家相关政策和法规，结合自身实际情况制定的关于教师队伍建设的制度和规定。这些制度和规定在教师的招聘、选拔、培训、职称评定、绩效评价和激励等方面都作出了相应的规定和安排。

一、高校教师招聘与选拔制度

高校教师的招聘与选拔是教师队伍建设的重要环节，对于提高教师队伍的整体素质和水平具有至关重要的作用。本部分将对高校教师招聘与选拔制度进行深入探讨。

（一）高校教师招聘制度

1.公开招聘制度。高校应实行公开招聘制度，通过公开渠道和程序，向社会公开招聘教师。公开招聘应遵循公平、公正、公开的原则，确保招聘过程的公正性和透明度。

2.招聘标准制定。高校应根据学科特点和教学需求，制定相应的招聘标准。招聘标准应包括学历、职称、教学经验、科研能力等方面的要求，以确保招聘到优秀的教师。

3.招聘程序规范。高校应制定规范的招聘程序，包括报名、资格审查、初试、复试等环节。在招聘过程中，应注重对候选人的综合素质和实际能力的考查，确保选拔到适合的人才。

4.人才引进政策。高校可根据实际情况，制定相应的人才引进政策，吸引高层次人才加入本校教师队伍。人才引进政策可包括优惠的待遇、安家费、科研经费等方面的支持，以吸引优秀人才。

（二）高校教师选拔制度

首先是学术能力选拔。高校教师应具备扎实的学术功底和丰富的专业知识，因此，在选拔教师时，应注重对候选人学术能力和专业知识进行考察。可通过考试、面试等方式，对候选人的学术能力和专业知识进行全面评估。其次是教学能力选拔。高校教师应具备优秀的教学能力和教学经验，因此，在选拔教师时，应注重对候选人教学能力进行考察。可通过试讲、教学演示等方式，对候选人的教学能力和教学经验进行全面评估。再次是科研能力选拔。高校教师应具备一定的科研能力和科研经验，因此，在选拔教师时，应注重对候选人科研能力进行考察。可通过审阅论文、参与科研项目等方式，对候选人的科研能力和科研经验进行全面评估。然后是综合素质选拔。除了学术能力、教学能力和科研能力外，高校还应注重对候选人综合素质进行考察。这包括候选人的职业道德、团队合作精神、沟通能力等方面的表现。通过全面评估候选人的综合素质，选拔出适合担任高校教师的优秀人才。最后是选拔机制完善。高校应建立健全的教师选拔机制，确保选拔过程的公正性和公平性。同时，还应根据实际情况及时调整和完善选拔机制，提高选拔质量和效果。

综上所述，高校教师招聘与选拔制度是教师队伍建设的重要环节。通过公开招聘和规范选拔流程，可以吸引优秀的教师加入高校教师队伍，提高教师队伍的整体素质和水平。同时，还应注重对候选人进行全面考察，选拔出具备优秀学术能力、教学能力和科研能力，以及良好综合素质的优秀人才担任高校教师。这将有助于提高高等教育的质量和水平，培养更多优秀人才，实现高等教育的可持续发展。

二、高校教师培训与职称评定制度

高校教师的培训与职称评定是教师队伍建设的重要环节，对于提高教师队伍的整体素质和水平具有至关重要的作用。在培训方面，高校需要针对教师的不同需求和职业发展阶段，制订相应的培训计划和培训内容，提高教师的教育教学水平和科研能力。在职称评定方面，高校需要根据教师的教育教学、科研成果和社会服务等方面进行全面评价，以评定教师的职称等级和晋升机会。同时，还需要建立完善的职称评审制度和评审标准，确保职称评定的公正性和合理性。本部分将对高校教师培训与职称评定制度进行深入探讨。

（一）高校教师培训制度

首先是岗前培训。新入职的高校教师应进行岗前培训，以帮助他们适应教学和科研工作。岗前培训应包括教学方法、教育心理学、学生指导等方面的专业培训，以及实践机会和职业发展指导。其次是在职培训。对于已经在教学和科研一线工作的高校教师，应提供各种形式的在职培训。这包括参加学术会议、研讨会和专业培训课程，鼓励教师进行跨学科交流和研究合作，以及提供学历提升的机会。最后是培训效果评估。为了提高培训质量和增强培训效果，应对教师的培训过程和结果进行评估。这包括对教师的教学和科研能力提升的评估，以及对教师培训满意度和反馈的评估。

（二）高校教师职称评定制度

首先是职称分类与标准。高校教师应根据教学和科研成果的表现，以及学术论文的质量和数量等方面进行职称评定。职称评定应制定明确的分类标准和评定流程，以确保公平性和客观性。其次是职称评审委员会。应设立专门的职称评审委员会，负责评定教师的职称等级。评审委员会应由资深教授、学术专家和其他相关人员组成，以确保评定的公正性和权威性。再次是职称晋升机制。高校教师应有明确的职称晋升机制，根据教学和科研成果的表现以及个人发展情况进行晋升。职称晋升应鼓励教师不断提高自身能力和素质，促进教师队伍的整体发展。然后是职称与待遇挂钩。职称评定结果应与教师的待遇挂钩，以激励教师积极进取和提高自身能力。同时，还应建立完善的职称晋升机制，确保教师的职业发展得到充分保障。最后是职称评审公开透明。为了确保职称评定的公正性和公平性，应公开评审标准和程序，增加评定的透明度。同时，还应接受教师的反馈和监督，及时调整和完善职称评定制度。

综上所述，高校教师培训与职称评定制度是教师队伍建设的重要环节。通过完善的培训制度和公正的职称评定机制，可以激励教师不断提高自身能力和素质，促进教师队伍的整体发展。同时，还应根据实际情况及时调整和完善制度和机制以确保其有效性和适应性，为建设高质量的教师队伍提供有力保障。这将有助于提高高等教育的质量和水平，培养更多优秀人才，实现高等教育的可持续发展。

三、高校教师绩效评价与激励制度

高校教师的绩效评价与激励制度是教师队伍建设的重要环节，对于提高教师的工作积极性和职业认同感，促进教师队伍的整体发展具有至关重要的作用。在绩效评价方面，高校需要对教师的教学、科研和社会服务等方面进行全面评价，以了解教师的教学水平和科研能力。同时，还需要建立完善的奖励机制和激励机制，对表现优秀的教师给予相应的奖励和激励，激发教师的积极性和创造性。例如，可以设立教学成果奖、科研成果奖和社会服务奖等奖励项目，鼓励教师积极参与教育教学、科研和社会服务等工作。本部分将对高校教师绩效评价与激励制度进行深入探讨。

（一）高校教师绩效评价制度

首先是评价目标明确。高校教师绩效评价的目标应明确，主要包括教师的教学水平、科研能力、职业道德等方面。通过明确的评价目标，引导教师明确自己的发展方向和责任。其次是制定评价标准。为了确保绩效评价的公正性和客观性，应制定具体的评价标准。评价标准应包括教学评价、科研评价、社会服务评价等多个方面，并根据学科特点和教师类型进行分类制定。再次是评价方法选择。绩效评价的方法应多样化，包括学生评价、同行评价、自我评价等多种方式。还应注重定量评价和定性评价的结合，以全面了解教师的实际工作表现和绩效。最后是评价结果反馈。绩效评价结果应及时反馈给教师本人，帮助教师了解自己的优点和不足之处，为教师改进工作提供指导和帮助。同时，还应将评价结果与奖励机制相结合，激励教师不断提高自身能力和素质。

（二）高校教师激励制度

首先是物质激励。高校教师应根据绩效评价结果获得相应的物质激励，包括工资、奖金、津贴等。通过物质激励，激发教师的工作积极性和创造力，提高教师队伍的整体绩效。其次是精神激励。除了物质激励外，高校还应注重对教师的精神激励。这包括对教师的职业发展提供指导和支持，为教师提供参与决策和管理的机会，以及为教师提供学术交流和合作的机会等。通过精神激励，增强教师的职业认同感和归属感，提高教师的工作满意度和积极性。再次是个人发展激励。高校应鼓励教师进行个人发展，为教师提供进一步学习和提升的机会。这包括鼓励教师参加国内外学术会议、研讨会和培训课程，支持教师进行学术交流和合作，以及为教师提供学历提升的支持等。通过个人发展激励，提高教师的学术水平和专业素养，促进教师的个人成长和发展。然后是榜样激励。高校还应树立一些优秀的教师榜样，让其他教师能够看到自己的职业发展方向和目标。可以通过评选优秀教师、教学名师等方式，鼓励其他教师向他们学习，提高整个教师队伍的素质和水平。最后是完善奖励机制。高校应建立健全的教师奖励机制，根据绩效评价结果和教师的实际表现进行奖励。同时，还应根据实际情况及时调整和完善奖励机制，确保其有效性和适应性为建设高质量的教师队伍提供有力保障。这将有助于提高高等教育的质量和水平，培养更多优秀人才，实现高等教育的可持续发展。

综上所述，高校层面的教师队伍建设制度在教师的招聘与选拔、培训与职称评定、绩效评价与激励等方面都作出了相应的规定和安排，为高校教师队伍建设提供了重要的制度支持和保障。同时，高校还需要根据国家政策和法规的不断变化和自身实际情况的不断调整，不断完善和创新教师队伍建设的相关制度和规定，以适应高等教育事业的发展需求。

一、地方高校与部属高校教师队伍建设政策的异同

（一）政策目标比较

地方高校与部属高校在教师队伍建设政策的目标设定上，存在着一定的差异。这些差异不仅反映了不同类型高校在教育体系中的定位与角色，也体现了各自在社会发展中的独特贡献与考量。

地方高校的教师队伍建设政策目标主要聚焦于服务地方经济社会发展。作为地方高等教育的重要组成部分，地方高校承担着为地方培养输送各类人才的重任。因此，其教师队伍建设政策更加注重教师的实践经验和教学能力，旨在打造一支能够紧密结合地方产业、有效服务地方社会经济发展的师资队伍。同时，地方高校也注重提升教师的社会服务能力，鼓励教师参与地方经济建设、文化传承等工作，以实现高校与地方的良性互动。相比之下，部属高校的教师队伍建设政策目标则更加注重服务国家战略需求和培养创新型人才。作为国家重点建设的高水平大学，部属高校在人才培养、科学研究等方面承担着重要的国家使命。因此，其教师队伍建设政策更加注重教师的学术背景和研究成果，旨在引进和培养一批具有国际视野、创新能力强的高层次人才。同时，部属高校也注重提升教师的科研水平和国际竞争力，鼓励教师参与国家重大科研项目、开展高水平国际合作，以推动学校整体科研实力的提升。这种目标设定的差异背后，反映了不同类型高校在各自发展道路上的不同考量。地方高校更加注重与地方经济紧密结合，通过提升教师的实践能力和社会服务能力，为地方经济社会发展提供有力支撑。而部属高校则更加注重在国际舞台上展现高水平的研究成果和学术影响力，通过引进和培养高层次人才，推动学校整体实力的提升。

当然，需要指出的是，虽然地方高校与部属高校在教师队伍建设政策目

标上存在差异，但两者并非完全割裂。实际上，随着高等教育的发展和社会需求的变化，地方高校与部属高校在教师队伍建设方面也在不断探索和创新，以实现更高水平的协同发展和资源共享。

（二）政策内容对比

地方高校与部属高校在教师队伍建设政策的具体内容上，同样呈现出一定的差异性和互补性。这些差异不仅体现在招聘标准、晋升机制等核心环节，也延伸至培训计划等细节方面。

首先，在招聘标准上，地方高校通常更加注重教师的实践经验和教学能力。由于地方高校的服务对象主要是地方经济产业，因此它们更倾向于招聘那些能够紧密结合地方产业、有效服务地方发展的教师。相比之下，部属高校在招聘教师时则更加注重其学术背景和研究成果，尤其关注那些在国内外享有较高声誉、具有创新能力和国际视野的高层次人才。其次，在晋升机制上，两类高校也存在差异。地方高校由于资源和平台的限制，其晋升机制可能更加注重教师的教学成果和社会服务能力。这意味着，地方高校的教师在晋升时，除了需要具备一定的科研成果外，还需要在教学实践和社会服务方面有所建树。而部属高校则可能更加注重教师的科研水平和学术影响力，科研成果的数量和质量往往成为晋升的重要考量因素。最后，在培训计划上，地方高校与部属高校也呈现出不同的特色。地方高校通常会结合地方经济发展的实际需求，制订有针对性的教师培训计划，如产学研合作、地方服务项目等，旨在提升教师的实践能力和社会服务能力。而部属高校则更加注重教师的学术发展和国际交流，通过举办高水平的学术研讨会、资助教师出国访学等方式，提升教师的学术水平，开阔教师的国际视野。

综上所述，地方高校与部属高校在教师队伍建设政策的具体内容上存在明显的差异。这些差异既反映了不同类型高校在各自发展道路上的不同选择，也体现了它们在不同领域中的优势和特色。同时，这些差异也为两类高校在教师队伍建设方面的合作与交流提供了广阔的空间和可能性。通过相互借鉴、取长补短，地方高校与部属高校可以共同推动教师队伍建设的整体水平提升。

（三）政策实施方式异同

地方高校和部属高校在教师队伍建设政策的实施过程中，由于各自的定位、资源和目标不同，往往采取不同的方式和方法。这些实施方式的差异不仅反映了高校的办学特色，也在一定程度上影响了教师队伍的结构、质量和发展动力。

地方高校在教师队伍建设政策的实施上，通常更加注重与地方政府的合作和企业的联动。它们会结合地方的经济发展规划，制订与之相适应的教师队伍建设计划，并通过校企合作、产学研结合等方式，引导教师深入企业、社区进行实践和服务。这种实施方式有助于增强教师与地方发展的紧密联系，提升教师的实践能力和应用研究水平。同时，地方高校还会充分利用地方资源，如地方政府提供的政策支持、企业提供的实践平台等，为教师创造更多的发展机会和空间。

部属高校则更倾向于采用国际化的实施方式，通过与国际知名高校和研究机构的合作，引进先进的教育理念、教学方法和科研模式。还会定期举办国际学术会议、派遣教师出国访问学习、邀请外籍专家来校交流等，以此提升教师的国际视野和学术水平。此外，部属高校还会设立各类科研基金、人才计划等，鼓励教师积极参与高水平的科学研究，产出具有国际影响力的学术成果。

这些实施方式的差异对高校教师队伍建设带来了不同的影响。地方高校的实施方式有助于提升教师的实践能力和社会服务能力，使教师更加了解地方需求，增强服务地方的针对性和实效性。但同时，也可能由于资源和平台的限制，导致教师在学术发展和科研能力上的提升相对有限。而部属高校的实施方式则有助于提升教师的学术水平和国际竞争力，使教师能够站在国际前沿进行科研创新。然而，这也可能会带来一些问题，如教师的实践经验和地方发展需求相脱节等。

因此，地方高校和部属高校在教师队伍建设政策的实施过程中应相互借鉴、取长补短。地方高校可以在保持与地方紧密联系的同时，加强与国际知名高校和研究机构的合作，提升教师的学术水平和国际视野；部属高校则可以更加注重教师的实践能力和社会服务能力的提升，使教师能够更好地服务于国家战略和地方发展。通过这样的方式，可以推动高校教师队伍建设的全面发展和提升。

二、政策差异对高校教师队伍建设的影响

（一）教师队伍结构影响

政策差异对于地方高校与部属高校的教师队伍结构产生了深远的影响，这些影响在教师的数量、学科结构以及资历分布等多个方面均有所体现。

首先，政策差异导致了教师数量的不同变化。地方高校在招聘教师时，往往受到地域、经济等因素的限制，其教师数量增长相对缓慢。而部属高校则由于拥有更多的资源和平台优势，能够吸引更多的优秀教师加入，其教师数量增长相对较快。这种差异使得部属高校在教师队伍规模上更具优势，但同时也可能导致地方高校在某些学科领域的人才短缺。其次，政策差异也影响了教师队伍的学科结构。地方高校在学科设置上更加注重与地方产业和经济发展的对接，因此，其教师队伍的学科结构也往往与地方需求紧密相连。而部属高校则更加注重学科的前沿性和交叉性，其教师队伍的学科结构更加多元化和国际化。这种差异使得两类高校在各自的学科领域具有不同的优势和特色，但同时也可能导致地方高校在某些新兴或交叉学科领域的人才分布不均。最后，政策差异还影响了教师队伍的资历分布。地方高校由于资源和平台的限制，其教师队伍中初级职称和中级职称的教师占比较大，而高级职称的教师相对较少。而部属高校则拥有更多的高层次人才和学术骨干，其教师队伍中高级职称的教师占比较高。这种差异使得部属高校在学术水平和科研能力上更具优势，但同时也可能导致地方高校在学术发展上的滞后。

综上，政策差异对高校教师队伍结构产生了显著的影响。为了优化教师队伍结构，地方高校和部属高校应根据自身的定位和特色，制订更加科学合理的招聘、培养和晋升机制，以吸引和留住优秀人才，提升教师队伍的整体素质和能力水平。同时，政府和社会也应加大对高等教育的投入和支持，为高校教师队伍建设提供更加良好的环境和条件。

（二）教学质量影响

政策差异不仅影响了高校教师队伍的结构，也进一步对教学质量产生了深远的影响。这种影响体现在教学方法、课程设置以及学生评价等方面。

首先，政策差异导致了教学方法的不同。地方高校由于其服务地方的定位，从而更加注重将理论与实践相结合的教学方法，旨在培养学生的实践能

力和解决问题的能力。这种教学方法使学生能够更好地适应地方经济社会发展的需要。而部属高校则更加注重培养学生的创新能力和批判性思维，因此更倾向于采用启发式、探究式等先进的教学方法，鼓励学生进行独立思考和创新实践。其次，在课程设置上也存在差异。地方高校在课程设置上更加突出与地方产业和经济发展的对接，开设了大量与地方经济发展密切相关的课程，以满足地方对人才的需求。而部属高校则更加注重课程的国际化和前沿性，开设了许多与国际接轨的课程，以培养学生的国际视野和跨文化交流能力。这种差异使得两类高校在人才培养上各具特色，但同时也可能导致两类高校在某些领域的知识结构和能力培养上存在差异。最后，学生评价也是衡量教学质量的重要指标之一。由于政策差异导致两类高校教学方法和课程设置的不同，学生对教学质量的评价也存在差异。地方高校的学生可能更加注重教师的实践经验和教学能力，而部属高校的学生则可能更加注重教师的学术水平和国际视野。这种差异使得两类高校在教学质量的评价上难以形成统一的标准，但也为各自的教学改革提供了有益的参考。

政策差异对教学质量产生了显著的影响。为了提升教学质量，地方高校和部属高校应根据自身的定位和特色，不断优化教学方法和课程设置，同时加强对学生评价体系的完善和改进，以更好地满足社会对人才的需求和学生个人发展的需求。同时，政府和社会也应加大对高等教育的投入和支持，为提升教学质量提供更加良好的环境和条件。

（三）科研水平影响

政策差异对高校教师的科研水平具有深远的影响，这种影响体现在科研项目申请、成果产出以及学术影响力等方面。

首先，从科研项目申请的角度来看，部属高校往往具有更为明显的优势。由于其与国家级科研机构和项目的紧密联系，部属高校的教师更容易获得国家级甚至国际级的科研项目资助。这些项目不仅资金充足，而且往往涉及前沿性和创新性的研究领域，有助于提升教师的科研水平和国际影响力。相比之下，地方高校在科研项目申请方面可能面临更多的挑战，如资金短缺、项目层次不高等问题，这在一定程度上制约了其科研水平的发展。其次，在成果产出方面，政策差异也带来了显著的不同。部属高校的教师往往能够产出更多高质量、高水平的科研成果，如高水平论文、发明专利等。这些成果不仅有助于提升教师的学术声誉和影响力，也为学校赢得了更多的社会声誉和资源支持。地方高校虽然也在不断努力提升教师队伍的科研水平，但由于资源和平台等方面的限制，其成果产出可能相对有限。最后，学术影响力是评价高校教师科研水平的重要指标之一。部属高校的教师由于有更多的机会参与国际学术交流与合作，其学术影响力往往更高。他们更容易在国际学术会议上发表演讲、担任国际期刊编委等职务，从而扩大自己的学术影响力。地方高校的教师虽然也在积极提升自己的学术影响力，但与国际一流水平的教师相比，可能仍存在一定的差距。

然而，需要指出的是，政策差异并非决定科研水平的唯一因素。地方高校和部属高校在科研水平上的差距，还受到教师个人素质、学校整体实力、学科发展水平等多种因素的影响。因此，在提升教师科研水平方面，高校应综合考虑多种因素，制定更加科学合理的政策措施，以激发教师的科研热情，提高教师的创新能力。

同时，政府和社会也应加大对高校科研的支持力度，为高校教师提供更多的科研项目和资金支持，以创造更加良好的科研环境和条件。通过共同努力，可以推动高校教师科研水平的整体提升，为国家的科技进步和社会发展做出更大的贡献。

综合比较分析地方高校与部属高校教师队伍建设政策的异同以及政策差异对高校教师队伍建设的影响，我们可以得出以下几点结论和启示，为高校教师队伍建设政策的制定和实施提供参考和建议。

首先，地方高校与部属高校在教师队伍建设政策上存在着明显的差异。地方高校更加注重教师的实践经验和教学能力，强调与地方经济发展的紧密结合；而部属高校则更加注重教师的学术水平和科研能力，注重与国际前沿接轨。这种差异源于高校的定位和发展目标的不同，但也在一定程度上导致了教师队伍结构的差异。地方高校在教师队伍数量上可能相对有限，学科结构更加地方化，而部属高校则可能拥有更多的高层次人才和学术骨干。其次，政策差异对高校教师队伍建设产生了深远的影响。在教学质量方面，地方高校的教学方法更加注重实践与应用，课程设置更加贴近地方需求，而部属高校则更加注重培养学生的创新能力和国际视野。在科研水平方面，部属高校由于拥有更多的资源和平台优势，其教师在科研项目申请、成果产出和学术影响力等方面往往更具优势。然而，这并不意味着地方高校无法在科研上取得突破，只是需要地方高校注重资源整合和特色发展。

基于以上分析，我们得到以下启示。一是要制定差异化的教师队伍建设政策。地方政府和教育主管部门应根据地方高校的实际情况和发展需求，制定符合地方特色的教师队伍建设政策，注重培养教师的实践能力和应用能力。同时，部属高校也应根据自身的定位和优势，制定更加国际化的教师队伍建设政策，提升教师的学术水平和国际竞争力。二是要加强政策间的协调与衔接。地方政府、教育主管部门以及高校之间应加强沟通与协作，确保教师队伍建设政策之间的协调性和一致性，避免政策间的重复和冲突，提高政策实施的效率和效果。三是要注重教师队伍的整体优化和平衡发展。无论是地方高校还是部属高校，既要关注高层次人才的引进和培养，也要重视青年教师的成长和发展；既要加强教师的科研能力和学术水平，也要注重提升教师的教学水平和育人能力。四是要加大投入和支持力度。政府和社会应加大对高等教育的投入和支持力度，为高校教师队伍建设提供更加良好的环境和条件。包括增加科研项目和资金支持、改善教师待遇和工作环境、加强教师培训和发展等。

综上所述，地方高校与部属高校教师队伍建设政策的异同及其影响是复杂而多样的。在制定和实施相关政策时，应充分考虑高校的定位、特色和发展需求，注重政策间的协调与衔接，以实现教师队伍的整体优化和平衡发展。

第四章　高校教师队伍的培养与引进

高校教师队伍的培养与引进是高等教育发展的重要组成部分。高校教师作为知识的传播者、学生指导者和科研工作者，对于高等教育的质量和成果具有决定性的影响。因此，高校教师队伍的培养与引进不仅能让教师个人的素质和能力得到提升，也关系到整个高等教育的发展和进步。

在培养方面，高校需要注重教师的专业素养提升和教育教学能力的提高。通过持续提供教师培训、学术交流、研究项目等机会，帮助教师不断更新知识、提升教学水平、增强科研能力。同时，高校还需建立完善的激励机制，鼓励教师积极参与教育教学改革和科学研究，激发他们的创造力和创新精神。

在引进方面，高校需要制定科学合理的人才引进政策，吸引国内外优秀的教师加入高校教师队伍中。这不仅包括具有国际视野和丰富教学经验的海外学者，也包括在国内具有较高学术声望和影响力的专家学者。通过引进这些人才，高校可以快速提升教师队伍的整体素质和能力，推动学科建设和学校发展。

总之，高校教师队伍的培养与引进是高等教育发展的关键环节。只有通过不断加强教师培养、优化人才引进政策、完善激励机制等措施，才能建设出一支高素质、高水平的高校教师队伍，推动我国高等教育的持续发展和进步。

第一节　高校教师培养的政策与实践

高校教师培养是提高教师素质和能力的重要途径，也是高校教师队伍建设的重要环节。在政策方面，国家层面和高校层面都出台了一系列教师培养政策和措施，以促进教师的专业发展和提高教育教学质量。在实践方面，各个高校也积极开展教师培养工作，通过各种途径和方式提高教师的素质和能力。

一、培养高校教师的目标与内容

培养高校教师的目标是提高教师的素质和能力，促进教师的专业发展和个人成长，为高等教育的质量和水平的提升提供有力支撑。培养内容主要包括以下几个方面。

一是教育教学能力。培养高校教师的首要目标是提高教师的教育教学能力，包括教学设计、教学实施、教学评估等方面的能力。通过培训和实践锻炼，使教师能够运用先进的教学理念和方法，提高教学效果和质量。

二是科研能力。培养高校教师的另一个重要目标是提高教师的科研能力，包括学术研究、科技创新等方面的能力。通过学术交流、科研项目和实践机会，使教师能够掌握学科前沿动态，提高科研水平，推动学术进步。

三是职业道德素养。培养高校教师的另一个重要内容是提高教师的职业道德素养，包括敬业精神、责任意识、公正公平等方面的素养。通过职业道德教育，使教师能够树立良好的师德师风，提高职业素养和人文关怀。

四是国际化视野。随着全球化的不断深入，培养高校教师还需要注重提高教师的国际化视野和跨文化交流能力。通过国际交流和合作项目，使教师能够了解国际教育动态和学科前沿，拓宽视野，提高国际竞争力。

五是实践能力。培养高校教师还需要注重提高教师的实践能力，包括实践操作、实验技能、项目管理等方面的能力。通过实践锻炼和校企合作等方式，使教师能够将理论知识与实践相结合，提高实践能力和应用水平。

总之，培养高校教师的目标是培养一支高素质、专业化、具有国际视野和实践能力的教师队伍，为高等教育的质量和水平的提升提供有力支撑。

二、高校教师培养的机制与措施

为了实现培养高校教师的目标，需要建立有效的机制和采取一系列措施。以下是一些重要的方面。

一是建立健全的教师培养制度。高校应建立完善的教师培养制度，包括岗前培训、在职培训、学术交流、实践能力培养等方面的制度。这些制度应明确培养的目标、内容、方式、时间、考核方式等，为教师培养提供指导和保障。

二是制订个性化的培养计划。高校应根据教师的个人情况和学科特点，制订个性化的培养计划。这些计划应包括长期和短期目标、具体内容和实施方式、考核标准和时间等，以满足教师的个性化需求和发展。

三是加强教师培训和学术交流。高校应加强教师培训和学术交流，提供多种形式的培训课程和学术活动，鼓励教师参加国内外学术会议、研讨会和交流活动。通过培训和交流，提高教师的教育教学水平和科研能力，拓宽教师的学术视野和思维方式。

四是建立实践基地和合作平台。高校应建立实践基地和合作平台，为教师提供实践机会和平台。这些基地和平台可以与企业、科研机构等进行合作，为教师提供实践锻炼，以及项目合作的机会，促进产学研一体化发展。

五是鼓励教师进行学历提升。高校应鼓励教师进行学历提升，提供学历提升的机会。这可以通过鼓励教师攻读博士学位、参加硕士生课程班等方式实现，提高教师的学术水平和专业素养。

六是建立激励机制和评价机制。高校应建立激励机制和评价机制，鼓励教师积极参与培养计划并对其进行评价。激励机制可以包括提供奖励、晋升机会等，评价机制可以采用多种评价方式，如学生评价、同行评价、专家评价等，以全面了解教师的培养效果和成果。

总之，高校教师培养需要建立健全的机制和采取一系列措施，包括建立健全的教师培训制度、制订个性化的培养计划、加强教师培训和学术交流、建立实践基地和合作平台、鼓励教师进行学历提升、建立激励机制和评价机制等。这些措施的实施可以促进教师的专业发展和个人成长，提高教师的教育教学和科研水平，为高等教育的质量和水平的提升提供有力支撑。

三、培养高校教师的创新与实践案例

在培养高校教师的实践中，一些高校通过创新的方式方法，取得了良好的效果。以下是一些高校教师培养的创新与实践案例。

案例一：某高校建立的"教师发展中心"

该高校为了促进教师的发展，建立了"教师发展中心"，为教师提供专业的培训和指导。中心与国内外知名企业和研究机构合作，开展了一系列教师实践培训项目，帮助教师了解行业最新动态和前沿技术，提高教师的实践能力和创新思维。同时，中心还为教师提供教学和科研方面的指导和支持，为教师职业发展提供全面服务。

案例二：某高校实施的"名师工程"

该高校为了提高教师的教学水平和科研能力，实施了"名师工程"。工程通过选拔和培养优秀教师，打造了一支高水平的名师团队。名师团队成员之间互相学习、互相帮助，形成了一种良好的学术氛围。同时，学校还为名师团队提供了丰富的学术资源和经费支持，鼓励他们开展高水平的研究和教学工作。

案例三：某高校实行的"青年教师导师制"

该高校为了帮助青年教师尽快适应教学和科研工作，实行了"青年教师导师制"。每位新入职的青年教师都会被分到一位经验丰富的教授作为其导师，指导其教学和科研工作。导师不仅为青年教师提供了宝贵的经验和指导，还鼓励他们积极参与学术交流和研究合作，提高了他们的学术水平和综合能力。

案例四：某高校开展的"国际交流与合作项目"

该高校积极开展国际交流与合作项目，与国外高校建立合作关系，为教师提供海外留学和学术交流的机会。通过参与国际合作项目，教师能够拓宽视野，更新观念，提高国际竞争力，为学校的发展做出贡献。

这些创新与实践案例展示了高校教师培养的多样性和创新性，为其他高校提供了有益的参考。各高校应根据自身情况和学科特点，选择适合的教师培养模式和方法，不断提高教师的素质和能力水平。

第二节　高校教师引进的政策与实践

引进高校教师是高校教师队伍建设的重要环节之一，旨在吸引高水平的教师来本校任教，提高教育教学质量和科研水平。在政策方面，国家层面和高校层面都出台了一系列教师引进政策和措施，以吸引海内外优秀人才来华从事高等教育工作。在实践方面，各个高校也积极开展教师引进工作，通过各种途径和方式吸引高层次人才来校任教。

一、高校教师引进的渠道与方式

作为高校发展的重要基石，教师队伍的引进工作显得尤为重要。本节将详细探讨高校教师引进的渠道与方式，以期为高校教师队伍建设的实践提供有益的参考。

（一）高校教师引进的重要性

高校教师作为高等教育的核心力量，其学术水平、教学能力和师德师风直接关系到高校的教学质量、科研水平和社会声誉。因此，引进优秀教师对于提升高校整体实力、推动学科发展、培养优秀人才具有不可替代的作用。通过引进优秀教师，高校可以迅速补充人才缺口，优化教师队伍结构，提高教师队伍的整体素质。

（二）高校教师引进的渠道

首先是校园招聘。校园招聘是高校引进教师的主要途径之一。每年毕业季，高校会组织专门的招聘团队前往各高校进行宣讲和招聘，吸引优秀毕业生加入本校。同时，高校还会在官方网站上发布招聘信息，吸引更多求职者的关注。校园招聘的优势在于可以直接接触到即将毕业的优秀学生，通过面试和试讲等方式全面了解其学术水平和教学能力。其次是社会招聘。社会招聘是指高校面向社会公开发布招聘信息，吸引有丰富教学经验和科研能力的教师应聘。社会招聘的渠道多样，包括高校官网、招聘网站、人才市场等途径。通过社会招聘，高校可以引进具有丰富实践经验的优秀教师，为学科发展注入新的活力。再次是海外引才。随着国际化进程的加速，海外引才已成为高校引进教师的重要途径。高校可以通过与国际知名高校、科研机构建立合作关系，吸引海外优秀人才来校任教或开展科研工作。海外引才不仅可以提升高校的国际影响力，还可以促进国际交流与合作，推动学科创新与发展。最后是校友推荐。校友作为高校的重要资源，他们在各自的领域取得了显著的成就，为母校的发展做出了积极贡献。高校可以通过校友会等组织，邀请校友推荐优秀教师来校任教。校友推荐的教师往往具有较高的学术水平和丰富的实践经验，能够快速融入校园文化，为本校的学科发展贡献力量。

（三）高校教师引进的方式

首先是全职引进。全职引进是指高校与教师签订长期聘用合同，教师成为高校的正式员工，享有相应的待遇和福利。全职引进可以确保教师长期稳定地为高校服务，有利于学科发展和教学工作的持续开展。其次是兼职引进。兼职引进是指高校与教师签订短期聘用合同或合作协议，邀请教师来校授课、指导研究生或参与科研工作。兼职引进可以弥补全职教师的不足，为高校带来新鲜的教学和科研思路，同时也有助于提高教师的社会声誉和知名度。再次是柔性引进。柔性引进是指高校与教师之间建立一种灵活的合作机制，通过项目合作、访问学者、客座教授等方式引进优秀人才。柔性引进具有灵活性高、成本较低等特点，适用于高校短期内的特定需求或推进特定项目的开展。最后是团队引进。团队引进是指高校以学科或项目为单位，引进"整建制"的教学科研团队。团队引进可以快速提升高校的学科实力和科研水平，有利于形成学科优势和特色。同时，团队引进也有助于加强高校与国内外知名高校、科研机构的合作与交流。

（四）高校教师引进的注意事项

首先要严把引进质量关。高校在引进教师时，应坚持宁缺毋滥的原则，严把引进质量关。要对教师的学术背景、教学能力、师德师风等方面进行全面考察和评估，确保引进的教师符合高校的发展需求和学科特点。其次要优化引进政策。高校应根据自身实际情况和发展需求，制定合理的引进政策和待遇标准。要充分考虑教师的个人发展前景和职业规划，提供具有竞争力的薪酬和福利待遇，以及良好的工作环境和科研条件。再次要加强引进后的培养与管理。高校在引进教师后，应加强对教师的培养和管理。要建立健全教师培训机制，帮助教师尽快适应新的工作环境和教学科研要求。最后要加强教师考核和激励机制，激发教师的积极性和创造力。

总之，高校教师引进是一项系统工程，需要高校从多个方面入手，制定科学合理的引进策略和政策措施。通过不断优化引进渠道和方式，高校可以吸引更多优秀人才加入教师队伍，为高等教育事业的发展注入新的活力和动力。

二、引进高校教师时的选拔与评估

在高校教师队伍建设中，教师引进是一项重要的工作。通过选拔和评估，可以引进优秀教师，提高学校的整体教学水平和科研能力。以下是关于高校教师引进的选拔与评估的详细内容。

首先是选拔标准。在选拔高校教师时，应制订明确的选拔标准。这些标准应包括教师的学术背景、教学能力、科研水平、实践经验等方面。同时，还应考虑教师的个人品质和职业道德，确保引进的教师具备全面素质。

其次是选拔程序。选拔高校教师应遵循规范的程序。通常包括简历筛选、面试、试讲、学术评估等环节。在选拔过程中，应保持公平公正，避免歧视和偏见。同时，还应注重教师的学科背景和教学经验，确保引进的教师能够胜任教学任务。

再次是评估指标。在对高校教师进行评估时，应制订明确的评估指标。这些指标应包括教师的教学效果、科研成果、社会服务、学术声誉等方面。通过评估，可以全面了解教师的表现和贡献，为后续的奖励和晋升提供依据。

然后是评估方法。评估高校教师的方法应多样化。可以采用学生评价、同行评价、专家评价等方式，确保评估结果的客观性和公正性。同时，还应注重教师的自我评价和反思，鼓励教师不断提高自身的素质和能力。

最后是引进后的支持。在引进高校教师后，应给予他们充分的支持和关注。包括提供必要的教学资源和科研经费，帮助他们适应新的工作环境和校园文化，以及提供职业发展和晋升机会等。通过这些支持措施，可以增强教师的归属感和忠诚度，提高他们的工作积极性和满意度。

总之，引进高校教师时的选拔与评估是高校教师队伍建设的重要组成部分。通过制订明确的选拔标准和程序以及评估指标和方法，可以确保引进的教师具备较高的素质和能力，为学校的发展做出贡献。同时，引进后的支持和关注也是提高教师工作积极性和满意度的重要措施。

在选拔和评估高校教师时，保证公平公正至关重要。以下是一些可以采取的措施。首先是制订明确的选拔和评估标准。在选拔和评估高校教师时，应制订明确的标准和程序。标准应包括教师的学术背景、教学能力、科研水平、实践经验等方面，同时还应考虑教师的个人品质和职业道德。程序应包括简历筛选、面试、试讲、学术评估等环节，以确保选拔和评估的公平公正。其次是建立独立的评审委员会。在选拔和评估高校教师时，可以建立独立的评审委员会。委员会应由不同学科领域的专家组成，以确保评审的专业性和客观性。委员会成员应遵循公平公正的原则，不受任何外部干扰和压力。再次是重视多元化和包容性。在选拔和评估高校教师时，应重视多元化和包容性。对于来自不同背景和经验的教师，应给予平等的机会和待遇。在评审过程中，应考虑教师的多样性和差异性，避免任何形式的歧视和偏见。然后是保护教师的权益。在选拔和评估高校教师时，应保护教师的权益。对于被选拔和评估的教师，应尊重他们的隐私和个人信息。在评审过程中，应遵循公平公正的原则，确保教师的权益得到保障。最后要建立监督机制。在选拔和评估高校教师时，应建立监督机制。监督机制可以对评审过程进行监督、对评审委员会成员进行监督以及对教师权益进行监督等。通过监督机制，可以确保选拔和评估的公平公正，防止任何不公正行为的发生。

总之，在选拔和评估高校教师时，应制订明确的选拔和评估标准，建立独立的评审委员会，重视多元化和包容性，保护教师的权益以及建立监督机制等措施，以确保公平公正。

三、引进高校教师的经验与启示

在高校教师队伍建设中，引进教师是提升学校整体教学水平和科研能力的重要手段之一。通过引进优秀的教师，能够为学校带来新的教学理念、科研成果和学术资源，推动学校的学科发展和人才培养。以下是关于高校教师引进的经验与启示。

一是制订科学的选拔标准。制订科学的选拔标准是引进高校教师的关键。在选拔标准中，应包括教师的学术背景、教学能力、科研水平、实践经验等方面。同时，还应考虑教师的个人品质和职业道德，确保引进的教师具备全面素质。在制订选拔标准时，应结合学校的实际情况和发展需求，确保标准具有可操作性和针对性。

二是拓宽人才引进渠道。高校应积极拓宽人才引进渠道，通过多途径吸引优秀教师。除了常规的招聘渠道外，可以通过学术交流、人才推荐、合作研究等方式引进人才。同时，可以加强对优秀毕业生的引进力度，选拔具有潜力的年轻教师进行培养。此外，还可以通过柔性引进、兼职聘任等方式吸引海内外高端人才，提升学校的学科竞争力和学术影响力。

三是严格把控引进程序。高校应严格把控教师引进的程序，确保公平公正。在选拔过程中，应遵循公开透明的原则，对所有申请者一视同仁。同时，应建立独立的评审委员会，由各学科领域的专家组成，对申请者进行全面评估。在面试和试讲环节中，应注重对教师教学能力和科研能力的考查，同时还应重视申请者的个人品质和职业道德。

四是重视后续培养和支持。高校在引进教师后，应给予他们充分的支持和关注。除了提供必要的教学资源和科研经费外，还应帮助他们适应新的工作环境和校园文化氛围。同时，应建立完善的职业发展和晋升机制，为教师提供长期的职业规划和发展机会。此外，还可以通过校内培训、学术交流、海外访学等方式加强对教师的培养和支持，提高他们的教学水平和科研能力。

五是加强国际交流与合作。高校应积极加强国际交流与合作，推动教师队伍的国际化建设。通过与海外高校的合作交流，可以引进具有国际背景的教师，推动学校的国际化发展。同时，应鼓励教师积极参与国际学术交流和合作研究，提高学校的国际竞争力和影响力。此外，还可以通过建立海外实习基地、联合培养等方式加强与海外高校的合作关系，为教师提供更多的国际化发展机会。

六是建立评估与反馈机制。高校应建立科学的评估和反馈机制，对引进的教师进行全面的评估和跟踪。通过评估教师的教学效果、科研成果和社会服务等方面，可以全面了解教师的表现。同时，应及时收集学生和同事的反馈意见和建议，帮助教师改进教学和科研工作。通过评估和反馈机制的建立，可以确保引进的教师能够适应学校的发展需求，为学校的长远发展提供有力支持。

总之，高校教师引进是高校发展的重要战略之一。通过制订科学的选拔标准、拓宽人才引进渠道、严格把控引进程序、重视后续培养和支持、加强国际交流与合作以及建立评估与反馈机制等措施能够提升高校教师队伍的整体素质和能力水平，为学校的发展提供有力的人才支持。同时还应不断总结经验教训不断完善教师引进机制从而提高学校的整体竞争力和发展水平。

综上所述，高校教师引进的政策和实践是高校教师队伍建设的重要组成部分。通过制订合理的引进目标和计划、建立完善的选拔和评估机制以及进行实践创新等途径，可以吸引更多优秀的教师来校任教，提高教育教学质量和科研水平，推动高校教师队伍建设的深入发展。

第三节　高校教师队伍培养与引进的协同机制

高校教师队伍的培养与引进并非孤立的两个环节，而是相互关联、相互促进的协同过程。这种协同机制的核心在于通过有效的资源整合和策略对接，实现教师队伍的整体优化和持续发展。

首先，培养与引进的协同体现在人才资源的共享上。高校在引进优秀教师的同时，也应注重内部人才的培养和提升。通过设立教师发展中心、开展教学研讨会等方式，为现有教师提供持续学习和成长的机会，使他们能够与引进的新教师共同进步。

其次，培养与引进的协同还体现在激励机制的完善上。高校应建立公正、透明的评价和奖励机制，对在教学和科研方面表现突出的教师给予适当的精神和物质奖励。这不仅可以激发教师的工作热情和创新精神，也有助于吸引更多的优秀人才加入高校教师队伍。

此外，高校还应加强与企业、科研院所等外部机构的合作，共同培养和引进具有实践经验和创新能力的教师。通过产学研合作、共建实验室等方式，实现资源共享和优势互补，推动教师队伍的整体素质提升。

总之，高校教师队伍培养与引进的协同机制是一个复杂而系统的工程，需要高校从多个方面入手，不断完善和优化。通过这种协同机制的实施，高校可以建立起一支高素质、专业化、结构合理的教师队伍，为高等教育事业的发展提供有力的人才保障。

一、制订符合学校需求的教师培养计划

在新时代背景下，高等教育正面临着前所未有的发展机遇与挑战。高校教师队伍作为高等教育事业的核心力量，其整体素质和能力水平直接影响着学校的教学质量和科研水平。因此，制订一份符合学校实际需求的教师培养计划，对于提升教师队伍整体素质、推动学校教育事业的长远发展具有至关重要的意义。

一是深入调研，明确教师需求与发展方向。制订教师培养计划的首要任务是深入了解和分析学校的教师需求与发展方向。这包括对学校现有教师队伍的结构、专业分布、学术水平、教学能力、师德师风等方面进行全面梳理和评估。通过调研，我们可以发现教师队伍中存在的不足，为制订有针对性的培养计划提供依据。同时，我们还需要结合学校的发展战略和学科建设规划，明确未来一段时间内教师队伍建设的目标和方向。例如，针对学校重点发展的学科领域，我们可以加大引进和培养力度，提升该领域教师队伍的整体水平；针对新兴交叉学科领域，我们可以加大力度培养跨学科教师和引进跨学科教师，推动学科交叉融合和创新发展。

二是设定具体、可衡量的培养目标和计划内容。在明确教师需求与发展方向的基础上，我们需要设定具体、可衡量的培养目标和计划内容。这些目标应该既符合学校整体发展的需要，又能够体现教师个人成长的需求。在培养目标方面，我们可以从多个维度进行设定。例如，在学术水平方面，可以

设定提升教师的科研能力和创新水平的目标；在教学能力方面，可以设定提高教师的教学效果和满意度的目标；在师德师风方面，可以设定加强教师的职业道德和敬业精神的培养目标。在计划内容方面，我们需要根据培养目标制订相应的培养措施和方案。这包括确定培养方式、培养周期、培养资源等内容。例如，我们可以定期组织学术研讨和交流活动，为教师提供学习和交流的平台；可以开展教学观摩和互评活动，提升教师的教学水平和能力；可以加强师德师风教育和培训，引导教师树立正确的职业观念和价值观。

三是建立完善的执行机制，确保计划顺利实施。制订教师培养计划只是第一步，关键在于如何将其落到实处并取得实效。因此，我们需要建立完善的执行机制，确保计划的顺利实施。

首先，要明确责任分工和任务落实。学校应该成立专门的教师培养工作小组或委员会，负责计划的制订、实施和监督。同时，要明确各部门和学院在培养计划中的职责和任务，确保各项工作能够得到有效推进。其次，要加强计划的监督与评估。我们需要定期对培养计划的执行情况进行检查和评估，及时发现问题并进行调整优化。同时，还要建立奖惩机制，对在培养计划中表现突出的教师进行表彰和奖励，对未能完成培养任务的教师进行督促和指导。最后，我们还要注重激励机制的建设。通过设立奖励基金、职称晋升、学术成果认定等方式，激发教师参与培养计划的积极性和主动性。同时，还要加强教师的职业发展指导，帮助他们制订个人发展规划和目标，实现个人与学校事业的共同发展。

四是加强师资引进，优化教师队伍结构。除了内部培养外，引进优秀的外部人才也是提升教师队伍整体素质的重要途径。因此，在制订教师培养计划时，我们还需要注重师资引进工作。首先，要明确引进人才的标准和要求。根据学校的发展战略和学科建设需要，制订符合学校实际的人才引进政策，明确引进人才的学历、职称、学术成果等方面的要求。其次，要加强与国内外高水平大学和研究机构的合作与交流。通过合作研究、学术交流等方式，吸引更多的优秀人才来本校工作或访学。同时，还可以利用学校的学科优势和资源优势，吸引优秀人才来校开展合作研究和成果转化工作。最后，要注重引进人才的后续培养和管理。对于新引进的人才，我们需要制订个性化的培养计划和职业发展规划，帮助他们尽快适应学校的工作环境和发展需求。同时，还要加强对新引进人才的考核和评估工作，确保他们能够在学校的发展中发挥重要作用。

五是培养教师的国际视野与跨文化交流能力。在全球化的背景下，高等教育已经越来越成为一个国际性的领域。因此，培养教师的国际视野与跨文化交流能力也显得尤为重要。

首先，我们可以积极组织教师参与国际学术会议、研讨会等活动，拓宽教师的国际视野和学术交流渠道。通过与国际同行的交流与合作，教师可以了解国际前沿的研究动态和学术趋势，提升自己的学术水平和影响力。其次，我们可以增加与国际高水平大学和研究机构的合作与交流项目。通过合作项目、联合培养等方式，推动教师之间的国际交流与合作，提升教师的国际化水平和教学能力。最后，我们还可以加强教师的外语能力培训，提高教师的跨文化交流能力。通过组织外语培训班、派遣教师到国外访学等方式，提升教师的外语水平和跨文化交流能力，为学校的国际化发展提供有力的人才保障。

综上所述，制订符合学校需求的教师培养计划是一项系统工程，需要我们从多个方面进行深入研究和细致规划。通过明确教师需求与发展方向、设定具体可衡量的培养目标和计划内容、建立完善的执行机制、加强师资引进和优化教师队伍结构，以及培养教师的国际视野与跨文化交流能力等方面的努力，我们可以为学校的长远发展提供有力的人才保障和智力支持。

（一）结合引进政策，优化教师队伍结构

在新时代背景下，高校教师队伍的建设与发展不仅依赖于内部培养，还需要结合外部引进政策，以优化教师队伍结构，提高整体素质和水平。引进政策作为高校发展的重要支撑，对于教师队伍的建设具有深远的影响。因此，我们需要深入分析引进政策对教师队伍的影响，调整教师编制和结构，以进一步优化教师队伍配置，提高整体素质。

一是分析引进政策对教师队伍的影响。引进政策作为教师队伍建设的重要组成部分，其目的在于吸引和聚集优秀人才，提升教师队伍的整体实力。然而，引进政策的实施对教师队伍的影响是多方面的，既有积极的一面，也有消极的一面。

首先，引进政策有助于补充教师队伍中的短缺人才。针对学校急需的高层次人才、新兴学科领域的专业人才等，通过引进政策可以迅速填补人才空缺，提升教师队伍的整体水平。这不仅可以为学校的教学和科研工作提供有力支持，还有助于推动学校学科建设和整体发展。其次，引进政策可以带来新的教学理念和方法。通过引进外部优秀人才，可以带来不同学校、不同文化背景下的教学理念和方法，促进教师队伍之间的交流与碰撞，激发新的教学灵感和创新思维。这有助于推动学校教学改革和创新，提升教学质量。

然而，引进政策也可能带来一些负面影响。一方面，过度依赖引进可能导致对内部培养的忽视。如果学校过于注重外部引进而忽视内部培养，可能会导致教师队伍内部出现"断层"现象，缺乏可持续发展的动力。另一方面，引进人才的融入和适应问题也不容忽视。由于不同学校、不同文化背景下的差异，引进人才可能需要一定的时间来适应新的工作环境和团队文化，这可能会对其工作效果产生一定影响。

因此，在制定和实施引进政策时，我们需要充分考虑其对教师队伍的影响，既要发挥引进政策的积极作用，又要避免其消极作用。

二是要调整教师编制和结构。结合引进政策，我们需要对教师编制和结构进行适当调整，以适应学校发展的需要。首先，要根据学校的发展战略和学科建设规划，合理确定教师编制数量。调整后，既要保证教学科研工作的基本需要，又要避免人员过剩或不足的情况。同时，还要根据学科特点和发展趋势，合理调整不同学科领域的教师编制比例，确保教师队伍结构的均衡和协调。其次，要注重优化教师队伍结构。在引进人才时，要注重人才的层次、专业背景、研究方向等方面的匹配性，以确保引进的人才能够与学校现有教师队伍形成良好的互补和协同效应。同时，还要加强对现有教师队伍的梳理和分析，发现存在的问题和不足，通过内部培养和外部引进相结合的方式，逐步优化教师队伍结构。最后，我们还要关注教师队伍的梯队建设。通过引进和培养相结合的方式，形成一支结构合理、层次分明、可持续发展的教师队伍。既要注重高层次人才的引进和培养，也要关注中青年教师的成长和发展，为他们提供更多的机会和平台，激发他们的创新活力和潜力。

三是优化教师队伍配置，提高整体素质。优化教师队伍配置是提高教师队伍整体素质的关键。通过合理的配置和布局，可以最大限度地发挥每位教师的潜力和优势，提高教师队伍的整体素质。首先，要注重教师的专业发展和职业规划。根据教师的专业背景、研究方向和个人兴趣，为他们提供个性化的职业发展规划和指导。通过设立职业发展通道、提供培训和学习机会等方式，帮助教师不断提升自己的专业素养和能力水平。其次，要加强教师之间的交流与合作。通过组织学术研讨会、教学观摩、团队合作等活动，促进教师之间的交流与合作，分享教学经验和研究成果。这不仅可以提高教师的业务水平和教学质量，还可以增强教师队伍的凝聚力和向心力。再次，还要建立健全的激励机制和评价体系。通过设立奖励基金、职称晋升、学术成果认定等方式，激发教师的积极性和创造力。同时，建立科学的评价体系，对教师的工作绩效进行客观、公正的评价，为教师的晋升和发展提供有力支持。最后，我们还要关注教师队伍的师德师风建设。通过加强师德师风教育和培训，引导教师树立正确的职业观念和价值观，增强教师的责任感和使命感。同时，建立健全的师德师风考核机制，对教师的师德表现进行定期评估和反馈，促进教师队伍的健康发展。

综上所述，结合引进政策优化教师队伍结构是一项系统工程，需要我们从多个方面进行深入研究和细致规划。通过深入分析引进政策对教师队伍的影响、调整教师编制和结构、优化教师队伍配置等方面的努力，我们可以为学校的发展提供有力的人才保障和智力支持。在未来的工作中，我们将继续深化对教师队伍建设的研究和探索，不断提升教师队伍的整体素质和能力水平，推动学校教育事业的长远发展。

（二）建立导师制度，促进新教师成长

在新教师成长的道路上，建立有效的导师制度显得尤为重要。这一制度旨在通过经验丰富的教师的指导，帮助新教师迅速适应教学环境，掌握教学技巧，进而成长为优秀的教育工作者。

首先，我们需要设立明确的导师选拔标准和培训机制。选拔标准应综合考虑教师的教育背景、教学经验、教学成效以及个人品质等方面。优秀的导师不仅要有扎实的学科知识和丰富的教学经验，还要具备良好的沟通能力和耐心。同时，我们还需要为导师提供必要的培训，以提升他们的指导能力和教学水平。

其次，导师与新教师之间的互动是导师制度的核心。导师应定期与新教师进行沟通交流，了解他们的教学进展和遇到的困难，并提供具体的建议和帮助。导师还可以组织新教师观摩教学活动，让新教师学习优秀的教学案例，从中汲取经验。此外，导师还应鼓励新教师积极参与教研活动，提升他们的教学研究和创新能力。

最后，监测和评估导师制度的有效性是确保制度持续发展的关键环节。我们可以通过收集新教师的反馈意见、观察他们是否有进步以及分析学生成绩的高低等方面来评估导师制度的效果。同时，我们还要定期对导师制度进行反思和总结，发现问题并及时改进。我们还可以通过设立奖励机制，激励导师和新教师积极参与导师制度，共同推动教育事业的发展。

总之，建立导师制度是促进新教师成长的有效途径。通过选拔优秀的导师、加强导师与新教师之间的互动，以及监测和评估导师制度的有效性，我们可以为新教师提供一个良好的成长环境，助力他们迅速成长为优秀的教育工作者。

（三）制订激励机制，吸引优秀教师加入

首先，设立激励政策和奖励机制是吸引优秀教师加入的核心举措。这些政策和机制不仅是对教师辛勤付出的认可，更是激励他们持续创新、追求卓越的重要动力。例如，我们可以设立优秀教学奖、科研成果奖等多种奖项，对在教学和科研方面表现突出的教师进行表彰和奖励。还可以建立绩效评估体系，将教师的绩效与薪酬待遇、晋升机会等挂钩，从而激发他们的工作热情和积极性。

其次，为教师提供职业发展和晋升机会是吸引和留住优秀教师的重要因素。大部分教师对职业发展和个人成长有着强烈的追求。因此，我们需要建立完善的职称评定制度，为教师的职业发展提供明确的晋升通道。同时，我们还可以为教师提供多样化的培训和学习机会，帮助他们不断提升自身的教学水平和科研能力。鼓励教师参与学校的决策和管理，增强他们的归属感和责任感，也是促进教师职业发展的重要途径之一。

最后，对激励措施进行定期评估和调整是确保机制有效运行的关键环节。我们需要定期对激励政策进行审查和评估，了解其实施效果以及教师的反馈意见。对于效果不佳的政策或措施，我们应及时进行调整和优化，以确保其能够适应新时代教育发展的需求。同时，我们还要关注教育行业的最新动态和趋势，不断学习和借鉴其他高校的成功经验，以不断完善我们的激励机制。

综上所述，制订有效的激励机制对于吸引优秀教师加入具有重要意义。通过设立激励政策和奖励机制、为教师提供职业发展和晋升机会以及定期评估和调整激励措施，能够让我们构建一个更加充满活力和竞争力的教师队伍，为新时代高校的发展提供坚实的人才保障。在本书中，我将继续深入探讨这一主题，以期为高校教师队伍的建设提供有益的参考和借鉴。

二、教师培训与引进相结合，形成闭环发展模式

在新时代背景下，高校教师队伍的建设既要注重教师的专业发展，也要着眼于新鲜血液的引进，通过构建培训与引进相结合的闭环发展模式，我们可以实现教师队伍的持续优化和整体提升。

首先，确定培训内容与方式是构建这一闭环发展模式的基础。培训内容应紧密围绕教师的实际需求，包括教育教学理念、教学方法与技巧、学科前沿知识等多个层面。这不仅能够帮助教师提升教学能力，也能够促进其职业发展。培训方式则需要多样化，既可以采取线上与线下相结合的教学模式，也可以通过研讨会、工作坊等形式，促进教师之间的交流与合作。

其次，教师培训与引进政策的衔接是这一闭环发展模式的关键环节之一。在引进新教师时，我们应注重其专业背景、教学经验和个人潜力，确保他们能够迅速融入学校的教学环境并发挥积极作用。同时，对于新引进的教师，我们应提供必要的入职培训和支持，帮助他们尽快适应新的工作环境，并明确其在学校中的定位和发展方向。对于已有教师，我们需要制订明确的培训计划，以满足他们在职业生涯中不同阶段的发展需求。

最后，建立培训成效评估机制是确保这一闭环发展模式有效运行的重要保障。我们需要定期对教师的培训效果进行评估，以检验培训内容、方式和策略的有效性。评估过程应注重客观性和公正性，既要关注教师的教学成果和学术贡献，也要考虑其个人成长和职业发展。评估结果应作为调整培训内容和方式、优化引进政策的重要依据，以实现教师队伍的持续优化和整体提升。

通过教师培训与引进相结合的策略，我们可以形成一个完整的闭环发展模式，不断推动教师队伍的优化和发展。这既符合新时代高校发展的要求，也是提升教师个体专业素养和职业满意度的有效途径。通过不断的实践与探索，我们可以逐步完善这一模式，为高校教师队伍的建设注入新的活力和动力。

（一）提升教师队伍整体素质

在新时代的教育背景下，提升教师队伍整体素质是确保高校教育质量的关键所在。这不仅关系到学校的教学水平和科研实力，更直接关系到学生的成长和未来。因此，我们需要从多个方面入手，为教师提供全方位的支持和保障，以推动教师队伍整体素质的不断提升。

首先，提供专业发展机会和资源支持是提升教师队伍整体素质的基础。高校应该积极为教师搭建各种发展平台，如举办学术研讨会、邀请专家学者进行讲座、组织教师赴国内外知名高校访学等。这些活动不仅能够拓宽教师的学术视野，还能够促进教师之间的交流与合作。同时，高校还应该为教师提供必要的资源支持，如图书资料、实验设备等，以满足教师在教学和科研方面的需求。

其次，实施教师评估和反馈机制是提升教师队伍整体素质的重要手段之一。高校应该建立科学的教师评估体系，对教师的教学质量、科研成果、师德师风等方面进行综合评价。通过评估，可以及时发现教师存在的问题和不足，进而为教师提供有针对性的改进建议。同时，高校还应该建立有效的反馈机制，及时将评估结果反馈给教师，并鼓励教师积极参与评估过程，共同推动教师队伍整体素质的提升。

最后，鼓励教师持续学习和成长是提升教师队伍整体素质的长远之计。高校应该为教师提供多样化的学习机会和成长路径，如设立教师进修课程、鼓励教师参与科研项目、支持教师攻读博士学位等。这些措施能够帮助教师不断提升自己的专业素养和教学能力，为培养更多优秀人才打下坚实基础。

总之，提升教师队伍整体素质是一个长期而复杂的过程，需要高校从多个方面入手，为教师提供全方位的支持和保障。只有这样，才能打造出一支高素质、专业化的教师队伍，为新时代的教育事业贡献力量。

（二）加强教师间的交流与合作

在教育领域，教师间的交流与合作不仅是提升教学质量的关键，更是推动教育创新的重要途径。因此，加强教师间的交流与合作，对于提升教师队伍的整体素质和教学水平具有重要意义。

首先，组织教师交流分享经验和教学方法是加强交流与合作的基础。高校可以定期举办教师经验交流会、教学研讨会等活动，为教师提供一个分享经验、交流心得的平台。通过分享自己的教学经验和教学方法，教师可以相互学习、相互借鉴，进一步提升自己的教学水平。同时，这种交流也有助于形成积极向上的教学氛围，激发教师的教学热情和创造力。

其次，建立合作项目和团队是加强教师间交流与合作的重要途径之一。高校可以鼓励教师根据自己的研究方向和兴趣，组建跨学科、跨领域的合作团队，共同开展科研项目和教学研究。通过团队合作，教师可以相互支持、相互协作，共同攻克难题，实现资源共享和优势互补。这不仅有助于提升教师的科研能力和教学水平，也有助于推动学科交叉融合和创新发展。

最后，促进跨学科合作和跨校交流是加强教师间交流与合作的必要手段。高校可以积极与其他高校、科研机构等建立合作关系，开展跨学科、跨校的学术交流活动。这种交流有助于教师了解不同领域的前沿动态和最新成果，拓宽学术视野，激发创新思维。同时，跨校交流也有助于加强高校之间的合作与联系，推动教育资源的共享和优化配置。

总之，加强教师间的交流与合作是提升教师队伍整体素质和教学水平的重要措施。高校应该积极为教师搭建交流与合作的平台，提供必要的支持和保障，鼓励教师积极参与交流与合作活动，共同推动教育事业的发展。

（三）激发教师创新潜力

在新时代的教育背景下，激发教师的创新潜力显得尤为重要。教师作为教育工作的核心力量，其创新能力不仅关乎个人职业发展，更直接影响到学校的教学质量和科研水平。因此，我们需要采取一系列措施，为教师提供必要的支持和保障，以激发他们的创新潜力。

首先，提供创新奖励和支持政策是激发教师创新潜力的基础。高校应设立专门的创新奖励基金，对在教学和科研中取得创新成果的教师给予物质和精神上的双重奖励。同时，还应制定一系列支持政策，如提供创新项目启动资金、减免相关费用等，为教师开展创新活动提供必要的经费保障。

其次，鼓励教师参与教育科研项目是激发教师创新潜力的重要途径之一。高校应积极组织申报各类教育科研项目，为教师提供更多的参与机会。同时，还应加强对项目申报的指导和管理，确保项目的质量和效益。通过参与项目研究，教师可以深入了解学科前沿动态，拓宽学术视野，提升自己的创新能力。

最后，创建创新空间和平台是激发教师创新潜力的关键举措。高校应打造一批具有创新特色的教学和科研平台，为教师提供充足的创新空间，包括实验室、研究中心、创新工作室等，为教师开展创新活动提供必要的场所和设备支持。同时，高校还应加强与其他高校、科研机构、企业的合作与交流，为教师搭建更广阔的创新合作平台。

综上所述，激发教师创新潜力是一个系统工程，需要高校从多个方面入手，为教师提供全方位的支持和保障。只有这样，才能充分激发教师的创新活力，推动学校的教学和科研工作不断向前发展。

（四）提高学校教学水平和科研能力

在新时代背景下，提高学校的教学水平和科研能力已成为高校发展的核心任务。这一目标的实现，离不开教师队伍的积极参与和持续努力。因此，我们需要从多个方面入手，为教师提供必要的支持和保障，以推动学校教学水平和科研能力的全面提升。

首先，支持教师参与科研项目和课题研究是提高学校科研能力的重要途径之一。高校应鼓励教师积极申报各级各类科研项目，并为其提供必要的经费、场地和人员支持。同时，高校还应加强与外部科研机构的合作与交流，为教师搭建更广阔的科研平台。通过参与科研项目和课题研究，教师可以深入了解学科前沿动态，掌握最新的科研方法和技术，进而提升自己的科研能力和水平。

其次，为教师提供教学资源和技术支持是提高学校教学水平的关键举措。高校应加大对教学资源的投入力度，包括教材、教具、实验室设备等方面的更新和升级。同时，还应加强信息化建设，为教师提供先进的教学技术和手段，如多媒体教学、在线教学等。这些教学资源和技术的支持，有助于教师创新教学方法，提高课堂教学效果，进而提升学校的教学水平。

最后，建立教学评估和改进机制是提高学校教学水平和科研能力的必要保障。高校应建立科学、客观的教学评估体系，定期对教师的教学质量进行评估和反馈。通过评估，可以及时发现教学中存在的问题和不足，为教师提供改进的方向和建议。同时，高校还应建立激励机制，对在教学和科研中取得优异成绩的教师给予表彰和奖励，以激发其积极性和创造力。

综上所述，提高学校的教学水平和科研能力是一个系统工程，需要我们从多个方面入手，为教师提供全方位的支持和保障。只有这样，才能推动学校的教学和科研工作不断向前发展，为培养更多优秀人才做出积极贡献。

（五）增强学校的竞争力和影响力

在新时代背景下，高校作为培养人才、推动科研创新的重要基地，其竞争力和影响力对于学校的长远发展具有举足轻重的地位。增强学校的竞争力和影响力，不仅有助于提升学校的社会地位和声誉，更能吸引更多的优质生源和师资资源，进而形成良性循环，推动学校的持续发展。

首先，提升学校教学质量和声誉是增强学校竞争力和影响力的基石。教学质量是学校的核心竞争力之一，只有高质量的教学才能培养出优秀的人才，赢得社会的广泛认可。因此，高校应不断优化教学体系，更新教学内容，创新教学方法，确保教学质量稳步提升。同时，学校还应注重品牌建设，通过打造特色学科、优势专业等方式，提升学校的知名度和影响力。

其次，推广教育成果和优秀教学案例是增强学校竞争力和影响力的重要手段。高校应积极挖掘和推广自身在教育领域的优秀成果和典型案例，如教学成果奖、优秀教材、精品课程等，向社会展示学校的办学实力和特色。此外，学校还可以通过举办学术讲座、研讨会等活动，邀请校内外专家学者分享教育经验，扩大学校的影响力。

最后，参与教育展会和竞赛活动是增强学校竞争力和影响力的有效途径。教育展会和竞赛活动是学校展示自身实力、交流学习的重要平台。高校应积极参与各类教育展会和竞赛活动，展示学校的办学成果、教学特色以及科研成果，与同行进行深入的交流与合作。通过参与这些活动，学校不仅可以提升自身的知名度和影响力，还能为师生提供更多展示才华的机会，激发他们的积极性和创造力。

综上所述，增强学校的竞争力和影响力是一个系统工程，需要高校从多个方面入手，不断提升教学质量和声誉、推广教育成果和优秀教学案例、参与教育展会和竞赛活动，以赢得社会的广泛认可和支持，推动学校的持续健康发展。

（六）促进学校教育教学改革和创新的推进

在新时代背景下，教育教学改革和创新成为推动学校发展的重要动力。为了提升学校的整体教育水平，我们必须深入推进教育教学改革，激发教师的创新活力，优化课程体系，并建立起科学有效的改革成效评估机制。

首先，支持教师教学改革实践和探索是推进教育教学改革的关键。教师是改革的主体，他们的积极参与和创造性实践对于改革的成功至关重要。因此，学校应当为教师提供充分的改革空间和资源，鼓励他们在教学内容、方法、手段等方面进行大胆尝试和创新。同时，学校还应建立健全激励机制，对在改革实践中取得显著成效的教师给予表彰和奖励，以激发更多教师投身于改革实践中。

其次，推动课程更新和教学方法创新是教育教学改革的核心内容。随着社会和科技的快速发展，传统课程体系和教学方法已经难以满足现代教育的需求。因此，学校应当紧密结合时代发展和学生需求，对现有课程进行更新和优化，引入新的教学内容和元素，使课程更加贴近实际、贴近生活、贴近学生。同时，学校还应鼓励教师探索新的教学方法和手段，如项目式学习、翻转课堂等，以激发学生的学习兴趣和主动性，提升教学效果。

最后，建立教学改革成效评估机制是保障教育教学改革顺利推进的重要保障。评估机制可以客观反映改革的进展和成效，为学校和教师提供改进方向和建议。因此，学校应当建立科学、全面的评估体系，定期对教学改革进行评估和总结。评估内容应包括课程改革、教学方法创新、学生满意度等多个方面，以确保评估结果的客观性和准确性。同时，学校还应根据评估结果及时调整改革策略和方向，确保教育教学改革能够持续、深入地推进。

综上所述，促进学校教育教学改革和创新的推进是一项系统工程，需要我们从多个方面入手，为教师提供支持和保障，推动课程更新和教学方法创新，并建立科学有效的改革成效评估机制。只有这样，我们才能不断提升学校的整体教育水平，培养出更多具有创新精神和实践能力的人才。

第五章　技术与创新在教师队伍建设中的应用

在当今的数字化时代，技术与创新在教师队伍建设中发挥着越来越重要的作用。它们不仅提升了教师的教学水平和专业素养，也为教师职业的发展注入了新的活力。

技术的应用为教师提供了更广阔的教学资源和手段。借助互联网、人工智能等先进技术，教师可以轻松获取大量的教学资料和信息，丰富教学内容，使课堂教学更加生动有趣。同时，多媒体、虚拟现实等技术的应用，也为教师提供了更多样化的教学手段，有助于激发学生的学习兴趣和积极性。

技术创新在教师队伍建设中起到了重要的推动作用。例如，通过构建智能化的教学系统，教师可以更精准地了解学生的学习情况，从而制订更具针对性的教学计划。此外，利用大数据、云计算等技术，可以对教师的教学效果进行科学的评估和反馈，帮助教师发现教学中的问题，并及时调整教学策略。

在教师队伍建设的实践中，许多高校已经开始积极探索技术与创新的应用。他们通过引入先进的教育技术，如智能教学平台、在线教育工具等，为教师提供了更多的教学选择和可能性。同时，他们还鼓励教师参与教育技术培训和研讨会，提升教师的技术应用能力和创新意识。

然而，技术与创新的应用也面临着一些挑战和问题。例如，如何确保技术的有效应用、如何平衡传统教学方法与现代技术手段的关系等。因此，在推进技术与创新在教师队伍建设中的应用时，需要注重教师的实际需求和教学特点，避免技术的盲目应用和过度依赖。

总之，技术与创新在教师队伍建设中扮演着越来越重要的角色。通过合理应用先进技术、推动教学创新、加强教师培训等措施，可以不断提升教师的教学水平和专业素养，为培养更多优秀人才做出积极贡献。同时，也需要关注技术与创新应用中的挑战和问题，确保其在教师队伍建设中发挥最大的作用。

第一节　教育科技在高校教师队伍建设中的角色

教育科技在高校教师队伍建设中扮演着至关重要的角色。随着科技的快速发展，教育科技已经成为推动高等教育改革和创新的重要力量，对于提升教师素质、优化教学模式、促进教师专业发展等方面都具有显著的影响。

首先，教育科技有助于提升教师的专业素养和教学能力。通过利用先进的科技工具和平台，教师可以更加便捷地获取和更新教学资源，了解最新的教育理念和教学方法。同时，教育科技还可以为教师提供个性化的学习路径和精准的教学反馈，帮助他们不断提升自己的教学水平。

其次，教育科技有助于优化教学模式，提高教学效果。传统的教学模式往往以教师为中心，缺乏对学生个体差异的关注。而教育科技可以通过引入智能化、个性化的教学工具和手段，实现以学生为中心的教学模式，更好地满足学生的学习需求。此外，教育科技还可以为教师提供多样化的教学手段和资源，使课堂教学更加生动有趣，激发学生的学习兴趣和积极性。

最后，教育科技对于促进教师的专业发展也具有重要意义。通过利用大数据、人工智能等先进技术，教育科技可以对教师的教学行为、学生的学习效果等进行深入分析和挖掘，为教师提供科学、客观的评估和反馈。这有助于教师更加全面地了解自己的教学水平和存在的问题，进而制订针对性的改进计划，实现专业发展的持续提升。

综上所述，教育科技在高校教师队伍建设中发挥着不可替代的作用。未来，随着科技的不断发展和创新，教育科技将在高校教师队伍建设中发挥更加重要的作用，推动高等教育事业不断向前发展。

一、教师专业发展与在线资源利用

在数字化时代，教师的专业发展与在线资源的利用息息相关。教师可以通过参与在线课程、专业社交网络以及教育平台，不断拓展自己的教学技能和知识储备。利用在线资源，教师可以获取最新的教学理论和教育政策，与全球教育专家进行交流互动，从而提升自己的教学水平。同时，教师还可以通过数字化教材、教学视频等在线资源，丰富教学内容，为学生提供更丰富多样的学习体验。此外，教师还可以利用在线测评工具和教学反馈系统，进行教学评估和反思，及时调整教学策略，提高教学效果。综上所述，教师专业发展与在线资源的充分利用是提升教育质量、满足学生学习需求的关键所在。

（一）在线专业发展课程的设计与实施

随着信息技术的飞速发展，在线专业发展课程已成为教师队伍建设中不可或缺的一部分。这种课程模式不仅突破了时间和空间的限制，使得教师可以随时随地参与学习，更以其灵活、高效的特点，成为教师专业成长的重要途径。

在设计在线专业发展课程时，首先要明确课程目标。这些目标应紧密围绕教师的实际需求，旨在提升他们的教学技能、创新能力，以及增加他们的专业知识。同时，课程内容的选择也至关重要。它应涵盖最新的教育理念、教学方法和技术手段，以确保教师能够接触到最前沿的教育资讯。

在实施过程中，我们需要注重课程的互动性和实践性。通过引入在线讨论、案例分析、实践操作等环节，激发教师的学习兴趣和参与度。此外，建立一个有效的学习支持体系也至关重要。这包括提供学习资料、解答教师疑问、组织线上交流活动等，以确保教师能够顺利完成学习任务。

同时，对在线专业发展课程的评估与反馈也是不可或缺的一环。通过收集教师的学习数据、听取他们的意见和建议，我们可以对课程进行持续改进和优化，以满足教师的个性化需求。

值得注意的是，在线专业发展课程并非孤立存在。它应与传统的教师培训、教研活动等方式相结合，形成一个多元化、立体化的教师成长体系。这样，教师不仅可以通过在线课程学习新知识、新技能，还可以在现实生活中与同行交流、分享经验，实现真正意义上的专业发展。

总之，在线专业发展课程的设计与实施是一项系统工程，需要我们从多个方面入手，确保课程的质量和效果。只有这样，我们才能为教师的专业成长提供有力支持，推动教师队伍建设的持续发展。

（二）教师在线资源评估与选择机制

在当今这个时代，丰富多样的教师在线资源为教师提供了更多的学习和发展机会。然而，如何有效评估与选择这些资源，确保它们能够满足教师的实际需求，提升教师的教学质量，成为一个亟待解决的问题。

首先，建立一个科学的评估机制至关重要。评估机制应综合考虑资源的内容质量、教学实用性、技术兼容性等多个方面。具体来说，我们可以从以下几个方面进行评估：一是资源的内容是否准确、全面，是否涵盖了教师所需的知识点；二是资源的教学设计是否合理，是否能够有效激发学生的学习兴趣和积极性；三是资源的技术实现是否稳定可靠，是否能够顺利地在不同平台和设备上使用。

其次，选择机制需要进行精细化操作。在选择在线资源时，教师首先应根据自己的教学需求和兴趣进行筛选。同时，可以参考其他教师的评价和推荐，了解资源的实际使用效果。学校或教育机构也可以建立自己的在线资源库，为教师提供经过筛选和推荐的优质资源，方便教师快速找到适合自己的资源。

再次，在评估与选择过程中，我们还需要注重教师的反馈与参与。教师可以通过使用后的反馈，对资源的使用效果进行评价，提出改进意见。这些反馈可以作为后续评估和选择的重要依据，帮助我们不断优化资源的质量和适用性。

最后，我们还需要关注资源的更新与维护。在线资源是一个持续更新的过程，我们需要定期检查和更新资源，确保其内容的时效性和准确性。同时，对于技术上的问题，也需要及时进行处理和解决，确保教师能够顺利地使用这些资源。

总之，教师在线资源的评估与选择机制是一个复杂而重要的过程。我们需要建立科学的评估机制、精细化的选择机制、注重教师的反馈与参与以及关注资源的更新与维护。只有这样，我们才能为教师提供优质的在线资源，促进他们的专业成长和教学质量的提升。

（三）在线资源与传统培训方式的比较研究

随着教育科技的快速发展，在线资源作为教师培训的一种新兴方式，与传统培训方式相比，具有其独特的优势和特点。下面将对这两种培训方式进行比较研究。

首先，从培训形式上来看，传统培训方式通常采用面对面的授课形式，教师需要在指定的时间和地点参加培训。而在线资源则打破了时间和空间的限制，教师可以根据自己的时间安排和学习进度，随时随地进行学习。这种灵活性使得在线资源成为许多教师的首选。

其次，从培训内容上来看，传统培训方式通常由专家或资深教师授课，内容较为系统和全面。而在线资源则涵盖了广泛的主题和领域，教师可以根据自己的兴趣和需求进行选择和学习。此外，在线资源还提供了大量的案例、视频、音频等多媒体材料，使得学习更加生动有趣。

最后，从培训效果上来看，传统培训方式通过面对面的交流和互动，有助于建立教师之间的联系和合作。而在线资源则更加注重自主学习和个性化学习，教师可以根据自己的学习风格和习惯进行学习，从而更好地掌握知识和技能。

然而，这两种培训方式也各自存在一些挑战和限制。传统培训方式虽然能够提供面对面的交流和互动，但通常需要投入较多的时间和资源，且受到时间和地点的限制。而在线资源虽然具有灵活性和自主性，但也可能存在信息过载、质量参差不齐等问题。

因此，在选择培训方式时，教师应根据自己的实际情况和需求进行选择。对于需要系统学习和建立人脉关系的教师，传统培训方式可能更为适合；而对于需要灵活学习和自主学习的教师，在线资源可能更加合适。

综上所述，在线资源与传统培训方式各有其优势和特点。在未来的教师培训中，我们可以结合这两种方式，充分利用它们各自的优势，为教师提供更加全面、灵活和高效的培训体验。

二、教学评估与数据分析应用

教学评估与数据分析应用在教育领域中扮演着至关重要的角色。这两者相互关联，共同为提升教学质量和效果提供有力支持。

教学评估是对教学过程和教学效果进行系统性、有针对性的评价和反馈。它旨在了解学生的学习成果、教师的教学效果以及教学环境的质量，为教师改进教学、优化教育资源配置提供依据。教学评估可以通过多种方式进行，如学生评教、教师自评、同行评价等。这些评价方式可以帮助我们更全面地了解教学情况，发现存在的问题和不足。

数据分析在教学评估中的应用则更加深入和精准。通过收集和分析大量的教学数据，我们可以获取对学生学习行为、学习成果和教学效果的深入了解。这些数据包括学生的学习记录、测试成绩、在线学习行为等，通过对这些数据进行挖掘和分析，我们可以发现学生的学习偏好、学习风格和学习难点，为教师提供更加精准的教学建议。

在教学评估中，数据分析可以为评估提供客观、量化的指标。传统的教学评估往往依赖于主观评价，评估结果可能因个人偏见或主观感受而有所偏差。而数据分析则基于大数据的统计分析，能够为我们提供更加客观、准确的评估结果。

数据分析还可以帮助我们识别教学中的关键问题和改进方向。通过对数据的深入挖掘和分析，我们可以发现教学中的瓶颈和难点，为改进教学提供有针对性的建议。同时，数据分析还可以帮助我们了解学生的学习进度和效果，为个性化教学提供有力支持。

综上所述，教学评估与数据分析应用在教育领域中具有重要的作用。它们相互关联、相互促进，共同为提升教学质量和效果提供有力支持。在未来，随着技术的不断发展和应用，教学评估和数据分析将会在教育领域中发挥更加重要的作用。

（一）教学评估指标的建立与优化

教学评估指标是评价教学质量和效果的重要依据，其建立与优化对于提升教育水平至关重要。一套完善的教学评估指标，不仅能客观反映教师的教学能力和学生的学习成果，还能为教育决策和改革提供有力支持。

教学评估指标的建立需要遵循科学性、系统性和可操作性的原则。科学性是指指标应基于教育教学理论和实践经验进行设定，能够准确反映教学实际情况；系统性是指指标应涵盖教学过程的各个环节和方面，形成一个完整的评价体系；可操作性则是指指标应具有明确性和可度量性，便于评估和比较。

在建立教学评估指标时，我们需要综合考虑多个方面。例如，学生的学习成果是评估教学质量的重要指标之一，可以通过考试成绩、作品展示、实践操作等方式进行衡量。同时，教师的教学态度、教学方法和教学效果也是不可忽视的评估内容。此外，教学环境、教学资源以及学生满意度等因素也应纳入评估体系之中。

然而，教学评估指标并非一成不变，随着教育教学理念的更新和教育环境的变化，指标也需要不断优化和完善。优化教学评估指标的过程是一个持续不断的过程，需要不断收集和分析教学数据，了解教学效果和存在的问题，并根据实际情况进行调整和改进。

在优化教学评估指标时，我们可以采用多种方法。例如，通过问卷调查、访谈等方式收集学生和教师的意见和建议，了解他们对教学评估指标的看法和建议；也可以借鉴其他学校或地区的成功经验，结合本校实际情况进行改进和创新。

我们还应注重教学评估指标与教育教学目标的契合度。教学评估指标应紧密围绕教育教学目标进行设置，确保评估结果能够真实反映教学目标的实现情况。我们还应关注教学评估指标对于教师发展和学生成长的促进作用，通过评估激发教师的教学热情和学生的学习动力。

总之，教学评估指标的建立与优化是一个复杂而重要的任务。我们需要遵循科学性、系统性和可操作性的原则，综合考虑多个方面，不断收集和分析教学数据，优化和完善评估指标，以更好地促进教育教学质量的提升。

（二）大数据分析在教学质量评估中的应用

随着信息技术的迅猛发展，大数据在教学质量评估中的应用日益广泛。大数据分析以其强大的数据处理能力和精准的分析结果，为教学质量评估提供了全新的视角和工具。

首先，大数据分析能够帮助我们全面、深入地了解学生的学习情况。通过对学生的学习数据进行收集和分析，我们可以获取学生的学习习惯、学习进度、学习难点等信息。这些信息不仅可以用于个性化教学，还可以为教学质量评估提供有力的依据。例如，我们可以分析学生在不同课程中的学习表现，从而对各门课程的教学质量进行评估；我们还可以比较不同班级或不同教师之间的教学效果，以便找出教学中存在的问题和不足。

其次，大数据分析能够揭示教学中的潜在规律和趋势。通过对大量教学数据进行挖掘和分析，我们可以发现教学中的一些隐藏规律和模式。例如，我们可以分析出学生的学习成绩与教师的教学方式、教学资源等因素之间的关系，从而找出影响教学质量的关键因素。这些发现不仅有助于我们深入理解教学过程，还可以为教学改革提供科学依据。

最后，大数据分析还可以帮助我们实现教学质量的实时监测和预警。通过对实时教学数据进行分析，我们可以及时发现教学中的异常情况或潜在问题，并采取相应的措施进行干预和纠正。这种实时监测和预警机制有助于提高教学管理的效率和准确性，确保教学质量得到持续提升。

然而，大数据分析在教学质量评估中的应用也面临着一些挑战。首先，数据收集和处理需要专业的技术和设备支持，这对于一些资源有限的学校来说可能是一个难题。其次，数据分析结果的解读和应用需要具备一定的专业知识和经验，否则可能导致误解或误用。因此，在应用大数据分析进行教学质量评估时，我们需要加强相关技术和人员的培训和支持，确保数据分析结果的准确性和有效性。

总之，大数据分析在教学质量评估中的应用具有广阔的前景和潜力。通过充分利用大数据分析的优势，我们可以更加全面、深入地了解教学情况，发现教学中的规律和趋势，实现教学质量的实时监测和预警。这将有助于我们不断提高教学质量和效果，推动教育事业的持续发展。

（三）数据驱动的教学改进策略

在信息化教育的时代背景下，数据驱动的教学改进策略日益受到重视。通过收集和分析大量教学数据，我们可以发现教学中的问题，制订有针对性的改进措施，进而提升教学质量和效果。

首先，数据驱动的教学改进策略强调以数据为依据进行教学决策。传统的教学决策往往依赖于教师的经验和直觉，而数据驱动的策略则更加注重数据的客观性和准确性。通过收集和分析学生的学习数据、教学反馈数据等，我们可以了解学生的学习状态、掌握程度以及教学中的薄弱环节，从而制订更加科学、合理的教学计划和策略。

其次，数据驱动的教学改进策略注重个性化教学的实施。每个学生都是独一无二的个体，他们的学习风格、兴趣爱好和学习能力都有所不同。通过对学生学习数据进行分析，我们可以了解每个学生的学习特点和需求，为他们提供个性化的学习资源和教学指导。这不仅可以激发学生的学习兴趣和积极性，还可以提高他们的学习效果和学习成绩。

最后，数据驱动的教学改进策略还强调对教学效果的持续监测和评估。教学是一个动态的过程，教学效果也会随着时间和环境的变化而发生变化。通过对教学数据的实时监测和评估，我们可以及时了解教学效果的变化情况，发现潜在的问题和隐患，并采取相应的措施进行干预和改进。这种持续性的监测和评估有助于我们不断优化教学过程，提升教学质量和效果。

在实施数据驱动的教学改进策略时，我们还需要注意以下几点。首先，要确保数据的准确性和可靠性，避免因为数据误差而导致错误的决策。其次，要加强教师的数据素养培训，提升他们利用数据进行教学改进的能力。最后，还要注重保护学生的隐私和数据安全，避免数据泄露和滥用。

综上所述，数据驱动的教学改进策略是一种科学、有效提升教学质量和效果的方法。通过收集和分析教学数据，我们可以制订更加科学、合理的教学计划和策略，实施个性化教学，持续监测和评估教学效果，从而不断提升教学质量和效果，为学生的全面发展提供更好的支持。

三、教师间协作与知识共享平台

在当今教育信息化的浪潮中，教师间协作与知识共享平台的重要性愈发凸显。这样的平台不仅有助于教师间的深入交流与合作，更能促进教育资源的优化配置，提升教育质量。

首先，教师间协作平台为教师提供了一个互动交流的空间。通过平台，教师们可以就教学方法、课程设计、学生管理等问题进行深入的探讨和交流。这种交流有助于打破教师之间的信息孤岛，让每位教师都能从他人的经验中汲取养分，不断完善自己的教学理念和技能。

其次，知识共享平台为教师提供了一个资源共享的渠道。在这个平台上，教师可以上传自己的教学资料、课件、教案等，供其他教师参考和使用。同时，教师也可以从平台上获取其他教师分享的优秀教学资源，丰富自己的教学内容和形式。这种资源的共享和互通，有助于缩小教育资源差距，提高教育公平性。

最后，教师间协作与知识共享平台还可以促进教师团队的建设。通过平台上的协作和交流，教师们可以形成紧密的合作关系，共同面对教学中的挑战和问题。这种团队精神不仅有助于提升教师的教学水平，更能增强教师的职业归属感和满足感。

当然，要构建一个高效、实用的教师间协作与知识共享平台，还需要注意以下几点：一是平台的设计应便于教师操作和使用；二是平台应注意保障信息安全和隐私保护，确保教师们的个人信息和教学资料不被泄露；三是平台应建立有效的激励机制，鼓励教师们积极分享自己的教学经验和资源。

综上所述，教师间协作与知识共享平台是推动教育信息化发展的重要力量。我们应该充分利用这一平台，加强教师间的交流与合作，共享教育资源，共同提升教育质量。

（一）在线协作工具的应用与效果评估

随着信息技术的迅猛发展，在线协作工具在教育领域的应用日益广泛，成为教师间协作与知识共享不可或缺的一部分。这些工具不仅提供了便捷的交流平台，还极大地提高了教师协作效率，对推动教育教学的现代化具有重要意义。

首先，在线协作工具的应用为教师们的交流提供了极大的便利。传统的教师协作方式往往受到时间和空间的限制，而在线协作工具则打破了这些限制，使得教师们可以随时随地进行交流和讨论。无论是通过即时通信工具进行在线聊天，还是通过共享文档进行协同编辑，都能让教师们更加高效地分享经验和知识，共同解决教学中遇到的问题。

其次，在线协作工具的应用也显著提高了教师协作的效率。传统的协作方式往往需要面对面交流或邮寄资料，过程烦琐且耗时。而在线协作工具则能够实现实时在线编辑、批注和修改，让教师们能够更快地达成共识，形成统一的教学方案。此外，一些在线协作工具还提供了版本控制功能，可以方便地追踪和比较文档不同版本之间的差异，确保协作过程的准确性和可追溯性。

然而，对于在线协作工具的应用效果，我们需要进行科学的评估。首先，可以通过问卷调查、访谈等方式收集教师们的反馈意见，了解他们对在线协作工具的接受程度、使用频率以及遇到的问题等。其次，可以通过对比实验组和对照组的教学效果，来评估在线协作工具对教学质量和效率的影响。最后，还可以结合具体的教学案例，分析在线协作工具在实际教学中的应用效果。

在评估过程中，我们需要注意以下几点：一是要确保评估方法的科学性和客观性，避免主观臆断和偏见；二是要注重数据的收集和分析，确保评估结果的准确性和可靠性；三是要结合实际情况，综合考虑不同学科、不同年级的特点和需求，制订合适的评估方案。

综上所述，在线协作工具的应用为教师间的协作与知识共享提供了有力支持，但也需要我们进行科学的效果评估，以更好地发挥其作用，推动教育教学的现代化进程。

（二）教师专业社交网络的构建与管理

教师专业社交网络的构建与管理，是提升教师群体整体素质、促进教育资源共享、推动教育创新发展的重要途径之一。一个健全且高效的教师专业社交网络，不仅能够为教师们提供一个交流思想、分享经验的平台，还能够促进教师之间的合作，让教师们共同应对教育领域的挑战。

首先，构建教师专业社交网络需要明确其定位与目标。这样的网络应该是一个集知识共享、经验交流、合作研究于一体的平台，旨在帮助教师们提升教学技能、拓宽教育视野、创新教育理念。同时，还需要根据教师的实际需求，设定合理的功能模块，如在线交流、资源共享、课程开发等，以满足不同教师的需求。

其次，管理教师专业社交网络需要注重规范与引导。一方面，需要制定明确的网络使用规则，规范教师的行为，确保网络环境的健康与和谐。另一方面，还需要积极引导和鼓励教师参与网络活动，提高他们的积极性和参与度。例如，可以定期组织线上或线下的交流活动，邀请教育领域的专家进行分享，激发教师的学习热情和创新动力。

再次，教师专业社交网络的构建与管理还需要关注网络安全与隐私保护。随着网络的普及，信息安全问题日益凸显。因此，在构建和管理教师专业社交网络时，需要采取有效的技术手段和管理措施，确保教师的个人信息和教学资料的安全。同时，还需要加强对网络行为的监管，防止不良信息的传播和扩散。

最后，教师专业社交网络的构建与管理是一个长期且持续的过程。随着教育环境的不断变化和教师需求的不断升级，网络的功能和服务也需要不断地优化和完善。因此，需要建立长效的管理机制，定期对网络进行评估和调整，确保其始终能够适应教师的需求并发挥最大的作用。

综上所述，教师专业社交网络的构建与管理是一项复杂且重要的任务。通过明确定位与目标、注重规范与引导、关注网络安全与隐私保护以及建立长效管理机制等措施，我们可以构建一个高效、健康、充满活力的教师专业社交网络，为教师的专业成长和教育事业的发展提供有力支持。

（三）知识共享平台对教师教学创新的促进作用

知识共享平台，作为信息化教育的重要组成部分，对教师教学创新起到了促进作用。这一平台不仅为教师们提供了一个交流思想、分享经验的场所，更通过资源的汇聚与整合，为教学创新提供了强大的动力。

首先，知识共享平台促进了教师之间的深度交流与合作。在传统的教育环境中，教师之间的交流往往受限于时空条件，难以形成有效的合作与互动。而知识共享平台打破了这一限制，使得教师们能够随时随地进行在线交流，分享各自的教学经验和心得。这种深度的交流与合作有助于激发教师们的创新思维，推动教学方法的改进和教学质量的提升。

其次，知识共享平台为教师提供了丰富的教学资源。这些资源涵盖了各个学科领域的前沿知识、优秀的教学案例、实用的教学工具等，为教师们提供了广阔的学习空间和借鉴对象。教师们可以根据自己的需求，在平台上寻找合适的资源，将其融入自己的教学中，从而提高教学效果和学生的学习兴趣。

再次，知识共享平台还为教师提供了展示自我、实现价值的舞台。通过分享自己的教学经验和成果，教师们可以获得同行的认可和尊重，增强自己的职业成就感。同时，平台上的互动和反馈机制也有助于教师们发现自己的不足之处，进一步完善自己的教学理念和技能。

最后，知识共享平台促进了教学创新的实践与应用。在平台上，教师们可以共同探讨教学创新的方向和路径，分享各自的创新实践和成果。这种实践与应用的过程不仅有助于验证创新理论的有效性，更能推动创新成果在实际教学中的广泛应用，从而推动整个教育领域的进步和发展。

要充分发挥知识共享平台对教师教学创新的促进作用，需要注意以下几点：一是平台的内容质量和真实性，确保分享的信息具有可信度和实用性；二是平台的互动性和社交性，鼓励教师们积极参与、互相交流；三是平台的管理和维护，及时更新内容、维护秩序，保持平台的活跃度和有效性。

总的来说，知识共享平台对教师教学创新起到了积极的促进作用。通过深度交流与合作、丰富的教学资源、展示自我价值的舞台以及教学创新的实践与应用，知识共享平台为教师们提供了一个充满活力和创新的教育环境，推动了教学质量的提升和教育事业的繁荣发展。

第二节　在线教育和远程培训对教师队伍建设的影响

在线教育和远程培训对教师队伍建设产生了深远影响。首先，它们为教师提供了便捷的学习途径，帮助教师不受时间和地域限制，随时随地进行专业知识和教学技能的学习。其次，通过在线平台，教师可以接触到全球各地的优质教育资源和先进教学理念，拓展了他们的视野和教育理念。再次，在线教育也促进了教师之间的交流与合作，分享经验、探讨问题，共同提升教学水平。然后，在线教育还有助于提升教师的技术能力，使其更好地应对信息化教学的挑战。最后，通过在线教育和远程培训，教师可以持续学习、不断进步，促进了整个教师队伍的专业发展和职业提升。

一、灵活学习方式与教师培训机会

在线教育和远程培训以其独特的灵活学习方式，极大地拓宽了教师参与培训的途径和范围，使得更多的教师能够不受地域和时间的限制，随时随地进行自我提升和学习。这种灵活的学习方式不仅让教师可以根据自己的工作节奏和实际需求来安排学习时间，还能根据个人的兴趣和专业发展方向选择适合自己的培训内容。通过在线教育和远程培训，教师可以接触到更多的教育资源和学习材料，了解最新的教育理念和教学方法，提升自己的专业素养和教学能力。同时，这种培训方式也为教师提供了与同行交流和互动的机会，促进了教师之间的合作与共享。因此，在线教育和远程培训不仅丰富了教师培训的内容和形式，还为教师提供了更多的学习机会，推动了教师队伍的持续优化和发展。

（一）远程培训模式的设计与实施

远程培训模式的设计与实施是确保教师能够有效参与在线教育和远程培训的关键。首先，在设计远程培训模式时，需要考虑教师的需求和背景，确定培训内容、形式和时间安排。培训内容应该紧密贴合教师的实际工作需求，包括教学方法、课程设计、教育技术等方面的内容。培训形式可以包括在线课程、网络研讨会、虚拟实验室等，以满足不同教师的学习风格和需求。时间安排也应该考虑到教师的工作时间和个人时间安排，尽量避免与日常工作时间产生冲突。

其次，在实施远程培训模式时，需要充分利用现代技术手段，如视频会议、在线学习平台等，方便教师参与培训活动。培训内容应该具有实用性和针对性，能够激发教师的学习兴趣和动力。同时，在培训过程中应该注重互动和交流，鼓励教师分享经验、提出问题，促进彼此之间的学习和成长。定期评估和反馈也是远程培训模式实施的重要环节，通过评估教师的学习效果和培训满意度，及时调整和改进培训内容和方式，确保培训的有效性和持续性。

综上所述，设计和实施合理的远程培训模式对于提升教师的专业水平和教学能力至关重要，需要充分考虑教师的需求和背景，利用现代技术手段，注重互动和反馈，以实现教师培训的有效性和可持续性。

（二）在线学习资源的个性化推荐系统

在线学习资源的个性化推荐系统是利用技术手段根据学习者的兴趣、学习历史和需求，为其推荐最适合的学习资源和内容，从而提升学习效果和学习体验。个性化推荐系统的设计与实施对于在线学习平台和教育机构来说具有重要意义。

首先，个性化推荐系统可以帮助学习者更快速地找到符合其学习需求和兴趣的学习资源。通过分析学习者的学习历史、行为数据和兴趣偏好，系统可以为每位学习者量身定制推荐内容，提高学习的效率和效果。这种个性化推荐系统可以大大减少学习者在海量学习资源中寻找适合自己的内容的时间，让学习更加高效和便捷。

其次，个性化推荐系统还可以提升学习者的学习兴趣和积极性。通过根据学习者的兴趣和学习历史推荐相关性高的学习资源，系统可以让学习者更容易找到自己感兴趣的内容，增加学习的乐趣和动力。这种个性化推荐系统有助于提高学习者的学习积极性和主动性，促进其持续学习和进步。

最后，个性化推荐系统还可以为教育机构提供数据支持和反馈。通过分析学习者的学习行为和反馈，系统可以帮助教育机构更好地了解学习者的需求和偏好，优化课程设置和教学内容，提升教学质量和效果。个性化推荐系统可以为教育机构提供宝贵的数据参考，帮助其更好地满足学习者的需求和提升教学水平。

综上所述，个性化推荐系统在在线学习资源推荐方面具有重要作用，可以提高学习效率和效果，提升学习兴趣和积极性，为教育机构提供数据支持和反馈，有助于推动在线学习的发展和提升教育质量。

（三）远程培训对教师专业发展的长期影响研究

远程培训作为教师队伍建设的重要途径之一，其对教师专业发展的长期影响研究显得尤为重要。远程培训不仅为教师们提供了一个全新的学习平台，更在多个层面深刻影响着教师的专业成长。

首先，远程培训打破了传统教育的时空限制，使教师能够随时随地进行学习，极大地拓展了他们的学习时间和空间。这种灵活性不仅让教师们能够在繁忙的工作中抽出时间进行充电，更使他们能够根据自身的教学需求和兴趣选择适合的学习内容，实现个性化学习。

其次，远程培训中的丰富资源和前沿知识为教师的专业发展注入了新的活力。通过在线学习，教师们能够接触到最新的教育理念、教学方法和技术应用，不断提升自己的专业素养和综合能力。这些新的知识和技能不仅有助于提升教师的教学效果，更能够激发他们的创新精神和探索欲望。

再次，远程培训还为教师们提供了一个与同行交流互动的平台。在这个平台上，教师们可以分享自己的教学经验和心得，交流教学心得和教学方法，共同探讨教育教学中遇到的问题和挑战。这种互动不仅有助于教师们相互学习、相互启发，更能够形成一种良好的学术氛围和合作文化，推动教师队伍的整体进步。

最后，远程培训对教师的专业发展还具有长期影响。通过持续的学习和实践，教师们能够不断提升自己的教育教学水平，形成自己的教学风格和特色。同时，他们也能够更加自信地面对教育教学中的挑战和变革，适应时代的发展和社会的需求。

综上所述，远程培训对教师专业发展的长期影响是多方面的、深远的。它不仅能够提升教师的专业素养和综合能力，更能够推动教师队伍的整体进步和发展。因此，我们应该高度重视远程培训在教师专业发展中的作用，充分利用其优势，为教师的专业成长提供有力支持。

二、跨地域合作与教学资源共享

跨地域合作与教学资源共享是指不同地域的教育机构或教师之间通过合作与分享，共同提升教学质量和效果。在当今全球化的背景下，跨地域合作与教学资源共享变得越来越重要。这种合作模式可以促进教育资源的优化配置，提高教学效率，拓展教育边界，促进教育的创新与发展。

首先，跨地域合作可以促进教育资源的共享与整合。不同地域的教育机构或教师可以通过合作共享各自的教学资源、教学经验和教学方法。这种资源共享可以避免资源的重复建设，提高资源的利用效率，为学生提供更丰富多样的学习资源，促进教育质量的提升。

其次，跨地域合作可以促进教师间的专业交流与合作。通过跨地域合作，教师可以与其他地区的同行进行交流，分享教学心得和经验，学习借鉴其他地区的教学模式和方法。这种专业交流与合作有助于教师不断提升自己的教学水平，拓宽教学视野，促进教学创新与改进。

最后，跨地域合作还可以促进学生间的跨文化交流与合作。通过跨地域合作项目，学生可以与其他地区的学生进行交流与合作，了解不同文化背景下的教育方式和学习风格，拓展自己的国际视野和跨文化交流能力。这种跨文化交流有助于培养学生的国际意识和跨文化沟通能力，为其未来的发展和就业打下良好基础。

总之，跨地域合作与教学资源共享具有重要的意义和作用，可以促进教育资源的共享与整合，促进教师间的专业交流与合作，促进学生间的跨文化交流与合作。这种合作模式有助于提高教育质量，促进教育创新与发展，推动教育事业的全面发展。

（一）跨校合作项目的实施与效果评估

跨校合作项目的实施与效果评估是指不同学校之间开展合作项目，并对项目实施过程和效果进行评估与反思。这种跨校合作项目可以是教师间的合作研究、学生间的联合学习活动、教学资源的共享等形式，旨在促进教育质量的提升，拓展教育边界，促进教育创新与发展。

首先，在跨校合作项目的实施过程中，需要明确项目的目标和内容，制订详细的实施计划，明确各方责任和任务分工。教师应积极参与项目，充分沟通保持合作，确保项目的顺利实施。学校管理者要提供相应的支持和资源保障，促进项目的开展。

其次，在跨校合作项目的效果评估中，可以从多个维度进行评估。可以对项目的实施过程进行评估，包括项目的执行情况、合作效果、问题与挑战等方面；也可以对项目的效果进行评估，包括对学生学习效果的评估、教师教学水平的提升评估、学校教育质量的改善评估等。

再次，在跨校合作项目的实施与效果评估中，还需要注重收集和分析数据，进行定性和定量分析，以客观评价项目的实施效果。同时，要注重反馈与改进，根据评估结果及时调整项目的实施策略，改进合作方式，提升项目的效果和可持续性。

最后，跨校合作项目的实施与效果评估有助于促进学校间资源共享与合作，提高教育质量，促进教师专业成长，培养学生的跨文化交流能力，推动教育创新与发展。通过不断实施和评估跨校合作项目，可以为教育改革和发展提供宝贵经验，推动教育事业的全面发展。

（二）在线教学资源共享平台的建设与管理

在线教学资源共享平台的建设与管理是指建立一个在线平台，供教师和学生分享、获取和交流教学资源，促进教学创新与教育发展。这种平台可以包括各种教学资源，如教案、课件、视频、试题等，为教师提供丰富的教学工具和资源，为学生提供多样化的学习资料和支持。

首先，在建设在线教学资源共享平台时，需要考虑平台的功能和设计。平台应该具有用户友好的界面，方便教师和学生上传、搜索和下载资源；同时，平台应该支持多种格式的资源上传和分享，保证资源的多样性和实用性；此外，平台还应该有分类和标签功能，便于用户查找和筛选所需资源。

其次，在管理在线教学资源共享平台时，需要建立健全的管理机制。平台管理员需要对上传的资源进行审核和管理，确保资源的质量和合法性；同时，管理员还需要定期维护平台，更新系统、修复漏洞，保证平台的正常运行；此外，管理员还需要引导教师和学生正确使用平台，促进资源共享和交流。

再次，在在线教学资源共享平台的建设与管理中，还需要注重知识产权保护和隐私保护。平台应该建立明确的知识产权政策，保护教师和学生的合法权益；同时，平台也应该加强数据安全管理，保护用户的个人信息和隐私。

最后，建设和管理在线教学资源共享平台有助于促进教师间的资源共享与交流，提高教学效率和质量；同时，也有助于丰富学生的学习资源和提升他们的学习体验。通过建设和管理在线教学资源共享平台，可以促进教育信息化的发展，推动教育教学的创新与改进，为教育事业的发展提供有力支持。

（三）跨地域合作对教师教学水平的提升研究

跨地域合作对教师教学水平的提升研究，是近年来教育领域的一个热门方向。随着信息技术的快速发展，跨地域合作已经成为推动教师教学水平提升的重要途径之一。通过深入研究跨地域合作对教师教学水平的具体影响，我们可以更好地理解其背后的机制，并为未来的教育合作提供有益的参考。

首先，跨地域合作有助于教师拓宽教学视野，获取更广泛的教学资源。不同地区的教师拥有不同的教学经验和教学方法，通过合作与交流，教师可以相互学习、取长补短。这不仅能够丰富教学内容，还能够激发教师的教学创新热情，提高教学效果。

其次，跨地域合作还能够促进教师之间的专业成长和共同进步。在合作过程中，教师们会共同面对和解决教学中的问题，分享教学心得和经验。这种互动与合作不仅能够提升教师的专业素养，还能够增强教师的团队意识和协作能力，为未来的教学工作打下坚实的基础。

最后，跨地域合作还能够推动教育资源的均衡分配，缩小地区间的教育差距。通过合作，优质的教育资源可以得到更广泛的传播和应用，使得更多的学生受益。同时，合作也能够促进不同地区教育之间的交流与融合，推动教育事业的整体发展。

然而，跨地域合作也面临着一些挑战和困难。例如，不同地区的文化背景、教育政策等存在差异，可能会对合作产生一定的影响。合作过程中的沟通、协调等问题也需要得到妥善解决。因此，在推动跨地域合作的过程中，我们需要充分考虑各种因素，制订科学的合作策略和实施方案，以确保合作的有效性和可持续性。

综上所述，跨地域合作对教师教学水平的提升具有重要意义。通过深入研究其影响机制和优化合作方式，我们可以进一步发挥跨地域合作的潜力，推动教师队伍的整体进步和发展。

三、教学质量评估与效果跟踪

在教育领域里，教学质量评估与效果跟踪是非常重要的环节。通过对教学质量进行评估，可以及时发现问题，改进教学方法，提高教学效果。同时，通过跟踪效果，可以了解教学改革的实际效果，为进一步的改进提供依据和参考。

在进行教学质量评估时，可以采用多种方法和工具，如课堂观察、学生作业评估、对学生进行问卷调查等。这些评估方法可以从不同角度全面地了解教学质量的情况，帮助教师发现问题，及时调整教学策略，提高教学效果。

而效果跟踪则是教学质量评估的延伸，通过对教学效果的跟踪，可以了解教学改革的实际效果和影响，帮助教育管理者进行决策，为未来的教学改革提供依据。在进行效果跟踪时，可以比较不同时间段的数据，观察变化趋势，评估改革的长期效果，为教学改进提供指导。

总的来说，教学质量评估与效果跟踪是教育改革和提高教学水平的重要手段。通过科学的评估和跟踪，可以不断改进教学方法，提高教学质量，推动教育事业的发展。

（一）在线教学评估工具的开发与应用

在线教学评估工具的开发与应用，是现代教育领域的一项重要创新。随着信息技术的迅猛发展，传统的面对面教学评估方式已经难以满足现代教育的需求，因此，开发和应用在线教学评估工具变得尤为重要。

在线教学评估工具的开发，首先需要对教学评估的需求进行深入分析。这包括了解教师的教学风格、学生的学习特点以及明确教学目标等多个方面。基于这些需求，我们可以设计出具有针对性的评估指标和问卷，确保评估结果能够真实反映教学质量。

在开发过程中，我们需要充分利用现代信息技术的优势，如大数据分析、人工智能等，以提升评估工具的准确性和效率。例如，通过大数据分析，我们可以对大量的评估数据进行深入挖掘，发现教学中的潜在问题和改进方向；而人工智能技术则可以辅助我们对评估结果进行自动化分析和处理，减轻教师的工作负担。

在线教学评估工具的应用范围广泛，可以涵盖课前、课中、课后等多个教学环节。课前评估可以帮助教师了解学生的学习基础和学习需求，以便制订合适的教学计划；课中评估则可以实时反馈学生的学习情况，帮助教师及时调整教学策略；课后评估则可以对整个教学过程进行全面评价，总结经验和不足，为未来的教学提供改进方向。

此外，在线教学评估工具还可以促进教师之间的交流和合作。通过共享评估数据和经验，教师可以相互学习、共同进步，形成良性的教学氛围。

综上所述，在线教学评估工具的开发与应用对于提升教学质量、推动教育现代化具有重要意义。我们应该继续进行研究和探索，不断完善和优化评估工具的功能和性能，为教育事业的发展贡献更多力量。

（二）教学效果跟踪指标体系的建立与优化

教学效果跟踪指标体系的建立与优化，是确保教学质量持续提升的关键环节。一个完善的教学效果跟踪指标体系不仅能够客观反映教学实际情况，还能够为教学改进提供有针对性的指导。

在建立教学效果跟踪指标体系时，我们需要综合考虑多个方面，包括学生的学习成果、教师的教学表现、课程内容的设置以及教学方法的运用等。每个方面都需要设定具体的指标，以确保评估的全面性和准确性。例如，学生的学习成果可以通过考试成绩、作业完成情况、课堂参与度等指标来衡量；教师的教学表现则可以通过教学方法的创新性、课堂氛围的营造、与学生的互动等指标来评估。

然而，仅仅建立指标体系是不够的，我们还需要不断地对其进行优化。在优化教学效果跟踪指标体系的过程中，我们需要关注指标的实用性、可操作性和敏感性。实用性意味着指标能够真实反映教学效果，而不是空洞无物的形式；可操作性则要求指标易于测量和记录，方便教师和管理人员进行数据收集和分析；敏感性则是指指标能够敏锐地捕捉到教学效果的变化，以便及时进行调整和改进。

为了优化指标体系，我们可以采取多种方法。首先，通过定期的调研和反馈，了解教师、学生和管理人员对指标体系的意见和建议，从而对其进行调整和完善。其次，借鉴其他成功的教学效果跟踪指标体系，结合本校或本地区的实际情况进行本土化改造。最后，我们还可以利用数据分析技术，对指标数据进行深入挖掘和分析，发现其中的规律和趋势，为优化指标体系提供科学依据。

通过建立与优化教学效果跟踪指标体系，我们可以更好地了解教学效果的实际情况，为教学改进提供有力支持。同时，这也有助于提升教学质量、促进教育公平、推动教育事业的持续健康发展。因此，我们应该高度重视教学效果跟踪指标体系的建立与优化工作，不断完善和提升其科学性和有效性。

（三）教学质量评估数据在教学改进中的作用分析

教学质量评估数据在教学改进中扮演着至关重要的角色。通过对教学质量评估数据进行分析，教育机构和教师可以更好地了解教学的效果和问题所在，有针对性地进行改进和优化。

数据驱动决策。教学质量评估数据可以为教学改进提供客观的依据和支持。通过对数据进行分析和比较，可以发现教学中存在的问题和不足，有针对性地制订改进计划和措施。数据驱动决策可以帮助教育机构更加科学地进行教学管理和提升教学质量。

及时反馈。教学质量评估数据可以提供及时的反馈信息，帮助教师了解学生的学习情况和教学效果。通过分析评估数据，教师可以发现学生的学习困难和需求，及时调整教学策略和方法，提供个性化的指导和支持，促进学生的学习进步。

持续改进。教学质量评估数据的作用不仅在于发现问题，更重要的是推动持续改进。通过对数据进行分析，教育机构和教师可以不断优化教学设计、改进教学方法，提高教学效果和学生满意度。持续改进是教育质量提升的关键，而教学质量评估数据为此提供了重要的支持。

促进教学研究。教学质量评估数据还可以促进教学研究和教育改革。通过对数据进行深入分析，可以发现教学的规律和特点，为教学理论和实践提供新的启示和思路。教学质量评估数据的作用不仅局限于教学改进，还可以推动教育领域的发展和创新。

需要注意的是，教学质量评估数据并非万能的。在使用这些数据时，教师应保持客观和理性的态度，避免过度依赖数据或盲目追求某些指标的提升。同时，教师还应结合自身的实际情况和学生的特点，灵活运用评估数据进行教学改进。

综上所述，教学质量评估数据在教学改进中具有重要的作用，可以帮助教育机构和教师更好地了解教学情况、发现问题、制订改进计划，并推动教学质量的持续提升。通过充分利用评估数据，教育工作者可以实现教学目标，促进学生的全面发展。

第三节　人工智能和大数据在教师队伍建设中的应用

人工智能和大数据在教师队伍建设中的应用正在逐步深化，为教师队伍的优化与发展注入了新的活力。

首先，人工智能为教师提供了智能化的教学辅助工具。通过智能分析学生的学习数据和习惯，人工智能可以精准推荐教学资源和学习路径，帮助教师实现个性化教学。同时，智能化的教学管理系统还能够自动完成学生作业批改、课堂考勤等烦琐任务，为教师节省出更多时间用于教学研究和创新。

其次，大数据在教师队伍建设中发挥着重要作用。通过对大量教学数据进行收集、整理和分析，我们可以深入了解教师的教学风格、教学效果以及学生的学习需求，从而为教师培训和职业发展提供有力支持。大数据还可以帮助学校和教育部门制定更科学、更合理的教育政策，推动教师队伍的整体提升。

最后，人工智能和大数据的结合还可以实现教师队伍的智能化管理。通过构建教师绩效评估模型，我们可以对教师的教学质量、科研成果等进行全面、客观的评估，为教师的晋升、奖励等提供科学依据。同时，智能化的管理系统还可以实现教师资源的优化配置，提高教师队伍的整体效能。

一、定制个性化教学与学习路径

在教师队伍建设的进程中，人工智能和大数据技术的融合为定制个性化教学与学习路径提供了前所未有的可能性。这一应用不仅极大地提升了教学的精准度和有效性，还促进了学生的全面发展。

首先，个性化教学是现代教育的重要趋势之一。传统的"一刀切"教学模式往往难以满足不同学生的个性化需求，而人工智能和大数据技术的引入则打破了这一局限。通过对学生的学习数据、兴趣爱好、学习习惯等进行深度挖掘和分析，教师可以更加精准地把握每个学生的特点和需求，从而为他们量身定制个性化的教学方案。具体来说，人工智能可以根据学生的学习进度和反馈，智能推荐相关的学习资源和练习题，帮助学生巩固知识点、提升能力。同时，教师也可以根据学生的学习数据，调整教学策略和方法，更好地满足学生的个性化需求。这种以学生为中心的教学模式，不仅提高了学生的学习兴趣和积极性，还促进了他们的全面发展。

其次，定制学习路径是个性化教学的延伸和拓展。传统的教学路径往往是由教师根据教材和教学大纲统一规划的，而学生的学习进度和能力水平却存在差异。因此，如何为每个学生定制合适的学习路径，成了一个亟待解决的问题。人工智能和大数据技术的应用为学习路径定制提供了解决方案。通过对学生的学习数据进行实时跟踪和分析，人工智能可以预测学生的学习趋势和潜在问题，并为他们提供有针对性的学习建议和指导。同时，教师还可以根据学生的实际情况，为他们制订个性化的学习计划和学习目标，帮助他们更好地规划自己的学习路径。

总之，定制个性化教学与学习路径是人工智能和大数据在教师队伍建设中的重要应用之一。它们不仅可以提高教学的精准度和有效性，还可以促进学生的全面发展和个性化成长。未来，随着技术的不断进步和应用场景的不断拓展，个性化教学与学习路径定制将在教育领域中发挥更加重要的作用。

（一）个性化学习系统的设计与实施

在教师队伍建设中，个性化学习系统的设计与实施是利用人工智能和大数据技术实现个性化教学的关键环节。

首先是系统架构设计。个性化学习系统的设计需要考虑系统架构，包括数据采集、处理、分析和应用等环节。设计一个高效的系统架构可以确保系统能够准确地识别学生的学习需求，提供有效的支持和指导。

其次是数据采集与处理。个性化学习系统需要大量的学生数据作为基础，包括学习历史、行为数据、学习成绩等。设计合适的数据采集和处理方法可以确保系统获取到准确、完整的学生数据，为个性化教学提供可靠的数据支持。

再次是算法选择与优化。在个性化学习系统中，选择合适的算法对于实现个性化教学至关重要。需要根据学生数据的特点和系统需求选择适合的算法，同时不断优化算法以提高系统的准确性和效率。

然后是用户界面设计。个性化学习系统的用户界面设计也是关键因素之一。设计直观、友好的用户界面可以提高教师和学生的使用体验，帮助他们更好地理解系统推荐的学习内容，提高系统的接受度和使用率。

最后是实施与评估。在设计完成后，个性化学习系统需要实施和评估。在实施过程中，需要确保系统的稳定性和性能，同时密切关注用户反馈，及时调整系统功能和算法以提高系统的适用性和效果。

通过精心设计和有效实施个性化学习系统，教师可以更好地实现定制个性化教学和学习路径，提高教学效果和学生学习体验。个性化学习系统的设计与实施不仅可以帮助教师更好地了解和支持学生，还可以促进教学方法的创新和教育质量的提升。

（二）学习路径推荐算法的优化与应用

学习路径推荐算法是个性化学习系统中的重要组成部分，其优化与应用对于提升学生的学习效果和体验至关重要。随着人工智能和大数据技术的不断发展，学习路径推荐算法也在不断地优化和完善。

首先，优化学习路径推荐算法的核心在于提升推荐的精准度和个性化程度。传统的推荐算法往往基于简单的用户行为或学习成绩进行推荐，而忽略了学生的学习风格、兴趣爱好等多维度因素。因此，我们需要通过引入更多的数据维度和算法模型，来更全面地分析学生的学习需求和能力水平。例如，我们可以利用深度学习技术，对学生的学习数据进行深度挖掘和分析，从而发现其隐藏的学习模式和潜在需求。

其次，学习路径推荐算法的应用也需要结合具体的教学场景和需求。不同的学科、年级和课程目标，都需要有不同的推荐策略和方法。因此，我们需要根据实际情况，对学习路径推荐算法进行定制化和适应性调整。例如，在数学学科中，我们可以根据学生的学习进度和掌握情况，为他们推荐适合的练习题目和知识点；在语文学科中，我们则可以结合学生的阅读习惯和兴趣爱好，为他们推荐适合的文学作品和阅读材料。

最后，学习路径推荐算法的优化与应用还需要考虑学生的反馈和互动。学生的学习是一个动态的过程，他们的需求和兴趣也会随着时间的推移而发生变化。因此，我们需要通过收集学生的反馈和互动数据，对学习路径推荐算法进行实时调整和优化。例如，当学生对某个推荐内容不感兴趣或存在困难时，我们可以及时调整推荐策略，为他们提供更符合需求的学习资源。

综上所述，学习路径推荐算法的优化与应用是一个持续不断的过程。我们需要不断地引入新的技术和方法，结合具体的教学场景和需求，为学生提供更加精准、个性化的学习路径推荐。通过这样的优化与应用，我们可以更好地满足学生的学习需求，提升他们的学习效果和学习体验，推动教育事业的持续发展。

（三）个性化教学对学生成绩提升的影响研究

随着教育技术的不断进步，个性化教学正逐渐成为教育领域的重要趋势。越来越多的实践证明，个性化教学能够显著提升学生的学习成绩，促进其全面发展。

首先，个性化教学能够更好地满足学生的个性化需求。每个学生都具有独特的学习风格、兴趣爱好和能力水平。传统的"一刀切"教学模式往往难以满足不同学生的需求，容易导致学生的学习动力下降和成绩不佳。而个性化教学则能够根据每个学生的实际情况，为他们量身定制合适的教学方案和学习资源，从而更好地激发他们的学习兴趣和积极性。

其次，个性化教学能够帮助学生更快地掌握知识。通过智能化算法和数据分析，个性化教学系统能够精准地识别学生的学习难点和薄弱环节，并为他们提供有针对性的指导和练习。这样，学生可以更加高效地利用学习时间，避免在无关紧要的内容上浪费精力。同时，个性化教学还能够根据学生的学习进度和能力水平，逐步调整教学难度和深度，确保学生始终保持在最佳的学习状态。

再次，个性化教学还能够提升学生的自主学习能力。在个性化教学模式下，学生不再是被动地接受知识，而是能够主动地选择学习内容和方式，积极参与学习。这不仅能够培养学生的自主学习意识和能力，还能够提高他们的学习成效和自信心。

最后，多项实证研究也表明，个性化教学对学生的成绩提升具有显著影响。例如，一些学校通过引入个性化学习系统，发现学生的整体成绩有了明显提升；另一些研究则通过对比实验组和对照组的数据，发现接受个性化教学的学生在成绩上明显优于传统教学的学生。

综上所述，个性化教学对学生成绩提升具有积极的影响。通过满足学生的个性化需求、提高学习效率、培养自主学习能力等方式，个性化教学能够帮助学生取得更好的学习成绩，为他们的未来发展奠定坚实的基础。因此，我们应该积极推广和应用个性化教学模式，为教育事业的发展注入新的活力。

二、教师绩效评估与职业发展规划

教师绩效评估与职业发展规划是教育领域中至关重要的议题。通过对教师绩效进行科学、客观的评估，学校可以更好地了解教师的教学水平、教学效果和专业发展需求，从而为教师提供有针对性的培训和支持，帮助他们不断提升教育教学水平。同时，教师绩效评估也可以激励教师不断提高自身教育教学水平，促进教育教学质量的持续提升。

在教师绩效评估的基础上，制订科学合理的职业发展规划对教师个人的成长和学校整体发展都具有重要意义。通过明确教师的职业发展目标、规划发展路径和提供发展机会，可以激励教师保持教育热情，持续提升专业素养，实现个人职业目标。同时，有针对性的职业发展规划也有助于学校更好地配置教师资源，提高教师队伍整体素质，推动学校的可持续发展。

因此，教师绩效评估与职业发展规划是教育管理中不可或缺的环节，对于提升教师队伍整体素质、促进学校教育教学质量的提升具有重要意义。在实践中，学校可以结合具体情况，建立科学的评估体系和个性化的发展规划，为教师的成长和学校的发展提供有力支持。

（一）基于大数据的教师绩效评估模型构建

在信息化、数字化的时代背景下，大数据已经成为各行各业决策的重要依据。教育领域同样不例外，特别是在教师绩效评估方面，大数据的引入为评估模型的构建提供了更为科学、客观和全面的支持。

基于大数据的教师绩效评估模型构建，首先意味着要全面收集与教师工作相关的各类数据。这些数据包括但不限于：教师的教学成果、学生反馈、同行评价、课堂互动记录、教学资源使用情况等。这些数据可以通过学校的教学管理系统、学生评价系统、课堂观察记录等多种途径进行收集和整理。

在收集到足够的数据后，下一步是对数据进行深度分析和挖掘。通过运用大数据分析技术，可以揭示出数据背后的规律和趋势，从而更准确地评价教师的工作表现。例如，可以通过分析学生的成绩变化趋势，来评估学生的学习成果；通过分析课堂互动记录，来了解教师的教学风格和学生参与度；通过比较不同教师的教学资源使用情况，来评价教师的教学效率等。

基于大数据的绩效评估模型还强调多维度、综合性的评价。传统的教师绩效评估往往过于注重学生的成绩，而忽视了其他方面的因素。而基于大数据的评估模型，则可以综合考虑多个维度，如教师的教学态度、教学方法、课堂管理能力、创新能力等，从而得出更加全面、客观的评价结果。

此外，基于大数据的绩效评估模型还具有动态性和实时性的特点。随着教学活动的开展和数据的不断积累，评估模型可以实时更新和调整，以反映教师工作表现的最新情况。这使得评估结果更加及时、准确，有助于学校及时发现问题、采取措施，促进教师的专业成长和发展。

当然，基于大数据的教师绩效评估模型构建也面临一些挑战和困难。如数据的收集和处理需要耗费大量的人力和物力；数据的准确性和可靠性需要得到保障；如何确保评估结果的公正性和客观性也是一个需要关注的问题。因此，在构建基于大数据的教师绩效评估模型时，需要充分考虑这些因素，并采取有效的措施加以解决。

总之，基于大数据的教师绩效评估模型构建是教育领域数字化转型的重要方向之一。通过充分利用大数据技术和方法，可以构建出更加科学、客观、全面的教师绩效评估体系，为教师的专业成长和学校的发展提供有力支持。

（二）教师职业发展规划系统的建立与优化

教师职业发展规划系统是提升教师职业满意度、增强教学动力及促进教育事业持续发展的重要举措。这一系统的建立与优化，不仅关乎教师个体的成长，更直接关系到学校的整体教学水平和教育质量的提升。

在建立教师职业发展规划系统的过程中，首先要明确教师的职业发展需求与目标。每位教师都有自己独特的教学风格、专业特长和发展期望。因此，系统应设计个性化的职业规划路径，为教师提供明确的发展方向和成长目标。这包括确定不同阶段的职业发展里程碑、设置具体的职业提升标准和要求等。

其次，系统应提供丰富的发展资源与平台。这包括专业进修课程、学术交流机会、课题研究项目等，以满足教师不断学习和提升的需求。同时，学校应加强与外部机构的合作，为教师提供更多的实践机会和展示平台，帮助他们积累教学经验、拓宽职业视野。

再次，在优化教师职业发展规划系统的过程中，应注重教师的反馈与参与。通过定期进行问卷调查、举办座谈会等方式，收集教师对系统运行的意见和建议，及时发现问题并进行改进。此外，鼓励教师积极参与职业规划的制订与实施过程，增强他们的主人翁意识和责任感。

然后，系统的优化还应关注教师的激励机制。通过设立奖励制度、晋升机会等，激发教师的积极性和创造力，使他们更加投入教学工作中。此外，学校还应加强对教师的关爱与支持，为他们创造一个良好的工作环境和氛围，让他们能够全身心地投入教育事业中。

最后，教师职业发展规划系统的建立与优化应与学校的发展战略和目标相结合。学校应根据自身的发展需求，明确对教师的要求和期望，使教师的职业发展与学校的发展相互促进、相得益彰。同时，系统也应具有一定的前瞻性和灵活性，以适应教育事业的不断发展变化。

总之，教师职业发展规划系统的建立与优化是一项长期而艰巨的任务。学校应高度重视这一工作，为教师提供良好的发展环境和机会，共同推动教育事业的持续发展。

（三）教师绩效评估与职业发展的关联性研究

教师绩效评估与职业发展之间存在着密切的关联性，这一研究对于促进教师的专业成长和提升学校的教学质量具有重要意义。

首先，教师绩效评估是职业发展的基础。绩效评估是对教师工作表现的综合评价，其结果直接反映了教师的教学水平、工作态度和能力。这些评价结果为学校制订职业发展规划提供了依据，帮助学校了解教师的优势和不足，为教师的成长提供有针对性的指导和支持。

其次，教师绩效评估结果对其职业发展具有导向作用。绩效评估的结果可以作为教师晋升、奖励和培训的重要依据。优秀的绩效评估结果能够为教师提供更多的晋升机会和更广阔的发展平台，激发教师的积极性和进取心。同时，对于绩效评估结果不佳的教师，学校可以提供针对性的培训和指导，帮助他们改进教学方法和提升教学水平，从而实现个人和职业的发展。

最后，教师绩效评估与职业发展相互促进。一方面，通过绩效评估，教师可以更加清晰地了解自己的教学水平和职业发展方向，从而制订更加明确的发展目标和计划。另一方面，随着教师职业发展的不断推进，教师的教学能力和综合素质也会得到不断提升，这将进一步反映在绩效评估的结果中，形成良性循环。

然而，需要注意的是，教师绩效评估与职业发展之间的关联性并非简单的因果关系。绩效评估只是职业发展的一个方面，而职业发展是一个复杂的过程，受到多种因素的影响。因此，在研究教师绩效评估与职业发展的关联性时，需要综合考虑多种因素，如教师的个人素质、学校的管理制度、社会环境等。

综上所述，教师绩效评估与职业发展之间存在着密切的关联性。学校应充分利用绩效评估的结果，为教师的职业发展提供有力的支持和指导，促进教师的专业成长和教学质量的提升。同时，教师也应积极参与绩效评估，不断提升自己的教学水平和综合素质，实现个人和职业的共同发展。

三、教学数据分析与教学改进决策

在当今数字化时代，教学数据分析成为教育管理和教学改进中不可或缺的重要工具。教学数据分析是指通过收集、整理、分析和解释教学过程和结果相关的数据，以获取对教学实践和学生学习情况的深入理解。这种数据驱动的教学方法可以帮助教育工作者更好地了解教学效果、发现问题、制订改进策略，从而提高教学质量和学生学习成效。

教学数据分析与教学改进决策密切相关，二者相互促进、相互支持。首先，教学数据分析为教师和教育管理者提供了客观的数据支持，帮助他们更好地了解教学过程中的问题和挑战。通过分析学生的学习表现、课堂互动数据、考试成绩等信息，可以发现教学中存在的弱点和改进空间，为制订针对性的教学改进策略提供依据。

其次，教学数据分析可以帮助教育工作者及时调整教学策略，优化教学过程。通过分析学生的学习数据，可以了解不同学生的学习特点和需求，有针对性地调整教学内容和方式，提供个性化的学习支持。同时，教学数据分析还可以帮助教师及时发现学生的学习困难和问题，采取有效措施进行干预和支持，促进学生的学习进步。

最后，教学数据分析还可以为教育管理者提供决策支持，促进教育管理的科学化和精细化。通过分析教学数据，可以了解学校教学质量的整体情况，发现教学管理中的短板和瓶颈，为制定教育政策和发展规划提供科学依据。同时，教学数据分析还可以帮助学校领导和教育管理者监测教学改进效果，评估教学质量提升的成效，实现教育目标的持续达成。

综上所述，教学数据分析与教学改进决策密不可分，二者相互交织、相互促进。在教育管理和教学实践中，应该充分利用教学数据分析的力量，深入挖掘数据背后的意义，为教学改进和学校发展提供有力支持，推动教育事业的不断进步和提升。通过数据驱动的教学方法，可以实现教学质量的持续提升，促进学生的全面发展，推动教育事业朝着更加科学、有效和可持续的方向发展。

（一）教学数据挖掘技术在教学改进中的应用

随着信息技术的飞速发展，教学数据挖掘技术在教学改进中的应用越来越广泛。这种技术能够挖掘和深度分析教学过程中的大量数据，为教师提供有价值的洞察和决策支持，从而推动教学质量的提升。

首先，教学数据挖掘技术能够帮助教师全面、客观地了解学生的学习情况。通过收集学生的作业成绩、课堂互动、在线学习行为等多维度数据，数据挖掘技术可以对学生的学习状态进行精准分析。例如，它可以发现学生在学习哪些知识点上存在困难，哪些学习环节需要加强，从而为教师提供针对性的教学建议。

其次，教学数据挖掘技术有助于教师发现教学中的问题和瓶颈。通过对教学过程中的数据进行统计、分析和比较，教师可以发现教学方法、教学资源配置等方面存在的问题和不足。这些问题可能是影响学生学习效果的关键因素。通过数据挖掘技术的帮助，教师可以更加准确地定位问题，为改进教学提供有力支持。

再次，教学数据挖掘技术还可以为教师提供个性化的教学指导。每个学生的学习特点和需求都是不同的，传统的教学方法很难满足每个学生的个性化需求。而数据挖掘技术可以根据学生的学习数据和表现，为教师提供个性化的教学建议和策略。例如，针对某些学生的学习偏好和能力水平，教师可以调整教学内容和难度，采用更加适合学生的教学方法和手段。

最后，教学数据挖掘技术还具有预测性。通过对历史数据的分析和模型的构建，它可以预测学生的学习趋势和可能出现的问题。这使得教师能够提前采取措施，预防潜在问题的发生，从而进一步提高教学效果。

然而，教学数据挖掘技术的应用也面临一些挑战。首先，数据的收集和处理需要耗费大量的时间和精力。其次，数据的准确性和可靠性对于挖掘结果的有效性至关重要。因此，在应用教学数据挖掘技术时，教师需要确保数据的来源可靠、处理得当。此外，教师还需要具备一定的数据挖掘与分析的技能和知识，以便更好地利用这种技术进行教学改进。

总之，教学数据挖掘技术在教学改进中具有广泛的应用前景。通过充分利用这种技术，教师可以更深入地了解学生的学习情况、发现教学中的问题、提供个性化的教学指导，并预测学生的学习趋势。这将有助于提升教学质量和学生学习效果，推动教育事业的持续发展。

（二）数据驱动的教学决策支持系统设计与实施

在信息化教育背景下，数据驱动的教学决策支持系统正逐渐成为推动教学改进和优化的重要工具。该系统旨在通过收集、分析和利用教学过程中产生的各类数据，为教师提供精准、及时的教学决策支持，从而提升教学质量和学生学习效果。

首先，数据驱动的教学决策支持系统的设计需要充分考虑教学实际需求和数据特点。系统应能够全面收集教学过程中产生的各类数据，包括但不限于学生的学习成绩、学习行为、学习反馈等的相关数据。同时，系统还需要具备强大的数据处理和分析能力，能够对这些数据进行深入挖掘和解析，提取出有价值的信息和规律。

其次，系统应提供个性化的教学决策支持服务。每个教师的教学风格和学生的学习特点都是独特的，因此系统需要根据不同用户的需求，提供个性化的教学建议和策略。例如，系统可以根据学生的学习数据和表现，为教师推荐合适的教学方法和资源；同时，系统也可以根据教师的教学数据和反馈，为教师提供改进教学的建议和方向。

在实施数据驱动的教学决策支持系统时，需要注意以下几点。首先，要确保数据的准确性和可靠性。数据的质量直接影响到系统的决策效果，因此需要对数据进行严格的筛选、清洗和验证。其次，要注重系统的易用性和可操作性。系统应设计简洁明了的界面和操作流程，方便教师快速上手和使用。最后，系统还应提供完善的帮助文档和培训服务，帮助教师更好地理解和利用系统。

数据驱动的教学决策支持系统的实施需要与学校的教学管理相结合。学校应制定相应的教学管理政策和措施，鼓励和支持教师利用系统进行教学决策和改进。同时，学校还应加强对系统的监控和维护，确保系统的稳定运行和数据安全。

总之，数据驱动的教学决策支持系统的设计与实施是一项复杂而重要的工作。通过充分利用教学数据和技术手段，该系统能够为教师提供精准、及时的教学决策支持，推动教学质量的提升和学生学习效果的改善。随着技术的不断发展和完善，相信未来数据驱动的教学决策支持系统将在教育领域发挥更加重要的作用。

（三）教学数据分析对教学质量提升的作用评估

在信息化教育浪潮的推动下，教学数据分析逐渐成为提升教学质量的关键手段。通过对教学过程中的数据进行深入挖掘和分析，我们不仅能够了解学生的学习状况，还能揭示教师在教学过程中的不足，从而让教师有针对性地改进教学方法和策略。

首先，教学数据分析有助于精准定位学生的学习问题。通过收集和分析学生的学习数据，如作业成绩、课堂参与度、在线学习时长等，我们可以发现学生在学习过程中遇到的难点和薄弱环节。这些数据为我们提供了客观的、量化的反馈，使我们能够更准确地把握学生的学习需求，为个性化教学提供有力支持。

其次，教学数据分析有助于发现教学过程中的问题。通过对教学数据进行分析，我们可以发现教学方法是否得当、教学资源是否充足、课堂管理是否有效等问题。这些问题可能是影响教学质量的关键问题。通过数据分析，我们可以及时发现问题，并采取有效措施进行改进，从而提升教学效果。

最后，教学数据分析还能为教学决策提供科学依据。基于数据的分析结果，我们可以制订更加合理的教学计划和策略，优化教学资源的配置，提高教学效率。同时，数据还能帮助我们预测学生的学习趋势和发展方向，为未来的教学规划提供重要参考。

然而，要准确评估教学数据分析对教学质量提升的作用，我们还需要考虑一些关键因素。首先，数据的准确性和可靠性至关重要。只有真实、有效的数据才能为我们提供有价值的信息和洞察。因此，在收集和分析数据时，我们需要确保数据的来源可靠、处理方法得当。

其次，我们需要关注数据分析结果的应用情况。即使我们得到了准确的数据分析结果，但如果这些结果没有得到有效的应用和改进，那么数据分析的价值也会大打折扣。因此，我们需要加强教师对数据分析结果的理解和应用能力培训，确保他们能够充分利用这些数据来改进教学。

最后，我们还需要注意教学数据分析的局限性。虽然数据分析能够提供客观、量化的反馈，但它并不能完全替代教师的专业判断和教学经验。因此，在利用数据进行分析和决策时，我们还需要充分考虑教师的专业意见和实际情况。

综上所述，教学数据分析在提升教学质量方面发挥着重要作用。通过精准定位学生的学习问题、发现教师在教学过程中的不足以及为教学决策提供科学依据，可以知道数据分析为教学改进提供了有力支持。然而，在利用数据进行分析和决策时，我们还需要关注数据的准确性和可靠性、加强教师对数据分析结果的应用能力培训以及注意数据分析的局限性。只有这样，我们才能充分发挥教学数据分析在提升教学质量方面的潜力。

第六章　高校教师队伍的职业发展与激励

在第六章中，我们将深入探讨高校教师队伍的职业发展与激励。

随着知识经济时代的到来，高校教师作为知识创造和传播的重要力量，其职业发展与激励的重要性日益凸显。教师职业发展的成功与否不仅关系到教师个人的成长和幸福感，更关系到高等教育的质量和国家的未来发展。

首先，我们将分析高校教师职业发展的特点和需求。高校教师大部分有着较高的学术追求和个人发展目标。同时，他们也期望在教育教学、科研和社会服务等方面获得更多的成就和认可。

其次，我们将探讨高校教师职业发展的路径和策略。高校需要为教师提供多样化的职业发展通道和机会，包括提供专业培训、学术交流、研究项目等，鼓励教师积极参与教育教学改革和科学研究，激发他们的创造力和创新精神。此外，高校还可以通过建立导师制度、团队建设等方式，促进教师的合作与交流，提升教师的综合素质和能力。

最后，我们将深入探讨高校教师激励的机制和措施。激励是推动教师积极工作和追求卓越的重要手段之一。高校需要建立科学合理的激励机制，包括薪酬制度、奖励机制、晋升机制等，以激发教师的积极性和创造力。同时，高校还需关注教师的心理健康和生活需求，提供良好的工作环境和生活条件，增强教师的归属感和幸福感。

总之，第六章将全面阐述高校教师职业发展与激励的重要性和方法，旨在为高校教师队伍的建设提供理论和实践的指导。通过关注并满足教师的职业发展需求，以及实施有效的激励措施，我们可以建设一支高素质、高水平的高校教师队伍，推动我国高等教育的持续发展和进步。

第一节　高校教师职业发展的机会与路径

高校教师职业发展是高校教师队伍建设的重要内容，是提高教师素质和能力水平的关键。在高校教师职业发展中，存在着多种机会和路径，包括教学发展、科研发展、社会服务发展、学术交流与合作等方面。这些机会和路径为高校教师提供了广阔的发展空间和平台，有助于提高教师的综合素质和能力水平，促进学校的学科发展和人才培养。同时，高校教师职业发展也需要教师自身不断学习、实践和创新，不断提高自己的专业素养和综合能力，以适应不断变化的社会环境和教育形势。

一、高校教师职称评定与晋升机制

高校教师职称评定与晋升机制是促进教师职业发展的重要手段之一，是激励教师积极投入教学和科研工作的重要途径之一。

一是职称评定的意义和原则。高校教师职称评定是对教师学术水平、教学能力和科研能力等方面的综合评价，是教师职业发展的重要环节。通过职称评定，可以激励教师不断提高自身的学术水平和综合能力，推动学校的学科建设和人才培养。在职称评定中，应遵循公平公正、科学规范、分类评价、注重实绩等原则，确保评定的客观性和公正性。

二是职称评定的标准和程序。高校教师职称评定的标准应包括学术水平、教学能力、科研成果、社会服务等方面。在评定中，应注重教师的综合素质和综合能力，避免单纯以论文数量、项目经费等量化指标作为主要评价依据。同时，应建立规范的评审程序，包括个人申报、单位推荐、专家评审、公示等环节，确保评定的科学性和规范性。

三是职称晋升机制的完善。高校教师职称晋升是教师职业发展的重要阶段，是激励教师不断进取的重要手段之一。在职称晋升中，应建立完善的机制，确保晋升机制的客观性和公正性。首先，应建立完善的评价机制，对教师的学术水平、教学能力和科研能力进行全面评价。其次，应建立公开透明的选拔机制，确保选拔的公正性和公平性。最后，应建立有效的激励机制，鼓励教师积极投入教学和科研工作，提高学校的整体竞争力。

四是职称评定与晋升的后续支持。高校教师在职称评定和晋升后，需要得到学校的后续支持和关注。学校应为教师提供必要的教学资源和科研经费，帮助他们更好地发挥自己的优势和潜力。同时，应加强对教师的培训和支持力度，提高他们的教学水平和科研能力。此外，还应建立完善的职业发展和晋升机制，为教师提供长期的职业规划和发展机会，帮助他们实现自身价值，以更好地服务于学校的整体发展目标。

总之，高校教师职称评定与晋升机制是高校教师队伍建设的重要组成部分，通过科学规范的职称评定和晋升机制，可以激发教师的积极性和创造性，提高他们的综合素质和能力水平，推动学校的学科建设和人才培养。

二、高校教师职业发展的培训与指导

高校教师职业发展是提高教师素质和能力水平的关键，而培训与指导是促进教师职业发展的重要手段之一。

一是培训与指导的重要性。高校教师职业发展的培训与指导对于提高教师的教学水平和能力具有重要意义。通过培训和指导，教师可以获得新的教学理念和方法，提高教学质量和效果。同时，培训和指导还可以帮助教师了解学科前沿和发展趋势，提高科研能力和学术水平。此外，培训和指导还可以加强教师之间的交流和合作，促进学术创新和学科交叉。

二是培训与指导的内容和形式。高校教师职业发展的培训与指导应包括教学培训、科研培训、职业规划指导等方面。教学培训应注重教学方法和技能的培训，帮助教师提高教学水平和效果。科研培训应注重科研思路和方法的培训，帮助教师提高科研能力和学术水平。职业规划指导应帮助教师了解自己的职业发展目标和发展路径，制订合理的职业规划。培训与指导的形式可以多样化，包括校内培训、校外培训、网络培训、学术会议、专题讲座等。校内培训可以由学校组织专家和优秀教师进行授课和交流，校外培训可以选派教师参加其他高校和研究机构的培训课程，网络培训可以利用在线教育平台进行远程授课和学习交流，学术会议和专题讲座可以邀请专家学者进行学术交流和分享。

三是培训与指导的实施和管理。高校教师职业发展的培训与指导需要有效的实施和管理，以确保培训的效果和质量。首先，学校应制订完善的培训计划和管理制度，明确培训的目标、内容和形式等，确保培训的有序进行。其次，学校应建立专门的培训和管理机构，负责组织和实施培训计划，提供

专业的指导和支持。最后，学校还应建立反馈机制，及时收集教师的反馈意见和建议，不断改进和优化培训计划和管理制度。

四是培训与指导的效果评估。对高校教师职业发展的培训与指导的效果进行评估是确保培训质量的重要环节。评估可以从多个方面进行，包括教师的参与度、反馈意见、教学和科研成果等。通过对评估结果的总结和分析，可以发现培训中存在的问题和不足之处，及时进行调整和改进。同时，通过对评估结果的公示和分享，可以激发教师的积极性和创造性，促进教师之间的竞争和合作。

五是加强培训与指导的后续支持。高校教师在接受培训与指导后，需要得到学校的后续支持和关注。学校应为教师提供必要的教学资源和科研经费，帮助他们更好地发挥自己的优势和潜力。同时，应加强对教师的培训和支持力度，提高他们的教学水平和科研能力。此外，还应建立完善的职业发展和晋升机制，为教师提供长期的职业规划和发展机会，帮助他们实现自身价值，以更好地服务于学校的整体发展目标。

总之，高校教师职业发展的培训与指导是促进教师素质和能力水平提高的重要手段之一，对于提高教师的教学水平和能力具有重要意义。同时，也可以帮助教师了解学科前沿和发展趋势，提高其科研能力和学术水平。此外，还可以加强教师之间的交流和合作，促进学术创新和学科交叉。因此，各高校应重视教师职业发展的培训与指导工作，建立完善的培训计划和管理制度，提供专业的指导和支持，并加强对教师的后续支持和关注，以促进教师的全面发展，更好地服务于学校的整体发展目标。

三、高校教师职业发展的案例分析

高校教师职业发展是提升教师素质和能力的关键，而案例分析作为一种以实际案例为基础的教学方法，对于促进教师职业发展具有重要意义。通过分析和研究案例，教师可以深入了解实际教学和科研工作中遇到的问题和挑战，学习其他教师的成功经验和解决方法，从而促进自身职业发展。

一是案例分析的重要性。首先是案例分析可以深入了解教学和科研工作实际。案例分析以实际案例为基础，通过对真实情境的呈现和剖析，教师可以更深入地了解教学和科研工作的实际情况。这有助于教师把握教学和科研的规律，提高工作的针对性和有效性。其次是学习成功经验和解决方法。通过案例分析，教师可以学习其他教师的成功经验和解决方法。这不仅可以拓宽教师的视野，提高其解决问题的能力，还能帮助教师更好地适应不断变化的教育环境。最后是促进教师之间的交流和合作。案例分析是一种互动性强的教学方法。在分析和讨论案例的过程中，教师可以相互学习和交流，分享经验和观点。这有助于促进教师之间的合作，形成良好的学术氛围。

二是案例分析的内容和形式。首先是教学案例。教学案例应包括教师在教学过程中遇到的问题、教学方法的运用、课程设计的优化等方面的案例。通过对这些案例进行分析，教师可以探讨如何提高教学质量和效果。例如，某教师在教学过程中采用了创新的教学方法，取得了良好的教学效果。通过案例分析，其他教师可以了解该教师的教学方法、教学策略和教学理念，从中汲取经验。其次是科研案例。科研案例应包括教师的科研项目、科研成果、学术交流等方面的案例。通过对这些案例进行分析，教师可以了解如何提高科研能力和学术水平。例如，某教师主持了一项重要的科研项目，取得了丰硕的科研成果。通过案例分析，其他教师可以了解该教师的科研思路、研究方法和成果转化情况，从中学习如何做好科研工作。最后是职业规划案例。职业规划案例应包括教师的职业规划、职业发展路径、职业发展经验等方面的案例。通过对这些案例进行分析，教师可以了解如何制订合理的职业规划和发展目标。例如，某教师在职业生涯中取得了多项荣誉和成就。通过案例分析，其他教师可以了解该教师的职业规划、职业发展路径和成功经验，从中获得启示。

三是案例分析的实施和管理。首先是制定完善的案例分析和评估制度。学校应制定完善的案例分析和评估制度，明确分析的目标、内容和形式等，确保分析有序进行。同时，应建立相应的奖励机制，激励教师积极参与案例分析和分享。其次是建立专门的案例分析机构或团队。学校可以建立专门的案例分析机构或团队，负责组织和实施案例分析计划，提供专业的指导和支持。这有助于提高案例分析的质量和效果，促进教师之间的交流和合作。再次是开展多样化的案例分析和交流活动。学校可以组织多样化的案例分析和交流活动，如定期的研讨会、座谈会、经验分享会等。这有助于营造良好的学术氛围，促进教师之间相互学习和成长。同时，还可以通过校际合作开展跨学校的案例分析和交流活动，实现资源共享和优势互补。最后是建立案例库和完善资源共享机制。学校应建立案例库和完善资源共享机制，将优秀的案例整理汇总并加以推广。这有助于提高教师的整体素质和能力水平，促进学校的学科建设和人才培养。同时还应加强与企业的合作与交流，共同推进产学研一体化发展，拓宽教师的视野和提升其社会服务能力，以及推动科技成果转化应用与发展趋势预测等的发展。

第二节　高校教师激励机制与政策

　　高校教师激励机制与政策是促进教师职业发展的重要手段之一。通过制定合理的激励机制和政策，可以激发教师的工作热情和创造力，提高其教学和科研水平，为学校的学科建设和人才培养提供有力支持。

　　首先，高校应建立完善的激励机制，包括薪酬激励、晋升激励、培训激励等内容。薪酬激励应考虑教师的工作表现、能力水平、贡献程度等因素，给予合理的薪资和福利待遇；晋升激励应建立完善的职称评聘制度，根据教师的教学和科研成果以及其他综合表现，给予合理的晋升机会和待遇；培训激励应提供多种形式的培训和进修机会，帮助教师提高教学和科研能力，促进教师个人发展。

　　其次，高校应制定合理的政策，包括考核评价政策、科研管理政策、教学管理政策等内容。考核评价政策应建立科学、公正的教师评价体系，根据教师的教学、科研和其他综合表现，给予合理的评价和反馈；科研管理政策应鼓励教师参与科研项目，提供必要的支持和条件，促进科研成果的转化和应用；教学管理政策应鼓励教师参与教育教学改革，推进课程建设和教学方法创新，提高教学质量和效果。

　　通过建立完善的激励机制和政策，可以激发教师的积极性和创造力，提高其教学和科研水平，为学校的学科建设和人才培养提供有力支持。同时还可以吸引和留住优秀的教师人才，增强学校的综合竞争力和可持续发展能力，以更好地服务于经济社会发展大局。

一、高校教师薪酬与福利政策

　　高校教师薪酬与福利政策是高校教师激励机制与政策的重要组成部分，对于吸引和留住优秀的教师人才、提高教师的工作积极性和创造力具有重要意义。

　　一是高校教师薪酬政策。首先是薪酬水平的确定。高校教师的薪酬水平应与当地经济发展水平、物价水平、同行院校的薪酬水平等因素相适应。同时，还应根据教师的职务级别、学历、职称等因素给予合理的薪酬待遇。其次是薪酬结构的设置。高校教师的薪酬结构应包括基本工资、绩效工资和奖金等方面。基本工资应按照教师的职务级别、学历、职称等因素确定；绩效工资应根据教师的工作表现、科研成果等因素确定；奖金则应根据教师的教学成果、科研成果和其他综合表现给予相应的奖励。最后是薪酬制度的实施。高校应建立完善的薪酬管理制度，确保教师的薪酬待遇得到公正、合理的分配。同时，应定期对教师的薪酬水平进行评估和调整，以适应经济和社会发展的变化。

二是高校教师福利政策。首先是社会保险和公积金。高校教师应享受完善的社会保险和公积金待遇，包括养老保险、医疗保险、失业保险、工伤保险、生育保险和住房公积金等。学校应按照国家和地方的有关规定为教师缴纳相关费用，确保教师的权益得到保障。其次是住房补贴和交通补贴。高校教师可以享受一定的住房补贴和交通补贴。学校可以根据自身情况给予教师相应的住房补贴或提供周转房等住房保障；也可以给予教师一定的交通补贴，以减轻其生活负担。再次是带薪休假和病假制度。高校教师应享受带薪休假和病假制度。根据国家和地方的有关规定，教师可以享受一定的带薪休假时间，以保障其身心健康；同时，学校也应建立完善的病假管理制度，确保教师因病得到及时治疗和休息。然后，还要有培训和学习机会。高校教师可以享受多种形式的培训和学习机会，以促进其个人发展和职业成长。学校可以组织各种形式的培训和学习活动，如学术交流、研讨会、座谈会等，帮助教师提高教学和科研能力。最后是子女教育和其他福利。高校教师可以享受子女教育和其他福利待遇。学校可以提供一定的子女教育支持，解决教师的后顾之忧；还可以根据自身情况提供其他福利待遇，如节日慰问、生日祝福等，以增强教师的归属感和凝聚力。

三是高校教师薪酬与福利政策的实施和管理。首先是制定完善的政策和制度。高校应制定完善的薪酬与福利政策和制度，确保教师的薪酬与福利得到公正、合理的分配和管理。同时应建立完善的监督机制和管理制度确保政策的贯彻和执行。其次是加强政策的宣传和解释工作。高校应加强薪酬与福利政策的宣传和解释工作，让教师了解自身的权益和待遇，同时也有利于政策的顺利实施。可以通过校内媒体、教师会议等方式进行宣传和解释工作。

二、高校教师激励措施与奖励机制

高校教师激励措施与奖励机制是激发教师工作热情和创造力的关键手段之一，有助于提高教师的教学和科研水平，促进学校的学科建设和人才培养。以下是对高校教师激励措施与奖励机制的探讨。

一是高校教师激励措施。首先是目标激励。目标激励是指通过设定明确的目标，激发教师的工作热情和积极性。高校应制定与教师个人发展目标相一致的学校发展目标，并将两者有机结合，使教师明确自身在本校发展中的重要性和责任，从而产生积极向上的动力。其次是榜样激励。榜样激励是指通过树立先进典型和榜样，引导和激励教师向榜样学习，提高自身素质和水平。高校可以定期评选优秀教师、教学名师等先进典型，通过宣传和推广其先进事迹和精神风貌，引导教师树立正确的价值观和职业观。再次是竞争激励。竞争激励是指通过竞赛、评比等竞争手段，激发教师的积极性和创造力。高校可以组织各类教学和科研竞赛，鼓励教师积极参与并取得优异成绩；同时也可以建立科学的评价体系和评聘制度，使教师在竞争中不断提高自身素质和能力。最后是培训激励。培训激励是指通过多种形式的培训和学习，提高教师的专业素质和能力水平。高校可以为教师提供国内外学术交流、研修、研讨会等机会，帮助教师更新知识、拓宽视野；同时也可以鼓励教师参加各类专业培训和学习活动，提高其教学和科研水平。

二是高校教师奖励机制。首先是教学奖励机制。针对教师的教学成果和表现，高校可以设立教学优秀奖、教学质量奖等奖励项目。这些奖项的评选应基于教师的教学水平、教学质量、教材建设、教学研究等方面进行综合评价，以表彰在教学工作中取得突出成绩的教师。同时，对于获奖的教师，应给予相应的物质奖励和精神荣誉，以激励其继续保持良好的教学状态。其次是科研奖励机制。针对教师的科研成果和表现，高校可以设立科研成果奖、科技进步奖等奖励项目。这些奖项的评选应基于教师的学术水平、科研能力、成果转化等方面进行综合评价，以表彰在科研工作中取得突出成绩的教师。同时，对于获奖的教师，应给予相应的物质奖励和精神荣誉，以激励其继续保持良好的科研状态。再次是综合奖励机制。针对教师的综合表现和贡献，高校可以设立优秀教师奖、名师奖等综合奖项。这些奖项的评选应基于教师的师德师风、教学水平、科研能力、社会服务等多个方面进行综合评价，以表彰在教育事业中做出突出贡献的教师。同时，对于获奖的教师，应给予相应的物质奖励和精神荣誉，以激励其继续保持良好的工作状态。

三是高校教师激励措施与奖励机制的实施和管理。首先是制订科学的评价标准和方法。高校应制订科学的评价标准和方法，确保教师激励措施与奖励机制的公平性和公正性。评价标准和方法应根据不同奖项的特点和评选要求进行制订，综合考虑教师的多方面表现和贡献，确保评选结果的准确性和权威性。其次是加强宣传和推广工作。高校应加强教师激励措施与奖励机制的宣传和推广工作，提高教师的知晓率和参与度。可以通过校内媒体、公告栏、教师会议等方式进行宣传和推广工作，让更多的教师了解奖项的设置和评选标准和方法，积极参与评选活动。

三、高校教师激励的成功案例

在高校教师队伍建设中，激励措施和政策对于提高教师的工作积极性和创造力具有重要作用。以下是一些高校教师激励的成功案例。

一是清华大学"讲席教授"制度。清华大学为吸引和留住顶尖学者，提高教师队伍的整体素质，推出了"讲席教授"制度。该制度旨在为优秀学者提供具有吸引力的薪酬待遇和福利待遇，同时赋予其更高的教学和学术研究自主权。通过实施该制度，清华大学成功吸引了一批国际知名的学者加盟，为学校的学科建设和人才培养注入了新的活力。

二是北京高等学校"青年英才支持计划"。北京高等学校为鼓励青年教师脱颖而出，推出了"青年英才支持计划"。该计划通过提供优惠政策和资源支持，鼓励青年教师在教学和科研方面取得突出成绩。通过该计划的实施，北京高等学校成功培养了一批优秀的青年教师，提高了学校的教学和科研水平。

三是浙江大学"仲英青年学者"计划。浙江大学为推动学科交叉融合，促进教师队伍的多元化发展，推出了"仲英青年学者"计划。该计划通过设立跨学科的研究团队和平台，鼓励不同领域的学者进行合作交流。通过实施该计划，浙江大学成功地促进了学科交叉融合，提高了教师的科研能力和学术水平。

四是复旦大学"卓越人才计划"。复旦大学为培养具有国际竞争力的优秀学者，推出了"卓越人才计划"。该计划通过提供优越的薪酬待遇、科研支持和职业发展机会，吸引和留住国内外顶尖学者。通过实施该计划，复旦大学成功地提高了教师队伍的整体素质，提升了学校的国际竞争力。

五是南京大学"江苏特聘教授计划"。南京大学为加强教师队伍建设，提高教学和科研水平，推出了"江苏特聘教授计划"。该计划通过设立教学和科研岗位，为优秀学者提供稳定的职业发展平台。通过实施该计划，南京大学成功地吸引了大量高层次人才加盟，进一步提升了学校的整体实力。

综上所述，以上这些高校教师激励的成功案例都表明了激励措施和政策对于提高教师工作积极性和创造力的重要性。通过制订具有吸引力的薪酬待遇、福利待遇以及提供职业发展机会等措施，这些高校成功地吸引了大量优秀人才加盟，进一步提升了学校的整体实力和国际竞争力。同时这些成功案例也启示我们，在高校教师队伍建设中，需要不断探索和创新激励措施和政策，以适应时代的发展和变化。

第三节　高校教师职业倦怠与心理健康问题及对策

在高校教育环境中，教师作为知识的传播者和学生成长的引路人，其心理健康状况直接影响到教学质量和学生成长。然而，由于工作压力、角色冲突、职业发展等多重因素的影响，高校教师中普遍存在着职业倦怠和心理健康问题。

职业倦怠是教师在长期的工作压力下产生的一种情感耗竭状态，表现为对工作的失去热情、缺乏动力，甚至出现逃避工作的倾向。这种倦怠状态不仅影响教师的工作效率，还可能导致其对学生和教育事业的冷漠，进而影响到学生的成长和教学质量。

与此同时，教师的心理健康问题也不容忽视。由于工作繁重、竞争激烈、角色冲突等原因，许多教师都面临着不同程度的心理压力和困扰。这些心理问题严重时甚至可能导致教师产生自我怀疑和否定，影响其工作和生活质量。

为了有效应对这些问题，我们需要采取一系列对策。首先，高校应建立健全的教师支持系统，包括提供心理咨询、辅导和培训等服务，帮助教师缓解工作压力和心理困扰。其次，高校应优化教学和管理制度，减轻教师的工作负担，为其创造更好的工作环境和条件。最后，教师自身也应注重自我调整和修养，通过运动、休闲、社交等方式来调节情绪、缓解压力。

总之，高校教师职业倦怠和心理健康问题是当前高校教育中亟待解决的问题。通过建立健全的支持系统、优化教学和管理制度以及加强教师自我修养等措施，我们可以有效应对这些问题，提升教师的心理健康水平和工作效率，进而推动高校教育的持续健康发展。

一、高校教师职业倦怠与心理健康的现状分析

随着社会的快速发展和高等教育的普及化，高校教师作为高等教育事业的中坚力量，其职业倦怠与心理健康问题日益受到关注。这些问题不仅影响教师个人的幸福感和工作满意度，更直接关系到教学质量的提升、学生的全面发展以及整个教育体系的稳定与进步。因此，深入分析高校教师职业倦怠与心理健康的现状，对于促进教师队伍建设、提高教育质量具有重要意义。

一是高校教师职业倦怠的现状。职业倦怠是指个体在工作环境中因长期面临压力、挑战和重复性工作而产生的情感耗竭、去个性化和成就感降低的心理状态。在高校教师群体中，职业倦怠的现象普遍存在，具体表现在以下几个方面。首先是教学热情的减退。许多教师在长期从事教学工作后，逐渐失去了对教学的热情。他们可能感到教学内容重复、教学方法单一，难以激发学生的兴趣和积极性。同时，教学评估、学生评价等压力也使得部分教师产生教学焦虑，进一步降低了教学热情。其次是科研动力的下降。开展科研活动是高校教师的重要职责之一，但许多教师在面对科研任务时感到力不从心。科研项目的申报、实验的进行、论文的发表等都需要耗费大量的时间和精力，而科研成果的产出往往受到多种因素的影响，这使得部分教师逐渐失去了科研的动力和信心。最后是角色冲突的困扰。高校教师在工作中需要扮演多种角色，如教学者、研究者、管理者等。这些角色之间的冲突和矛盾使得教师难以平衡各方面的工作需求，容易产生职业倦怠感。例如，教师需要在教学和科研之间分配时间和精力，但往往难以同时满足两方面的要求，导致工作压力增大。

二是高校教师心理健康的现状。心理健康是指个体在心理方面保持良好的状态，具有正常的智力、积极的情绪、和谐的人际关系以及良好的社会适应能力。然而，由于工作压力、角色冲突等多种因素的影响，高校教师的心理健康问题日益凸显。首先是心理压力过大。高校教师面临着来自教学、科研、职称晋升等多方面的压力。这些压力不仅使得教师长期处于紧张状态，还可能导致其出现焦虑、抑郁等心理问题。一些教师甚至因为无法承受过大

的压力而选择离职或转行。其次是情绪不稳定。部分教师在工作中容易受到情绪的影响，表现为情绪波动大、易怒或易悲。这种情绪不稳定不仅影响了教师的工作效率和人际关系，还可能对学生的心理健康产生负面影响。最后是人际关系紧张。高校教师在工作中需要与同事、学生、领导等多方人员进行沟通和协作。然而，由于各种原因，教师之间的人际关系可能较为紧张。这种紧张的人际关系不仅影响了教师的工作积极性，还可能引发一系列心理问题。

三是职业倦怠与心理健康的相互影响。职业倦怠和心理健康问题在高校教师中往往是相互交织、相互影响的。一方面，职业倦怠可能导致教师的心理健康问题加剧。长期面临工作压力和挑战的教师，容易出现情感耗竭和成就感降低的现象，进而产生焦虑、抑郁等心理问题。另一方面，心理健康问题也可能加剧教师的职业倦怠程度。心理不健康的教师往往难以应对工作中的压力和挑战，容易对工作失去兴趣和热情，进一步加剧职业倦怠的程度。

四是对策与建议。针对高校教师职业倦怠与心理健康问题的现状，我们需要采取一系列对策加以改善和解决。首先，高校应建立健全的教师支持系统，包括提供心理咨询、辅导和培训等服务，帮助教师缓解工作压力和心理困扰。其次，高校应优化教学和管理制度，减轻教师的工作负担，为其创造更好的工作环境和条件。最后，教师自身也应注重自我调整和修养，通过运动、休闲、社交等方式来调节情绪、缓解压力。同时，我们还应加强对教师职业倦怠与心理健康问题的研究和宣传，提高教师对这一问题的认识和重视程度。通过举办讲座、研讨会等活动，引导教师关注自身心理健康，掌握应对职业倦怠和心理问题的方法和技巧。

综上所述，高校教师职业倦怠与心理健康问题的现状不容忽视。我们需要从多个方面入手，采取有效措施来加以改善和解决。只有这样，我们才能为高校教师创造一个更加健康、和谐的工作环境，促进他们的工作积极性和创造力，为高等教育事业的持续发展提供有力保障。

在深入分析高校教师职业倦怠与心理健康问题的基础上，我们还应进一步思考如何构建更加完善的教师支持系统、优化教学和管理制度等问题。这需要高校、政府、社会等多方面的共同努力和协作。同时，我们还应关注不同类型、不同层次高校教师的差异性和特殊性，制定更具针对性的政策和措施，以更好地满足他们的需求和解决他们面临的问题。

此外，我们还应加强对高校教师职业倦怠与心理健康问题的长期跟踪和研究，及时了解和掌握问题的变化和发展趋势，为制订更加科学、有效的对策提供有力支持。

总之，高校教师职业倦怠与心理健康问题是当前高等教育领域亟待解决的重要问题。我们需要从多个方面入手，采取综合措施来加以改善和解决。只有这样，我们才能为高校教师创造一个更加健康、和谐的工作环境，促进他们的全面发展，为高等教育事业的繁荣和发展贡献力量。

二、应对职业倦怠与心理健康问题的策略与措施

在高等教育体系中，教师作为知识的传播者和学生成长的引导者，其身心健康与职业状态直接关系到教育质量和学生的未来。然而，随着社会的快速发展和教育改革的不断深入，高校教师面临着前所未有的职业压力，职业倦怠与心理健康问题日益凸显。因此，探讨应对职业倦怠与心理健康问题的策略与措施，对于促进教师的全面发展、提高教育质量具有重要意义。

（一）加强心理健康教育，提升教师自我认知与调节能力

心理健康教育是预防和解决教师职业倦怠与心理健康问题的基础。高校应定期开展心理健康教育活动，引导教师正确认识和对待工作中的压力与挑战，掌握有效的情绪调节和压力管理方法。同时，教师应积极参与心理健康教育，增强自身的心理素质和抗压能力，以更加积极、健康的心态面对工作和生活。具体而言，教师可以通过参加心理健康讲座、工作坊等活动，了解心理健康知识，学习心理调适技巧。此外，教师还可以借助心理咨询、心理辅导等方式，解决个人在工作和生活中遇到的心理问题，提升自我认知和调节能力。

（二）优化教学与科研环境，减轻教师工作压力

教学与科研是教师工作的核心，也是导致职业倦怠与心理健康问题的重要因素之一。高校应优化教学与科研环境，为教师提供更加宽松、自主的工作氛围，减轻其工作压力。首先，在教学方面，高校可以通过改革教学评价制度、减少非教学性任务等方式，为教师创造更加宽松的教学环境。同时，鼓励教师探索新的教学方法和手段，提高教学效果和学生的学习兴趣。其次，在科研方面，高校可以加大对科研工作的投入，提高科研条件和待遇，为教师提供更多的科研机会和资源。最后，建立科学的科研评价体系，避免过度追求论文数量而忽视质量的现象，使教师能够更加专注于科研工作本身。

（三）完善教师支持系统，提供全方位的服务与保障

应对职业倦怠与心理健康问题，不仅需要教师自身的努力，还需要高校提供完善的教师支持系统。这个系统应涵盖多个方面，为教师提供全方位的服务与保障。首先，建立有效的心理咨询与辅导机制。高校应设立专门的心理咨询机构，配备专业的心理咨询师，为教师提供个性化的心理咨询服务。同时，定期开展心理辅导活动，帮助教师掌握心理调适技巧，提高应对压力的能力。其次，构建良好的人际支持系统。高校应营造和谐的工作氛围，加强教师之间的交流与合作。通过组织各类团建活动、座谈会等活动，增进教师之间的了解与信任，形成互助互爱的良好氛围。最后，关注教师的生活与家庭。高校应关心教师的生活状况，帮助解决他们在生活中遇到的困难。对于家庭有困难的教师，可以给予适当的关怀与支持，减轻其后顾之忧，使其能够更加专注于工作。

（四）建立合理的激励机制，激发教师的工作热情与创造力

合理的激励机制是激发教师工作热情与创造力的关键。高校应建立科学的评价体系和激励机制，使教师的付出得到应有的回报。首先，在评价体系方面，高校应注重对教师的教学质量、科研水平、社会服务等多方面的综合评价，避免单一的评价标准导致的不公平现象。同时，鼓励教师发挥个人特长和优势，实现个性化发展。其次，在激励机制方面，高校可以采取物质激励与精神激励相结合的方式。通过提高教师待遇、发放奖金等方式，给予教师物质上的回报；同时，通过表彰优秀教师、推荐晋升等方式，给予教师精神上的激励。这样既能满足教师的物质需求，又能激发其工作热情和创造力。

（五）促进教师专业发展，提升职业成就感与满足感

教师专业发展是应对职业倦怠与心理健康问题的重要途径之一。高校应为教师提供多样化的专业发展机会和资源，促进其专业水平的提升和职业成就感的增强。首先，加强教师培训与学习。高校可以定期举办各类培训班、研讨会等活动，为教师提供学习和交流的平台。通过参加这些活动，教师可以了解最新的教育理念和教学方法，提升自己的专业素养和能力。其次，鼓励教师参与学术交流与合作。高校可以积极组织教师参加国内外学术会议、研讨会等活动，拓宽教师的学术视野和合作网络。同时，加强与其他高校、研究机构的合作与交流，共同开展科研项目和教学活动，提升教师的学术水

平和影响力。最后，关注教师的职业发展规划。高校应与教师共同制订职业发展规划，明确职业目标和发展路径。通过为教师提供必要的支持和指导，帮助教师实现个人职业目标和发展愿景，增强其职业成就感和满足感。

综上所述，应对高校教师职业倦怠与心理健康问题需要从多个方面入手，采取综合措施加以解决。通过加强心理健康教育、优化教学与科研环境、完善教师支持系统、建立合理的激励机制，以及促进教师专业发展等策略与措施的实施，我们可以有效预防和解决教师的职业倦怠与心理健康问题，促进教师的全面发展和提高教育质量。同时，这些措施也有助于提升教师的幸福感和工作满意度，为高校的稳定和发展提供有力保障。

第七章 高校教师队伍的专业发展与提升

在第七章中，我们将重点关注高校教师队伍的专业发展与提升。

高校教师作为知识的传播者、创新者和研究者，其专业能力和素质对于高等教育的质量和国家的科技发展具有重要影响。在日益激烈的高等教育竞争中，教师队伍的专业发展和提升成为高校关注的焦点。

首先，我们将分析高校教师专业发展的内涵和要素。教师专业发展涵盖了专业知识、专业技能、专业态度和价值观等多个方面。高校应注重教师专业发展的全面性和持续性，通过提供培训、研修、学术交流等机会，帮助教师不断更新专业知识，提升专业技能，形成良好的专业态度和价值观。

其次，我们将探讨高校教师专业发展的路径与策略。高校应建立完善的教师专业发展体系，包括新教师入职培训、骨干教师研修、学术休假等制度，鼓励教师结合自身需求进行个性化发展。同时，高校还应积极搭建各类学术交流平台，支持教师参与国内外学术会议和研讨会，扩大教师的学术视野和影响力。

再次，我们将关注高校教师提升的实践与案例。通过分享国内外知名高校教师队伍建设的成功案例，为高校提供可借鉴的经验和启示。例如，可以介绍一些高校实施的"名师工程"或"教学名师"项目，通过培养一批具有影响力的名师，带动整个教师队伍素质的提升。

最后，我们将强调高校教师专业发展与提升的重大意义。通过促进教师专业发展和提升整体素质，高校可以更好地履行人才培养、科学研究、社会服务等功能，提高高等教育的质量和竞争力。同时，这也有助于提升教师的职业满意度和归属感，推动高等教育的可持续发展。

总之，第七章将全面阐述高校教师队伍专业发展与提升的重要性和方法，旨在为高校教师队伍的建设提供理论和实践的指导。通过关注并满足教师的专业发展需求，以及实施有效的提升措施，我们可以建设一支高素质、高水平的高校教师队伍，推动我国高等教育的持续发展和进步。

第一节 国内高校教师队伍建设的成功案例

一、重点高校的教师队伍建设经验

在中国的高校教师队伍建设中，有许多成功的案例，这些案例展示了中国高校在教师队伍专业发展与提升方面的努力和成果。其中，浙江大学、清华大学和上海交通大学是三个最为典型的例子。

浙江大学在教师队伍建设方面表现出色，其成功的经验主要包括三个方面。一是人才引进与培养。浙江大学注重人才的引进和培养，通过实施"百人计划"等措施，吸引了一大批优秀的学者和科学家加入学校。同时，学校还与国内外知名高校和研究机构进行合作，为教师提供了丰富的学术资源和研究机会。二是教师培训与提升。浙江大学建立了完善的教师培训和提升机制，通过定期的学术交流、研讨会、讲座等活动，提高教师的专业素养和研究能力。此外，学校还鼓励教师参与国际合作项目，提高教师的国际视野和学术水平。三是青年教师支持。浙江大学重视对青年教师的培养和支持，设立了青年教师发展基金和学术交流平台，为青年教师提供更多的职业发展机会和资源。这些措施有效地促进了青年教师的成长和发展，为学校的师资队伍注入了新的活力。

清华大学在教师队伍建设方面的成功经验包括三个方面。一是人才流动与优化。清华大学注重人才的流动和优化，通过实施"非升即走"等制度，推动教师队伍的良性流动和优化。同时，学校还通过严格的教师评价和激励机制，根据教师的不同贡献和业绩进行评定和奖励，以鼓励教师发挥自己的优势和潜力。二是学科交叉与融合。清华大学注重学科交叉和融合，设立了学科交叉基金和跨学科研究平台等，促进学科交叉和融合的发展。这些措施有效地提高了学校的科研水平和创新能力，推动了不同学科之间的合作与交流。三是教师福利与待遇。清华大学重视教师的福利和待遇，为教师提供了良好的工作环境和生活条件。这些措施有效地吸引了优秀的学者和科学家加入学校，提高了教师的归属感和工作热情。

上海交通大学在教师队伍建设方面的成功经验包括三个方面。一是国际化发展。上海交通大学注重教师的国际化发展，通过与海外高校和研究机构的合作，为教师提供了丰富的国际交流机会。同时，学校还鼓励教师参与国际合作项目，提高教师的国际视野和学术水平。二是教学科研并重。上海交通大学注重教学和科研的并重发展，鼓励教师将最新的科研成果融入教学中，提高教学质量和效果。同时，学校还设立了教学奖励和科研奖励等机制，以鼓励教师不断提高教学和科研水平。三是社会服务与影响力。上海交通大学注重教师的社会服务和社会影响力，鼓励教师参与社会公益事业和公共事务。同时，学校还通过建立校友会等方式，加强与校友的联系和合作，提高学校的知名度和影响力。

这些成功案例展示了中国高校在教师队伍专业发展与提升方面的努力和成果。通过制订合理的引进和培养计划、建立完善的教师培训和提升机制，以及进行实践创新等措施，中国高校可以不断提升教师的专业素养和能力，推动高校教师队伍建设的深入发展，为国家的科技创新和社会进步做出更大的贡献。

二、高校教师队伍建设的典型案例研究

案例一：美国哈佛大学教师队伍建设经验

哈佛大学，作为世界顶尖的高等教育机构，其卓越的教育质量和研究实力在全球范围内享有盛誉。这一成就的取得，离不开哈佛大学长期以来对教师队伍建设的高度重视和精心培育。

首先，哈佛大学教师队伍建设的经验在于其严格的选拔机制。哈佛大学在招聘教师时，不仅注重教师的学术成就和研究能力，更看重其教学热情和对学生成长的关心。他们通过一系列严格的面试、试讲和评估程序，确保每一位加入哈佛的教师都具备卓越的学术水平和教学素养。

其次，哈佛大学为教师提供了广阔的职业发展空间。学校鼓励教师参与各类研究项目，提供充足的科研经费和实验设备，为教师创造良好的科研环境。同时，哈佛大学还重视教师的职业发展培训，定期组织各类学术研讨会和教育培训活动，帮助教师不断提升自己的专业素养和教学能力。

再次，哈佛大学还注重教师之间的合作与交流。学校鼓励不同学科领域的教师开展跨学科合作，共同探索新的研究领域和教学方法。这种合作与交流不仅有助于提升教师的学术水平，也有助于培养学生的综合素质和创新能力。

最后，哈佛大学还注重教师的待遇和福利。学校为教师提供了优厚的薪资待遇和完善的福利保障，让教师能够专心致力于教学和科研工作。同时，哈佛大学还注重为教师创造舒适的工作环境和文化氛围，让教师能够在这里享受到工作的乐趣和成就感。

综上所述，哈佛大学在教师队伍建设方面的经验值得其他高校学习和借鉴。通过严格的选拔机制、广阔的职业发展空间、注重教师间的合作与交流以及优厚的待遇和福利，哈佛大学成功地打造了一支高素质、高水平的教师队伍，为学校的持续发展奠定了坚实的基础。

案例二：英国牛津大学教师队伍建设经验

牛津大学，作为英国乃至全球最古老且最具声誉的高等教育机构之一，其卓越的教师队伍无疑是其成功的关键所在。牛津大学在教师队伍建设方面，有着一套行之有效的经验。

首先，牛津大学在教师选拔上非常严格和挑剔。他们注重教师的学术背景、研究能力、教学经验以及个人品质等多个方面。在招聘过程中，牛津大学会组织一系列的面试、试讲和评估，确保每一位加入的教师都具备高水平的学术素养和出色的教学能力。这种严格的选拔机制保证了牛津大学教师队伍的整体质量。

其次，牛津大学非常注重教师的职业发展。学校为教师提供了丰富的学术资源和研究机会，鼓励教师积极参与科研项目，发表高水平学术论文。同时，牛津大学还注重教师的继续教育和培训，为教师提供专业技能和教学方法的提升机会。这些措施有助于教师在职业生涯中不断发展和成长，保持其学术和教学的领先地位。

再次，牛津大学还非常注重教师的跨学科合作与交流。学校鼓励不同学科领域的教师打破学科壁垒，共同开展跨学科的研究和教学。这种合作与交流有助于拓宽教师的学术视野，增强创新能力，同时也能为学生提供更加全面和深入的教育。

然后，牛津大学还注重教师的激励机制。学校为优秀教师提供丰厚的奖励和荣誉，以表彰他们在学术和教学方面的卓越贡献。这种激励机制有助于激发教师的积极性和创造力，促使他们更加投入地投身于教学和科研工作。

最后，牛津大学还注重为教师创造一个良好的工作环境和氛围。学校为教师提供优美的校园环境、先进的教学设施和充足的科研经费，为教师提供舒适的工作条件。同时，牛津大学还注重教师的精神文化需求，组织各类学术活动和文化交流，增强教师的归属感和凝聚力。

综上所述，牛津大学在教师队伍建设方面积累了丰富的经验。通过严格的选拔机制、注重教师职业发展、鼓励跨学科合作与交流、实施激励机制以及创造良好工作环境等措施，牛津大学成功地打造了一支高水平、高素质的教师队伍，为学校的持续发展和卓越成就奠定了坚实的基础。

第二节　国际高校教师队伍建设的典型经验

发达国家和发展中国家的高校教师队伍建设都有其独特的经验和做法，值得我们学习和借鉴。

一、发达国家高校教师队伍建设的成功经验

发达国家的高校教师队伍建设通常具有以下成功经验。一是严格的教师选拔机制。发达国家的高校通常具有严格的教师选拔机制，注重教师的学术水平和专业素养。在招聘过程中，他们会采用严格的筛选程序，包括简历筛选、面试、试讲等环节，以确保选聘的教师具备较高的专业能力和教学水平。二是重视教师培训和发展。发达国家的高校注重教师的培训和发展，学校为教师提供各种形式的培训项目和职业发展机会。这些培训项目通常包括教学技能培训、研究能力提升、学科交叉与融合等，帮助教师提高专业素养和综合能力。三是激励与评价机制。发达国家的高校通常为教师具有完善的激励与评价机制，根据教师的教学和科研成果进行评价，并给予相应的奖励和激励。这种机制可以激发教师的工作热情和创造力，提高教师的教学质量和科研水平。四是良好的工作环境。发达国家的高校通常为教师提供良好的工作环境和福利待遇，吸引和留住优秀的教师。这些福利包括完善的医疗保险、住房补贴、职业发展机会等，为教师提供稳定的工作和生活条件。

二、发展中国家高校教师队伍建设的借鉴经验

发展中国家的高校教师队伍建设也有其独特的经验和做法，值得我们借鉴和学习。

首先是重视人才引进和培养。发展中国家的高校通常注重人才的引进和培养，通过实施一系列的人才引进计划和培养措施，吸引和培养高水平的教

师。这些措施包括提供良好的工作条件和福利待遇，建立完善的人才引进机制，加强与国际知名高校的交流与合作等。

其次是加强教师培训和管理。发展中国家的高校注重教师的培训和管理，建立完善的培训和管理机制，提高教师的教学水平和专业素养。这些培训和管理措施包括定期的学术交流、研讨会、讲座等活动，加强教师的专业培训和管理，提高教师的教学质量和科研水平。

再次是推动学科交叉和融合。发展中国家的高校也开始重视学科交叉和融合的发展，通过设立学科交叉基金和跨学科研究平台等措施，促进不同学科之间的合作与交流。这种学科交叉和融合可以推动科技创新和社会进步，提高学校的科研水平和创新能力。

最后是加强社会服务和社会责任。发展中国家的高校也开始注重教师的社会服务和社会责任，鼓励教师参与社会公益事业和公共事务。这种社会服务和社会责任可以提高教师的社会影响力，提升学校的品牌形象和社会声誉。

总之，无论是发达国家还是发展中国家的高校教师队伍建设，都有其独特的经验和做法值得我们学习和借鉴。通过学习他们的成功经验，我们可以更好地推动我国高校教师队伍的专业发展与提升。

第三节　高校教师队伍的学科结构与团队建设

高校教师队伍的学科结构与团队建设对于提升高校整体教学质量和科研水平具有重要意义。学科结构指的是教师队伍中各学科教师的比例和分布，它反映了学校的教学和研究领域的广度和深度。一个合理的学科结构应该根据学校的定位和特色来确定，既要注重基础学科的稳固，又要关注新兴学科的发展，确保学校在教学和科研上的全面性和前瞻性。

团队建设则是学科结构优化的具体体现。通过组建跨学科、跨领域的教师团队，可以促进不同学科之间的交流与融合，激发教师创新思维和合作研究。这样的团队不仅能够提升教师的教学能力，还能够提高科研项目的质量和影响力。同时，团队建设也有助于培养青年教师和学科骨干，为学校的长远发展储备人才。

因此，高校应该注重教师队伍的学科结构与团队建设，通过优化学科结构、加强团队建设、提升教师素质等措施，不断提高教师队伍的整体水平，为学校的教学和科研工作提供有力支撑。

一、优化高校教师队伍的学科结构

在高等教育快速发展的今天，高校教师队伍的学科结构已成为衡量一所学校综合实力的重要指标之一。优化高校教师队伍的学科结构，对于提升教学质量、推动科研创新、培养优秀人才具有重要意义。因此，我们必须高度重视并采取有效措施来优化这一结构。

一是当前高校教师队伍学科结构存在的问题。当前，高校教师队伍的学科结构虽然在一定程度上得到了优化，但仍然存在一些问题。首先，部分高校过于追求学科的全面覆盖，导致某些学科的教师数量过多，而一些新兴学科或交叉学科的教师则相对匮乏。这种不均衡的学科结构不利于学校整体的发展。其次，一些高校在引进教师时，过于注重教师的学历和职称，而忽视了教师的学科背景和研究方向，导致教师队伍的学科结构不够合理。最后，一些高校缺乏对教师队伍的学科结构进行定期评估和调整的机制，使得学科结构问题得不到及时解决。

二是优化高校教师队伍学科结构的必要性。优化高校教师队伍的学科结构，对于提升学校的教学质量和科研水平具有至关重要的作用。首先，合理的学科结构能够确保学校在各个学科领域都有足够的师资力量，从而保障教学质量。其次，优化学科结构有助于推动科研创新。不同学科之间的交叉融合往往能够产生新的研究思路和方法，从而推动科研的深入发展。最后，优化学科结构还能够促进学校与社会的联系，使学校的教学和科研工作更好地服务于社会发展。

三是优化高校教师队伍学科结构的策略与措施。制订科学的学科发展规划。高校应根据自身的定位和特色，制订科学的学科发展规划。在规划过程中，要充分考虑学校的教学和科研需求，以及社会经济的发展趋势，明确学科发展的目标和方向。同时，要注重对新兴学科和交叉学科的关注和支持，以推动学科结构的优化。首先是引进优秀人才，调整教师队伍结构。高校应加大引进优秀人才的力度，通过招聘、选拔等方式，吸引更多具有高水平学术成果和丰富教学经验的教师加入。同时，要注重对教师队伍结构的调整，使教师队伍在年龄、学历、职称等方面保持合理的比例和分布。还要加强对青年教师的培养和扶持，为学校的长远发展储备人才。其次是加强学科交叉与融合。高校应积极推动不同学科之间的交叉与融合，鼓励教师进行跨学科的研究和教学。通过组织跨学科研讨会、合作项目等方式，促进不同学科教师之间的交流与合作，激发教师创新思维和合作研究。这不仅能够提升教师的学术水平，还能够提高学校的教学质量和科研水平。再次是建立学科评估与调整机制。高校应建立定期对教师队伍的学科结构进行评估和调整的机制。通过评估，了解教师队伍的学科结构现状和问题，为调整提供依据。同时，要根据评估结果，及时对教师队伍的学科结构进行调整和优化，确保学科结构的合理性和科学性。最后，还要强化政策支持与保障。政府和教育部门应加强对高校教师队伍学科结构优化的政策支持与保障。通过制定相关政策、提供资金支持等方式，为高校引进优秀人才、调整教师队伍结构、推动学科交叉与融合等提供有力保障。同时，还要加强对高校学科结构优化的监督和指导，确保各项措施得到有效落实。

优化高校教师队伍的学科结构是一项长期而艰巨的任务。高校需要立足自身实际，制订科学的学科发展规划，加大引进优秀人才的力度，加强学科交叉与融合，建立学科评估与调整机制，并强化政策支持与保障。只有这样，才能不断优化教师队伍的学科结构，提升高校的教学质量和科研水平，为培养更多优秀人才、推动社会进步做出更大的贡献。

综上所述，优化高校教师队伍的学科结构是高等教育发展中的重要环节。通过制订科学的规划、引进优秀人才、加强学科交叉与融合、建立评估与调整机制以及强化政策支持与保障等措施，我们可以逐步解决当前存在的问题，推动高校教师队伍学科结构的不断优化和发展。这将有助于提升高校的整体实力和社会影响力，为培养更多优秀人才和推动社会进步做出积极贡献。同时，我们也需要认识到，优化学科结构是一个动态的过程，需要持续关注和调整，以适应不断变化的社会需求和学术发展趋势。因此，高校应始终保持开放和创新的态度，不断探索和实践更加有效的优化策略和方法。

二、加强高校教师团队建设与协作

高校教师团队建设与协作是提升教学质量、促进科研创新、培养优秀人才的关键环节。在当前高等教育快速发展的背景下，加强高校教师团队建设与协作显得尤为重要。本文将从教师团队建设的重要性、当前存在的问题以及加强团队建设与协作的策略等方面进行详细阐述。

一是高校教师团队建设的重要性。高校教师团队是学校教学和科研工作的核心力量，其建设水平直接关系到学校的教学质量和科研实力。一个优秀的教师团队能够为学生提供高质量的教学服务，培养具有创新精神和实践能力的人才；同时，教师团队还能够推动科研工作的深入发展，产生具有影响力的科研成果。因此，加强高校教师团队建设对于提升学校的整体实力和竞争力具有重要意义。

二是当前高校教师团队建设存在的问题。虽然高校教师团队建设取得了一定的成绩，但仍然存在一些问题。首先，一些高校在教师选拔和引进方面过于注重个人的学术成就和职称，而忽视了团队的整体素质和协作能力，导致团队内部存在沟通不畅、合作不紧密等问题。其次，一些高校缺乏对教师团队建设的长期规划和投入，导致团队建设缺乏持续性和稳定性。最后，一些教师团队在研究方向和课题选择上缺乏明确的定位和特色，导致研究成果缺乏创新性和影响力。

三是加强高校教师团队建设与协作的策略。首先要明确团队建设的目标和定位。高校应根据自身的特色和优势，明确教师团队建设的目标和定位。在制订团队建设规划时，要充分考虑学校的教学和科研需求，以及社会经济的发展趋势，确保团队建设的针对性和实效性。同时，要注重对团队特色和优势的培育，形成具有独特竞争力的教师团队。其次要优化团队成员结构。一个优秀的教师团队应该具备合理的成员结构，包括不同学科背景、不同年龄层次、不同职称层次的教师。高校在选拔和引进教师时，应注重考察教师的学科背景、研究方向和协作能力，确保团队成员之间能够形成互补和协同的关系。同时，要加强对青年教师的培养和扶持，为团队建设注入新的活力和动力。再次是建立良好的团队沟通与协作机制。沟通是团队合作的基础，建立良好的团队沟通与协作机制对于提升团队效率和质量至关重要。高校应鼓励团队成员之间的交流与合作，定期组织团队会议、研讨会等活动，促进团队成员之间的信息共享和经验交流。同时，要建立健全的团队协作机制，明确团队成员的职责和分工，确保团队工作的顺利进行。然后是强化团队文化与精神建设。团队文化和精神是团队建设的灵魂，对于提升团队的凝聚力和向心力具有重要作用。高校应注重培育团队文化和精神，形成积极向上、团结协作的团队氛围。通过举办团队活动、开展团队建设培训等方式，增强团队成员的归属感和认同感，激发团队成员的积极性和创造力。要加强团队建设与科研创新的结合。教师团队建设与科研创新是相互促进的关系。高校应鼓励团队成员积极参与科研项目和课题研究，通过合作研究提升团队的科研水平和创新能力。同时，要注重将科研成果转化为教学资源，推动教学质量的提升。通过科研与教学的相互融合，形成教师团队建设的良性循环。最后是建立科学的考核与激励机制。科学的考核与激励机制是保障教师团队建设持续发展的重要保障。高校应建立合理的考核标准和方法，对教师团队的教学质量、科研成果、团队协作等方面进行全面评价。同时，要建立健全的激励机制，通过给予团队成员适当的奖励和荣誉，激发团队成员的工作热情和积极性。

　　加强高校教师团队建设与协作是提升高等教育质量的关键举措。高校应明确团队建设的目标和定位，优化团队成员结构，建立良好的团队沟通与协作机制，强化团队文化与精神建设，加强团队建设与科研创新的结合，并建立科学的考核与激励机制。通过实施这些措施，可以不断提升教师团队的整体素质和协作能力，为培养优秀人才、推动社会进步做出更大的贡献。

　　总之，加强高校教师团队建设与协作是一项长期而艰巨的任务。高校需要不断创新和完善团队建设机制，提升团队成员的素质和能力，形成具有凝聚力和创新精神的优秀团队。同时，团队成员也需要积极参与团队建设活动，加强沟通与协作，共同推动学校教学和科研工作的繁荣发展。通过共同努力和持续探索，我们可以打造出更多优秀的高校教师团队，为高等教育事业的发展注入新的活力和动力。

第八章　高校教师队伍的多元化管理

第八章主要探讨了高校教师队伍的多元化管理问题，包括性别平等与多样性、国际化与全球交流、年龄结构与终身发展以及校际交流与合作等方面。

首先，在性别平等和不同背景教师多样性方面，本章强调了提升女性教师的地位和权益保障的重要性，并提倡支持和促进不同背景教师的多样性发展，以构建一个更加包容和平等的学术环境。

其次，针对国际化与全球交流，本章提出了加强国际教师招聘和交流合作的建议，同时强调提升教师的国际化素养和跨文化能力，以适应全球化背景下的教育发展趋势。

再次，本章还关注了高校教师队伍的年龄结构与终身发展问题。一方面，要关注中青年教师的成长和发展，为他们提供更多的发展机会和资源；另一方面，也要支持老年教师的终身学习和发展，充分发挥他们的经验和智慧。

最后，在校际交流与合作方面，本章强调了加强校际教师队伍的交流与合作机制的重要性，并探讨了校际合作在提升教师队伍整体素质中的作用，以促进高等教育质量的整体提升。

本章通过多元化管理的视角，全面分析了高校教师队伍的发展问题，并提出了相应的对策和建议，以期为推动高等教育的可持续发展提供有益的参考。

第一节　高校教师队伍的性别平等与多样性

在高校教师队伍中，性别平等和多样性是促进高校整体发展的重要因素之一。通过实现性别平等和不同背景教师多样性，可以带来更多的机会和资源，促进教师队伍的整体发展。

首先，高校应该注重性别平等和不同背景教师多样性在招聘和选拔新教师方面的落实。在招聘过程中，应该注重候选人的性别、背景、专业等方面的多样性，避免出现性别歧视和偏见。同时，应该建立完善的选拔机制，确保公平公正，避免出现性别歧视和偏见的情况。

其次，高校应该注重性别平等和多样性在工作环境和文化方面的落实。应该营造一个平等、尊重、包容的工作环境和文化氛围，鼓励不同性别和背景的教师交流合作，共同发展。同时，应该加强对性别平等的宣传和教育，提高教师的性别意识和文化素养。

通过实现性别平等和不同背景教师多样性，可以提高高校教师队伍的整体素质和能力，促进高校的学术繁荣和整体发展。同时，也可以为社会发展做出更多的贡献，提高高校的声誉和影响力。

一、提升女性教师的地位和权益保障

在高校教师队伍建设中，提升女性教师的地位和权益保障是一个重要的议题。女性教师在高等教育领域发挥着越来越重要的作用，然而在现实中，她们的地位和权益保障仍然存在一些问题。以下是对提升女性教师的地位和权益保障的探讨。

一是女性教师在高等教育领域的现状。在高等教育领域，女性教师的数量和比例逐渐增加，她们在教学、科研和社会服务等方面发挥着重要作用。然而，女性教师在高校中的地位和权益保障仍面临一些问题。首先，女性教师在高校管理层的比例较低。在许多高校的管理层中，女性教师的数量较少，这导致她们在决策中的代表性不足。其次，女性教师在职称晋升方面面临着较大的挑战。在同等条件下，女性教师往往需要付出更多的努力才能获得高级职称。最后，女性教师在家庭和职业平衡方面也面临着较大的压力，这使得她们的职业发展受到一定的影响。

二是提升女性教师地位和权益保障的措施。为了提升女性教师在高校中的地位和权益保障，可以采取以下措施。首先是制定平等机会政策。高校应制定平等机会政策，确保女性教师能够公平参与职业发展机会。这些政策包括招聘、晋升、培训等方面，确保女性教师具有平等的参与机会。同时，高校应加强对平等机会政策的宣传和实施，确保政策得到有效执行。其次是加强家庭和职业平衡支持。高校应为女性教师提供更多的家庭和职业平衡支

持，帮助她们更好地处理家庭和职业之间的矛盾。例如，高校可以提供灵活的工作时间、儿童照看服务等支持措施，以减轻女性教师的负担，提高她们的职业发展水平。再次是建立女性教师发展平台。高校可以建立女性教师发展平台，为女性教师提供更多的职业发展机会和支持。例如，可以组织女性教师职业发展培训、学术交流等活动，以提高她们的专业素质和职业能力。同时，可以通过建立女性教师协会等方式，加强女性教师之间的联系和合作，促进她们的职业发展。最后是鼓励女性教师参与决策和管理。高校应鼓励女性教师参与决策和管理，提高她们在高校管理中的代表性和影响力。可以通过选拔女性教师参与学校管理委员会、教职工代表大会等方式，为女性教师提供更多的参与机会。同时，应加强对女性教师的培养和支持，提高她们的管理能力和领导能力。

三是实施保障措施以确保女性教师的地位和权益得到提升。为了确保提升女性教师地位和权益保障的措施得到有效实施，可以采取以下保障措施。首先是加强监督和管理。高校应加强对提升女性教师地位和权益保障措施的监督和管理，确保政策得到有效执行。可以建立专门的监督机制或委员会，对政策的执行情况进行定期评估和监督。同时，对于违反政策的行为，应严肃处理并予以纠正。其次是加强宣传和教育。高校应加强宣传和教育，提高师生对女性教师地位和权益保障问题的认识和理解。可以通过校园媒体、教职工代表大会等方式进行宣传和教育，让更多的人了解女性教师在高等教育领域中的重要作用和贡献。同时，应加强对师生的教育引导，鼓励他们尊重和支持女性教师的发展和权益保障。

二、支持和促进不同背景教师的多样性发展

在高校教师队伍建设中，支持和促进不同背景教师的多样性发展是一个重要的议题。教师队伍的多样性有助于提高教育质量、促进创新和适应社会变革。以下是对支持和促进不同背景教师的多样性发展的探讨。

一是定义多样性发展。多样性发展是指高校在教师招聘、培训、评价和晋升等方面，关注教师的多元化背景、经验和个人特点，以建立一支具有多样性的教师队伍。这包括不同种族、性别、文化背景、学科领域、职业经历的教师。

二是支持多样性发展的策略。为了支持和促进不同背景教师的多样性发展，高校可以采取以下策略。首先是多元化招聘。高校应制订多元化的招聘

策略，以吸引来自不同背景的教师。这包括在招聘广告中强调对多样性的重视，建立多元化的招聘委员会，采用灵活的招聘程序，以增加来自不同背景的申请者。高校还可以通过加强与社区和行业的联系，发掘多样化的候选人。其次是提供支持和发展机会。高校应为不同背景教师提供支持和发展机会，以帮助他们适应工作环境并取得成功。这包括提供培训、指导、研究支持和专业发展机会，以帮助教师提升技能和知识水平。高校还可以通过设立多元化的教师发展项目和资助计划，鼓励教师参与学术研究和社区服务。再次是建立合作和交流平台。高校可以建立合作和交流平台，促进不同背景教师之间的互动和合作。这包括组织研讨会、座谈会和学术交流活动，以促进教师之间的思想交流和合作。高校还可以鼓励教师参与跨学科研究和合作，以促进学科交叉融合。此外，还要实施公平的评价机制。高校应实施公平的评价机制，以客观地评估教师的表现和发展潜力。这包括制定多元化的评价标准，充分考虑教师的背景和个人特点对评价结果的影响。高校还应对评价过程进行监督和管理，以确保评价结果的公正性和准确性。最后是提供激励措施。高校可以提供激励措施，以鼓励教师参与多样性和包容性的活动。这包括为参与多样性和包容性项目的教师提供额外的奖励和支持，例如提供研究资金、晋升机会等。高校还可以设立多元化的奖项，以表彰在多样性方面表现出色的教师。

三是实施保障措施以确保多样性发展的支持得以持续。为了确保支持和促进不同背景教师的多样性发展的策略得以有效实施并持续下去，高校可以采取以下保障措施。首先是加强领导层的承诺和支持。高校领导层应明确表达对不同背景教师多样性和包容性的重视和支持，并将这种承诺贯穿于学校的战略规划和日常管理中。领导层可以通过参与多样性和包容性项目的决策和执行，以及与教师建立积极的合作关系来展示其对多样性发展的承诺。其次是建立多元化的组织文化。高校应建立多元化的组织文化，以鼓励和支持教师参与多样性和包容性的活动。这包括培养尊重、包容和多元的文化氛围，鼓励教师表达不同的观点和经历，并提供支持和资源来帮助教师融入学校社区。最后是定期评估和调整支持策略。高校应定期评估支持和促进不同背景教师的多样性发展的策略的有效性和实施效果，并根据需要进行调整。这包括收集教师和学生的反馈意见，分析相关数据和趋势，以及与其他高校进行交流和分享经验。通过定期评估和调整支持策略，高校可以确保其策略始终与多样性和包容性的目标保持一致。

第二节 高校教师队伍的国际化与全球交流

在全球化的今天，高校教师队伍的国际化与全球交流显得尤为重要。这不仅是提升教育质量、促进科研创新的重要手段之一，也是展示高校国际视野和综合实力的关键环节。教师队伍的国际化不仅有助于引入多元文化，提升教学质量，也能够推动高校在全球范围内的影响力和竞争力。

为了实现教师队伍的国际化，高校需要制定全面的策略，包括招聘国际人才、鼓励教师海外留学和进修、开展国际合作项目、加强国际学术交流等。这些措施可以有效地推动教师队伍的国际化进程，同时也可以提高教师的学术水平和跨文化交流能力。

然而，要确保教师队伍的国际化与全球交流得以有效实施并持续发展，高校还需要采取一系列保障措施。首先，领导层的支持和投入是关键。只有领导层明确了教师队伍国际化的重要性，并提供必要的资源和投入，教师队伍的国际化才能顺利推进。其次，建立完善的招聘和选拔机制也是必要的。这可以确保招聘到的国际人才具备优秀的学术水平和教学能力。同时，提供良好的工作和生活环境也是必要的，包括教学和研究设施、国际文化氛围、医疗保障等，以吸引和留住国际人才。再次，加强跨文化交流和合作能力的培养也是重要的。这可以提高教师的跨文化意识和沟通能力，并促进教师之间的跨文化交流和合作。最后，定期评估和调整策略也是必要的。这可以确保教师队伍的国际化和全球交流始终与高校的发展目标保持一致，并根据需要进行调整和改进。

总的来说，高校教师队伍的国际化与全球交流是新时代高校教师队伍建设的重要环节之一。通过制定全面的策略和采取必要的保障措施，可以有效地推动教师队伍的国际化进程，提高教育质量，促进科研创新，并展示高校的国际视野和综合实力。

一、加强国际教师招聘和交流合作

随着全球化的不断深入，高校教师队伍的国际化已成为提升教育质量和科研水平的重要途径之一。其中，加强国际教师招聘和交流合作是推进教师队伍国际化的关键环节。本部分将对加强国际教师招聘和交流合作进行深入探讨。

一是国际教师招聘的重要性。首先是优化教师队伍结构。招聘国际教师能够为教师队伍注入新的活力，促进不同文化背景的教师之间的交流与合作，优化教师队伍结构。其次是提高教育质量。国际教师具备不同的学术背景和教学方法，能够为学生提供更广阔的视野和更多的学习机会，从而提高学生的综合素质和学习效果。再次是推动科研合作。国际教师往往具备先进的科研能力和经验，能够为高校科研工作带来新的思路和方法。同时，不同国家和地区的教师共同开展科研合作，有助于实现资源共享和优势互补。最后是提升高校国际影响力。招聘国际教师能够提升高校的国际知名度和影响力，吸引更多海外学生和学者关注，促进高校与国际接轨。

二是加强国际教师招聘的策略。首先是制订招聘计划。高校应根据自身学科建设和人才培养需求，制订详细的国际教师招聘计划。计划应包括招聘岗位、条件、数量、待遇等方面。其次是拓宽招聘渠道。高校可通过校园招聘、网络招聘、人才中介等多种渠道广泛宣传招聘信息，吸引更多优秀的国际教师应聘。再次是优化招聘流程。高校应建立规范的国际教师招聘流程，包括简历筛选、面试安排、试讲考核等环节，确保招聘的公平性和有效性。然后是提供优厚待遇。高校应提供具有竞争力的薪资待遇和福利待遇，吸引优秀的国际教师前来应聘。同时，为新入职的教师提供良好的工作环境和生活条件。最后是加强宣传推广。高校应通过校园网站、社交媒体等渠道积极宣传本校的学科优势、教学环境、科研平台等，提高学校的知名度和吸引力。

三是交流合作的机制与平台。首先是建立常态化交流机制。高校应与海外高校和科研机构建立常态化的交流机制，定期开展学术研讨会、教学观摩等活动，促进教师之间的相互了解和合作。其次是搭建国际化合作平台。高校可通过共建联合实验室、联合培养项目等方式搭建国际化合作平台，为教师提供更多的合作机会和资源共享。再次是参加国际会议和研讨会。高校应鼓励教师参加国际会议和研讨会，了解最新的学术动态和研究成果，拓宽教师的学术视野。然后是开展海外研修和学术访问。高校可安排教师进行海外研修和学术访问，学习先进的科研方法和教学经验，提高教师的综合素质和国际化水平。最后是加强学生交换与联合培养。高校可通过学生交换和联合培养项目加强与海外高校的合作与交流，促进教师之间的教育合作和文化交流。

四是保障措施与建议。首先是加强领导重视。高校领导应充分认识到国际教师招聘和交流合作的重要性，制定具体的政策和措施支持国际化战略的实施。其次是提供政策支持。高校应制定相应的政策支持国际教师招聘和交流合作，如给予优先晋职、提供科研启动经费等。再次是建立评价机制。高校应建立科学的评价机制对国际教师的工作表现进行评价，确保其教学质量和科研成果达到学校要求。然后是加强语言培训。高校应提供语言培训服务，帮助国际教师提高语言能力，更好地适应教学和科研工作。最后是完善服务体系。高校应建立健全的服务体系，为国际教师提供签证办理、生活服务、医疗保障等方面的支持，帮助其尽快适应新的工作环境和文化氛围。

二、提升教师的国际化素养和跨文化能力

在高校教师队伍的国际化进程中，提升教师的国际化素养和跨文化能力显得尤为重要。教师的国际化素养是指教师具有的国际视野、开放心态、跨文化交流能力和国际竞争力等方面的素质。而跨文化能力则是指教师在跨文化环境中有效沟通、理解和适应的能力。以下将从几个方面探讨提升教师的国际化素养和跨文化能力的策略。

一是培养教师的国际视野和开放心态。首先是增强全球意识。高校应培养教师的全球意识，让教师能够了解不同国家和地区的文化、历史和价值观，并能够从全球视角看待问题和发展。其次是拓宽教师的学术视野。高校应鼓励教师参加国际学术会议、研讨会和交流项目，拓宽学术视野，了解最新的学术动态和研究成果。再次是让教师体验多元文化。高校可组织教师到不同国家或地区进行短期交流或研修，亲身体验多元文化，提高跨文化交流和理解能力。最后是开放教育资源。高校可开放教育资源，如引进国际优质课程、共享国际数据库等，为教师提供接触和学习国际先进知识和文化的机会。

二是提升教师的跨文化交流能力。首先是语言能力培养。高校应加强教师的语言能力培养，尤其是英语能力。通过开设语言课程、组织语言交流活动等方式，提高教师的语言水平。其次是跨文化沟通培训。高校可组织专业的跨文化沟通培训，帮助教师了解不同文化背景下的沟通方式和技巧。再次是实践锻炼。高校可安排教师参与国际合作项目或海外研修，在实际的跨文化交流环境中锻炼和提高自己的跨文化沟通能力。最后是建立合作网络。高

校应积极与海外高校和科研机构建立合作关系，搭建教师交流平台，促进教师之间的跨文化交流与合作。

三是增强教师的国际竞争力和创新能力。首先是提升教师科研能力。高校应鼓励教师参与国际科研合作项目，提升科研能力和国际竞争力。同时，支持教师到海外知名高校或研究机构进行深造或学术交流。其次是创新教师教学方法。高校应鼓励教师探索和应用国际先进的教学方法，如翻转课堂、混合式教学等，提高教学效果和学生的综合素质。再次是加强教师间合作与交流。高校应加强与海外高校和科研机构的合作与交流，为教师提供更多的合作机会和资源共享。通过合作申请课题、共享研究数据等方式，提高教师的创新能力。然后是激励教师参与国际赛事。高校应鼓励教师参与国际学术赛事，如国际学术会议、研讨会、论文竞赛等。通过参与国际赛事，教师可以提高自己的学术水平和国际知名度。最后是推广国际化办学理念。高校应积极推广国际化办学理念，打造国际化办学特色。通过引进海外先进的教学模式、管理模式和评价体系等，提高学校的国际化水平和综合实力。同时，为教师提供更多的国际化办学资源和发展机会。

四是保障措施与建议。首先是加强组织管理。高校应建立专门的国际化工作领导小组或委员会，统筹协调教师的国际化培养和管理工作。确保各项措施得以有效实施。其次要提供经费保障。高校应设立专门的国际化经费保障机制，为教师的国际化活动提供经费支持，保障教师能够顺利参加各类国际化交流与合作活动，提升自身国际化素养和能力水平。再次要建立激励机制。高校应建立完善的激励机制，激发教师参与国际化活动的积极性和主动性，对积极参与国际化活动的教师在评奖评优方面给予倾斜或单列指标，从正面引导和激励教师提升自身国际化素养和能力水平。最后要加强团队建设。高校应加强教师团队建设，通过组建跨学科、跨院系的国际化研究团队或工作室等方式促进教师之间的相互学习、交流与合作，共同提升教师的国际化素养和能力水平。

第三节　高校教师队伍的年龄结构与终身发展

高校教师队伍的年龄结构与终身发展是高等教育质量的重要保障。合理规划教师队伍的年龄结构，促进不同年龄段教师的协同发展，是实现高校可持续发展的关键。中青年教师作为高校教师队伍的中坚力量，他们的成长和发展对于高校未来的教学、科研和社会服务水平具有决定性影响。因此，高校应关注中青年教师的职业规划和发展，为他们提供更多的培训、学术交流和社会服务机会，激发他们的创新精神和潜力。同时，高校也应关注全体教师的终身发展，鼓励教师不断更新知识和技能，适应新时代高等教育的要求。通过实施教师发展计划、提供学术交流机会、建立心理健康支持系统等方式，高校可以全面提升教师队伍的整体素质和水平，为培养高素质人才和推动高等教育事业的发展提供有力支撑。

一、关注中青年教师的成长和发展

在高校教师队伍建设中，中青年教师是学校发展的重要力量。他们处于职业发展的关键阶段，具有较高的学历和学术水平，同时也面临着教学、科研、社会服务等多重压力。关注中青年教师的成长和发展，对于提升高校教师队伍整体素质、推动学校可持续发展具有重要意义。以下将从几个方面探讨关注中青年教师成长和发展的策略。

一是制订个性化的职业规划。首先是了解中青年教师的需求与特点。高校应关注中青年教师的个性化需求和特点，了解他们的职业目标、发展瓶颈和需求，为制订职业规划提供依据。其次要设定发展目标。根据中青年教师的特点和发展需求，帮助他们设定明确、可行的职业发展目标，包括教学、科研、社会服务等方面。最后要制订实现路径。为中青年教师提供个性化的职业发展路径，包括培训课程、科研项目、学术交流机会等，帮助他们实现职业目标。

二是提供系统的培训与支持。首先是教学能力提升。为中青年教师提供系统的教育教学培训，包括教学方法、教育技术、课程设计等方面，帮助他们提高教学能力和教学质量。其次是科研能力培养。为中青年教师提供科研能力培养机会，包括参与科研项目、参加学术会议、开展合作研究等，帮助他们提升科研水平和学术影响力。最后是社会服务能力提升。鼓励中青年教师参与社会服务活动，提供相关的培训和指导，帮助他们提升社会服务能力和社会影响力。

三是建立有效的激励机制。首先是奖励制度。设立中青年教师奖励制度，对在教学、科研和社会服务等方面表现突出的中青年教师给予奖励，激励他们继续发挥优势。其次是晋升机制。完善中青年教师晋升机制，根据他们的实际能力和业绩，给予合适的职称和职务晋升机会，激发他们的积极性和创造力。最后是学术交流机会。为中青年教师提供更多的学术交流机会，包括参加国内外学术会议、访问研究、合作研究等，拓宽他们的学术视野和交流渠道。

四是加强团队建设与合作。首先要组建学术团队。鼓励中青年教师参与组建学术团队，促进不同学科、不同领域之间的合作与交流，提升中青年教师的综合能力和跨学科发展。其次是合作研究项目。支持中青年教师参与国内外合作研究项目，与同行专家共同开展研究，提高他们的研究水平和国际竞争力。最后是开展团队建设活动。组织丰富多彩的团队建设活动，如学术沙龙、研讨会、座谈会等，加强中青年教师之间的沟通与合作，培养他们的团队合作精神。

五是关注心理健康与生活保障。首先是心理辅导与支持。为中青年教师提供心理辅导和支持服务，帮助他们应对工作压力、职业困惑和生活问题，促进他们的身心健康。其次是生活保障措施。为中青年教师提供完善的生活保障措施，包括住房、子女教育、医疗等方面的问题解决方案，解决他们的后顾之忧。最后是健康生活方式引导。鼓励中青年教师树立健康的生活方式，注重饮食、运动和休息等方面，保持健康的身体状态和良好的精神状态。

六是加强组织管理与实践锻炼相结合。首先是管理机制完善。完善中青年教师的管理机制，制定科学合理的评价标准和程序，确保评价结果客观公正。同时加大监督和管理力度，确保各项政策和措施得以有效实施。其次是实践锻炼安排。为中青年教师提供实践锻炼机会，安排他们参与实践教学、社会服务等活动，将理论知识与实践相结合，提高他们的综合素质和能力水平。最后是管理与实践相互促进。通过实践锻炼来检验和促进中青年教师的教学水平和科研能力，通过管理机制的完善来规范和引导他们的职业发展路径，相互促进实现共同发展。

总之，关注中青年教师的成长和发展需要高校为他们提供全方位的支持和保障措施，包括个性化的职业规划、系统性的培训和支持、有效的激励机制、团队建设与合作、心理健康和生活保障，以及加强组织管理与实践锻炼相结合等各方面；努力为中青年教师的成长和发展创造良好的环境和条件，激发他们的积极性和创造力，推动高校教师队伍整体素质的提升和发展实现教育事业的可持续发展。

二、支持老年教师的终身学习和发展

在高校教师队伍中，老年教师是重要的财富和资源。他们具有丰富的教学经验和学术积累，对于高校的发展和人才培养起着至关重要的作用。然而，随着教育教学的不断发展和改革，老年教师也需要不断地更新知识和提升能力，以适应新时代的需求。因此，支持老年教师的终身学习和发展是非常必要的。以下将从几个方面探讨支持老年教师终身学习与发展的策略。

一是提供个性化的培训和学习机会。首先，要了解老年教师的需求与特点。高校应了解老年教师的个性化需求和特点，包括他们的知识结构、教学风格、研究兴趣等，为给他们提供个性化的培训和学习机会提供依据。其次，要制订培训计划。根据老年教师的需求和特点，制定个性化的培训计划，包括教育教学、科研能力提升、现代教育技术应用等方面。最后，要提供学习资源。为老年教师提供丰富的学习资源，包括在线课程、学术讲座、研究报告等，方便他们随时随地获取知识和信息。

二是支持参与学术交流与合作。首先是参加学术会议。鼓励老年教师参加国内外学术会议，了解最新的学术动态和研究成果，拓宽学术视野。其次是开展合作研究。支持老年教师参与国内外合作研究项目，与其他学者共同开展研究，提高科研能力和学术水平。最后是组织学术沙龙。定期组织老年教师参加学术沙龙活动，与同行学者进行交流和研讨，促进学术合作与进步。

三是建立激励机制和评价机制。首先是奖励制度。设立老年教师奖励制度，对在教学、科研和社会服务等方面表现优秀的老年教师给予奖励，激励他们继续发挥优势。其次是评价机制。建立科学的评价机制，对老年教师的工作量和质量进行全面评价，包括教学、科研、社会服务等方面。同时，将评价结果与激励机制相结合，确保评价的公正性和有效性。再次是晋升机

制。完善老年教师晋升机制，根据他们的实际能力和业绩，给予合适的职称和职务晋升机会，激发他们的积极性和创造力。

四是加强团队建设。首先是组建学术团队。鼓励老年教师参与组建学术团队，促进不同学科、不同领域之间的合作与交流，提升老年教师的综合能力和跨学科发展。其次是团队建设活动。组织丰富多彩的团队建设活动，如研讨会、座谈会等，加强老年教师之间的沟通与合作，培养他们的团队合作精神。

五是关注老年教师的心理健康与生活保障。首先是心理辅导与支持。为老年教师提供心理辅导和支持服务，帮助他们应对工作压力、职业困惑和生活问题，促进他们的身心健康。其次是生活保障措施。为老年教师提供完善的生活保障措施，包括住房、医疗等方面的问题解决方案，解决他们的后顾之忧。再次是健康生活方式引导。鼓励老年教师树立健康的生活方式，注重饮食运动和休息等方面，让老年教师保持健康的身体状态和良好的精神状态。

总之，支持老年教师的终身学习和发展，需要高校为他们提供全方位的支持和保障措施，包括提供个性化的培训和学习机会，支持参与学术交流与合作，建立激励机制和评价机制，加强团队建设，以及关注心理健康与生活保障等各方面。努力为老年教师的终身学习和发展创造良好的环境和条件，激发他们的积极性和创造力，推动高校教师队伍整体素质的提升和发展，实现教育事业的可持续发展。

第四节　高校教师队伍的校际交流与合作

在全球化与信息化的时代背景下，高校教师队伍的校际交流与合作显得尤为重要。这种交流与合作不仅有助于拓宽教师的学术视野，提升教学质量，更能推动科研成果的转化与应用，进而促进整个高等教育行业的共同发展。

首先，校际交流与合作有助于教师队伍的知识更新与技能提升。不同高校在学科设置、教学方法、科研方向等方面都有其独特的优势与特色。通过校际交流，教师们可以互相学习借鉴，汲取新的教学理念和科研方法，进而提升个人的专业素养和综合能力。这种知识的共享与互补，无疑为教师队伍的整体发展注入了新的活力。

其次，校际交流与合作有助于推动科研创新与合作研究。在科研领域，许多复杂的问题需要多学科、多领域的交叉融合才能解决。通过校际合作，不同高校的教师可以共同组建研究团队，共同申报科研项目，共同开展科研攻关。这种合作模式不仅能够汇聚更多的智慧与力量，提升科研的效率和水平，更能够产生更多具有创新性和影响力的科研成果。

最后，校际交流与合作还有助于提升高校的国际影响力与竞争力。在全球化的今天，高校之间的交流与合作已经超越了国界的限制。通过与国际知名高校的合作与交流，我国的高校教师可以接触到更多的国际前沿学术动态和科研成果，进而提升个人的国际视野和竞争力。同时，这种合作与交流也有助于提升我国高校的国际声誉和影响力，为吸引更多的优秀留学生和访问学者创造有利条件。

当然，要推动高校教师队伍的校际交流与合作，还需要建立健全相应的机制与平台。例如，可以建立校际教师互访机制，定期组织教师到其他高校进行学术交流与访学；可以建立科研合作平台，为不同高校的教师提供合作研究的渠道与资源；还可以加强与国际知名高校的合作与交流，推动我国高等教育走向国际化。

总之，高校教师队伍的校际交流与合作是推动高等教育事业发展的重要途径。通过加强交流与合作，我们可以不断提升教师队伍的整体素质和能力水平，推动科研创新与合作研究，提升高校的国际影响力与竞争力。因此，我们应该高度重视并积极推动高校教师队伍的校际交流与合作工作。

一、加强校际教师队伍的交流与合作机制

以下将从几个方面探讨如何加强校际教师队伍的交流与合作机制。

一是建立多元化的交流合作平台。加强校际教师队伍的交流与合作，首先需要建立起多元化的交流合作平台。这些平台可以包括学术研讨会、教学观摩活动、科研合作项目等，旨在促进不同高校之间的教师相互了解、学习与合作。通过这些平台，教师可以分享教学经验、交流科研成果、探讨教学方法，从而不断提升自身的专业素养和教学水平。

二是推动教师互访与交流。教师互访是加强校际教师队伍交流与合作的重要途径。高校可以定期组织教师到其他高校进行访问交流，了解不同高校

的教学和科研情况，学习借鉴先进的经验和方法。同时，也可以邀请其他高校的优秀教师来本校进行讲座、授课等活动，为本校教师提供学习和交流的机会。这种互访交流不仅可以拓宽教师的视野，还可以增进不同高校之间的友谊与合作。

三是促进科研合作与资源共享。科研合作是加强校际教师队伍交流与合作的另一个重要方面。高校可以积极寻求与其他高校在科研领域的合作机会，共同申报科研项目、开展联合研究、分享科研成果。通过科研合作，不仅可以汇聚更多的智慧和力量，提升科研的水平和影响力，还可以促进不同高校之间的资源共享和优势互补。此外，高校还可以建立科研合作平台或机构，为教师提供科研合作的信息、资源和指导，推动科研合作的深入开展。

四是完善交流与合作的管理机制。加强校际教师队伍的交流与合作，还需要完善相应的管理机制。高校可以制定相关的政策和规定，明确交流合作的目标、原则、方式和程序，为教师提供指导和支持。同时，还可以建立交流合作的管理机构或委员会，负责协调和管理校际的交流合作活动，确保活动的顺利进行和取得实效。此外，高校还可以建立交流合作的考核机制，对参与交流合作的教师进行评价和奖励，激发教师的积极性和创造力。

五是注重交流与合作的实效性。加强校际教师队伍的交流与合作，不仅要注重形式和数量，更要注重实效和质量。高校应该根据自身的实际情况和发展需求，有针对性地选择交流合作的对象和内容，确保交流合作的针对性和实效性。同时，还要加强交流合作的跟踪和评估工作，及时总结经验教训，不断完善交流合作机制，提升交流合作的效果和水平。

六是推进教师队伍国际化发展。在全球化背景下，加强校际教师队伍的交流与合作还应注重推进教师队伍的国际化发展。高校可以积极引进海外优秀人才，提升教师队伍的国际化水平；同时，也可以鼓励本校教师参与国际交流与合作项目，拓宽国际视野，提升国际竞争力。通过推进教师队伍的国际化发展，不仅可以提升高校的国际影响力，还可以为培养具有国际视野和创新能力的人才提供有力支持。

七是加强交流与合作的文化建设。交流与合作不仅是教师个体之间的活动，更是高校文化建设的重要组成部分。加强校际教师队伍的交流与合作，需要营造良好的文化氛围和合作环境。高校可以加强校园文化建设，倡导开放、包容、合作的价值观，为教师之间的交流与合作提供有力的文化支撑。同时，还可以通过举办各种文化交流活动，增进不同高校之间的了解和友谊，为交流与合作打下坚实的基础。

八是鼓励跨学科交流与合作。如今，跨学科交流与合作已经成为推动高等教育创新发展的重要途径。高校应该鼓励不同学科领域的教师进行交流与合作，打破学科壁垒，促进学科交叉融合。通过跨学科交流与合作，可以汇聚不同学科的优势资源，形成合力解决复杂问题的能力，推动科研成果的创新与应用。

综上所述，加强校际教师队伍的交流与合作机制对于提升教师的专业素养、推动科研创新、促进高等教育行业的发展具有重要意义。通过建立多元化的交流合作平台、推动教师互访与交流、促进科研合作与资源共享、完善交流与合作的管理机制、注重交流与合作的实效性、推进教师队伍国际化发展以及加强交流与合作的文化建设等措施的实施，我们可以不断完善校际教师队伍的交流与合作机制，为高等教育事业的繁荣发展注入新的活力。同时，我们也需要认识到交流与合作是一个长期而复杂的过程，需要高校、教师以及社会各界的共同努力和持续投入，才能取得更加显著的成效。

二、校际合作在提升教师队伍整体素质中的作用

在高等教育领域，教师队伍的整体素质直接关系到教育教学的质量和水平。而校际合作作为一种有效的交流与合作方式，对于提升教师队伍整体素质具有重要的作用。本书将从多个方面详细阐述校际合作在提升教师队伍整体素质中的具体作用。

一是促进教师间的知识共享与学术交流。校际合作能够打破学校之间的壁垒，使得不同高校的教师能够有机会进行深入的学术交流与知识共享。通过参加校际研讨会、学术论坛等活动，教师可以了解不同高校的教学方法和研究动态，进而吸收新的教学理念和方法，拓宽自己的学术视野。这种知识共享与学术交流的过程，有助于教师不断更新知识结构，提升专业素养，从而提高教育教学水平。

二是推动教师间的合作研究与项目申报。校际合作也为教师之间的合作研究与项目申报提供了平台。不同高校的教师可以在共同的研究兴趣和研究方向上展开合作，共同申报科研项目，共同开展研究工作。这种合作方式不仅能够汇聚更多的研究力量和资源，拓展研究的深度和广度，还能够促进教师之间的深度合作与交流，推动科研成果的产生和转化。通过合作研究与项目申报，教师可以提升自己的科研能力和水平，进而为学校的科研事业做出

更大的贡献。

三是提升教师的教育教学能力。校际合作还有助于提升教师的教育教学能力。通过观摩其他高校的教学课堂、参与教学研讨等活动，教师可以学习到不同的教学方法和技巧，了解不同高校的教学特色和优势。这些经验和方法的借鉴与吸收，有助于教师改进自己的教学方式，提高教学效果。同时，校际合作还可以促进教师之间的教学合作与交流，共同探索新的教学模式和方法，推动教学改革和创新。

四是拓宽教师的职业发展道路。校际合作还能够为教师的职业发展提供更多的机会和平台。通过参与校际合作项目、学术交流等活动，教师可以扩大自己的社会影响力和知名度，为未来的职业发展打下坚实的基础。同时，校际合作还可以为教师提供更多的培训和进修机会，帮助他们不断提升自己的专业素养和能力水平。这些机会和平台的提供，有助于激发教师的积极性和创造力，推动他们在职业道路上不断前行。

五是增强教师的团队协作能力。校际合作往往涉及多个高校、多个学科领域的教师共同参与，这就要求教师必须具备良好的团队协作能力。在合作过程中，教师需要与其他高校的同事进行密切的沟通与协作，共同解决问题、推进项目。这种团队协作的经历不仅有助于提升教师的沟通能力和协调能力，还能够培养他们的团队合作精神和集体荣誉感。通过校际合作，教师可以更好地适应团队合作的工作模式，为未来的教学和科研工作打下良好的基础。

六是推动教师队伍的国际化发展。随着全球化的深入发展，高等教育领域的国际化趋势也日益明显。校际合作作为推动高等教育国际化的重要途径之一，对于提升教师队伍的国际化水平具有重要意义。通过与国际知名高校的合作与交流，教师可以接触到国际前沿的学术动态和科研成果，了解不同文化背景下的教育理念和教学方法。这种国际化的交流与合作经历有助于教师拓宽国际视野、提升跨文化交流能力，进而推动学校的教学和科研工作走向国际化。

七是提升教师队伍的创新能力。创新是高等教育发展的重要驱动力，而教师队伍的创新能力则是推动高等教育创新的关键。校际合作能够为教师提供更多的创新机会和平台，激发他们的创新精神和创造力。通过与其他高校的教师共同开展研究工作、探索新的教学模式和方法等，教师可以不断挑战自我、突破传统束缚，产生更多的创新成果。这些创新成果不仅能够提升教师的个人声誉和影响力，还能够为学校的发展注入新的活力和动力。

综上所述，校际合作在提升教师队伍整体素质中发挥着举足轻重的作用。通过促进教师间的知识共享与学术交流、推动教师间合作研究与项目申报、提升教师教育教学能力、拓宽教师职业发展道路、增强教师团队协作能力、推动教师队伍国际化发展以及提升教师队伍创新能力等多方面的作用，校际合作有助于打造一支高素质、专业化的教师队伍，为高等教育事业的繁荣发展提供有力的人才保障。因此，高校应高度重视校际合作工作，积极寻求与其他高校的合作机会，为教师队伍的整体素质提升创造更多有利条件。同时，教师也应积极参与校际合作活动，不断提升自己的专业素养和能力水平，为高等教育事业的发展贡献自己的力量。

第九章　高校教师队伍的社会责任与影响力

在第九章中，我们将深入探讨高校教师队伍的社会责任与影响力。

高校教师作为知识和文化的传播者，不仅在教育和学术领域发挥着重要作用，还积极承担着社会责任，对社会发展和进步产生深远的影响。

首先，我们将分析高校教师队伍的社会责任。教师们不仅致力于教学和科研，还关注社会问题，积极参与社会服务，推动科技创新，为社会经济发展提供支持。此外，教师们还致力于文化传承和创新，为推动社会文明进步做出贡献。

其次，我们将探讨高校教师影响力的体现。教师的言行举止、学术研究成果以及教育教学实践等都对学生和社会产生影响。同时，教师通过参与社会服务和公共事务，与政府、企业、社区等各方建立合作关系，为社会提供智力支持和技术指导，展现出广泛的影响力。

再次，我们还将关注高校教师社会责任与影响力的关系。教师的社会责任履行情况直接影响其影响力的发挥。通过积极参与社会服务、推动科技创新和传承优秀文化等社会责任的履行，教师可以提升自身影响力，同时也可以促进社会的进步和发展。

最后，我们将强调高校教师队伍社会责任与影响力建设的意义。通过培养教师的社会责任感和塑造良好的教师形象，可以提高教师的道德素质和社会责任感，增强学生对教师的认同感和信任感。同时也可以提升高校的声誉和影响力，推动高等教育的可持续发展。

总之，第九章将全面阐述高校教师队伍的社会责任与影响力的重要性和方法，旨在为高校教师队伍的建设提供理论和实践的指导。通过关注并强化教师的社会责任意识，以及实施有效的策略来提升其影响力，我们可以建设一支高素质、高水平的高校教师队伍，推动我国高等教育的持续发展和进步。

第一节 高校教师的社会服务与社会影响力

高校教师的社会服务与社会影响力是体现高校教师社会责任和价值的重要方面。高校教师应该积极参与到社会服务和公共事务中，发挥自己的专业优势和知识积累，为社会做出贡献。

首先，高校教师应该积极参与到各类社会服务活动中，如担任政府顾问、参与公益事业等。通过参与这些活动，高校教师可以为社会提供智力支持和专业建议，同时也可以提高自身的社会责任感和形象。

其次，高校教师还应该发挥自己的专业优势和知识积累，为社会提供更多的服务和支持。例如，可以通过开展社会实践活动、组织志愿者团队等方式，为社会提供更多的帮助和服务。

最后，高校教师还应该积极参与到公共事务和政策制定中，为社会提供更多的建议和支持。通过参与公共事务和政策制定，高校教师可以为社会的发展和进步做出更大的贡献。

总之，高校教师的社会服务与社会影响力是体现高校教师社会责任和价值的重要方面。通过积极参与社会服务和公共事务，高校教师可以为社会做出更多的贡献，同时也能够提高自身的社会地位和形象。

一、高校教师的社会服务项目和实践

高校教师不仅在教学和科研方面发挥着重要的作用，同时也承载着为社会服务的职责。他们的社会服务项目和实践，不仅有助于提升社会的整体发展水平，还能够对社会发展产生深远的影响。

（一）高校教师社会服务的项目类型

1.咨询与决策服务。高校教师凭借其深厚的学术背景和专业知识，为政府和企业提供咨询服务，如政策研究、市场分析、企业战略规划等。他们运用科学的方法和专业的知识，为决策者提供咨询与决策服务，提高决策的合理性和有效性。

2.人才培养与培训。高校教师参与各类人才培养和培训项目，包括职业资格证书考试培训、专业技能培训、继续教育培训等。他们将自己的知识和技能传授给学生和广大社会群体，提高人们的综合素质和专业技能。

3.文化传承与创新。高校教师积极参与文化遗产保护、文化产业发展等方面的工作。他们运用自己的专业知识和技能，为传统文化的传承和创新做出贡献。

4.科技推广与应用。高校教师参与科技推广和应用工作，将最新的科技成果转化为实际生产力。他们与企业合作，共同研发新产品和技术，推动科技创新和产业升级。

5.社会公益事业。高校教师参与社会公益事业，如扶贫、公益事业、环保活动等。他们通过自己的行动，带动更多的人关注社会问题，为社会发展贡献力量。

（二）高校教师社会服务的实践案例

1.某高校教授受邀参与地方政府制定城市规划方案。他结合自己的专业知识和实践经验，为城市规划提供了宝贵的建议和意见，使规划方案更加科学合理。该规划方案实施后，取得了良好的经济效益和社会效益。

2.某高校副教授参与了一项非物质文化遗产保护项目。她深入田野调查，收集整理了大量珍贵资料，为保护和传承非物质文化遗产做出了贡献。同时，她还通过举办讲座、展览等活动，让更多的人了解和关注非物质文化遗产。

3.某高校青年教师参与了一项科技推广项目。他与企业合作，共同研发了一种新型环保材料。通过他的技术支持和指导，该企业成功地将新产品推向市场，取得了良好的经济效益和社会效益。

4.某高校多位教师参与了一项社会公益项目——为贫困地区的儿童提供免费教育。他们利用业余时间开展义务教学，为贫困儿童提供帮助和支持。通过他们的努力，许多贫困儿童得到了良好的教育机会，为他们的未来发展奠定了基础。

（三）高校教师社会服务的影响与价值

高校教师的社会服务项目和实践具有重要的影响和价值。

1.推动社会发展。高校教师的社会服务项目和实践涉及经济、文化、科技等多个领域，对社会发展起到了积极的推动作用。他们通过参与咨询、决策、人才培养、科技推广等活动，为社会的发展贡献力量。

2.提升公众素质。高校教师通过参与社会服务项目，将知识和技能传授给广大社会群体。他们的教学和培训活动有助于提高公众的素质和能力水平，促进社会进步和发展。

3.加强社会联系。高校教师通过参与社会服务项目与实践活动，与社会各界建立了密切的联系与合作。这种联系与合作有助于加强社会各界的沟通和理解，促进社会和谐发展。

4.促进教师个人成长。参与社会服务项目与实践活动也有助于高校教师的个人成长。他们在项目中面对各种挑战和问题，需要不断学习和提升自己的专业知识和能力水平。这种学习和实践的过程有助于提高教师的综合素质和教学水平。

总之，高校教师的社会服务项目和实践具有重要的意义和价值。他们通过参与各类社会服务项目与实践活动，为社会的发展和进步做出了积极的贡献。同时，这些项目和实践也促进了公众素质的提升、加强了社会联系以及促进了教师个人的成长和发展。

二、提升高校教师的社会影响力和声誉

高校教师的社会影响力和声誉是衡量他们在社会中的认知度和尊重程度的重要指标。提升高校教师的社会影响力和声誉，不仅有助于提高他们在社会中的地位和话语权，还能够帮助他们更好地发挥自己的专业知识和技能，为社会做出更大的贡献。

（一）提升高校教师社会影响力的途径

1.增强学术影响力。学术影响力是高校教师社会影响力的核心。高校教师可以通过发表高水平的学术论文、申报专利、主持或参与重大科研项目等方式，提高自己的学术水平和学术地位。同时，他们还可以通过参加国内外学术会议、开展学术交流与合作等方式，扩大自己的学术影响力和国际知名度。

2.参与社会服务。高校教师可以通过参与政府决策咨询、企业技术研发、社会公益事业等方式，为社会做出贡献。他们可以利用自己的专业知识和技能，为社会提供有价值的建议和意见，促进社会的进步和发展。同时，通过参与社会服务，高校教师还能够增强与社会各界的联系和合作，扩大自己的人脉和社交圈子。

3.提高教学水平。高校教师作为教育工作者，应该不断提升自己的教学水平。他们可以通过参加教育培训、观摩优秀教师的教学过程、与学生沟通交流等方式，提高自己的教学能力和教育水平。优秀的教学水平和高质量的

教育成果可以提高高校教师的社会影响力。

4.塑造良好形象。高校教师应该注重塑造自己的良好形象,包括遵守职业道德、严谨治学、诚实守信等方面。他们应该以身作则,为学生和社会树立正面的榜样。同时,高校教师还应该积极参与社会公益事业和志愿者活动,为社会做出更多的贡献。

(二)提升高校教师声誉的策略

1.树立良好的师德师风。高校教师应该树立崇高的职业理想和道德观念,以身作则、为人师表。他们应该关爱学生、关心同事,积极树立良好的师德师风,赢得社会的尊重和信任。

2.发表高质量的学术成果。发表高质量的学术成果是提升高校教师声誉的重要途径之一。他们可以通过发表高水平的论文、申报专利、主持或参与重大科研项目等方式,展示自己的学术水平和研究能力。同时,这些学术成果也能够得到社会的认可和尊重,提升教师的声誉。

3.积极参与社会活动。高校教师可以积极参与各种社会活动,如学术会议、研讨会、公益事业等。通过参与这些活动,他们可以展示自己的专业知识和技能,与社会各界建立联系和合作。同时,这些活动也能够提高教师的社会认可度和声誉。

4.增强与社会的互动与沟通。高校教师应该积极与社会进行互动和沟通,了解社会的需求和发展趋势。他们可以利用自己的专业知识和技能,为解决社会问题提供有价值的建议和意见。同时,通过与社会的互动和沟通,高校教师还能够增强与社会各界的联系和合作,提高自己的社会声誉。

5.培养优秀人才。高校教师可以通过培养优秀人才来提升自己的声誉。他们可以通过严谨的教学态度、高水平的授课质量等方式,为学生提供优质的教育资源。同时,培养出优秀的人才也能够为教师带来荣誉和成就感,提高他们的声誉。

总之,提升高校教师的社会影响力和声誉需要多方面的努力和支持。他们可以通过增强学术影响力、参与社会服务、提高教学水平、塑造良好形象等方式来提升自己的社会影响力;同时还可以通过树立良好的师德师风、发表高质量的学术成果、积极参与社会活动、增强与社会的互动与沟通、培养优秀人才等方式来提升自己的声誉。这些努力不仅可以提高教师在社会中的地位和话语权,还能够促进社会的进步和发展。

第二节　高校教师队伍的创新能力与科研成果转化

高校教师队伍的创新能力与科研成果转化是高校教师队伍建设的核心，对于推动学校学术水平和提升整体实力至关重要。高校教师应具备高度创新意识和敏锐创新能力，积极参与科研项目和活动，以提升自身科研能力和贡献。同时，教师应推动科研成果的转化和应用，通过与企业合作、开展技术转移等方式，将科研成果转化为实际生产力，为社会做出贡献。为了提高教师的创新能力和科研成果转化能力，高校应加强教师创新能力和科研方法的培训，鼓励参与科研项目和学术交流活动，建立科技成果转化平台和激励机制，以及加强与企业和社会的合作与联系。这些措施有助于提升教师的创新能力和科研成果转化能力，推动学校的整体竞争力和未来发展潜力。

一、支持高校教师的创新研究和项目

在高校教师队伍建设中，支持教师的创新研究和项目是推动教师发展的重要途径之一。创新是社会进步和发展的重要动力，而高校教师更应该发挥自己的专业知识和技能，积极开展创新研究和项目。

（一）创新研究和项目的意义

1.推动科技进步和社会发展。高校教师的创新研究和项目往往涉及科技创新、文化创新、管理创新等方面。这些创新成果可以转化为实际生产力，为社会带来巨大的经济和社会效益。同时，这些创新成果还可以推动社会的进步和发展，提高国家的竞争力和国际地位。

2.提升教师的学术水平和职业发展。开展创新研究和项目可以让高校教师不断拓展自己的学术领域和研究范围，提高自己的学术水平和研究能力。同时，这些创新成果还可以为教师的职业发展提供更多的机会和资源，促进教师的个人成长和发展。

3.增强学生的创新意识和实践能力。高校教师开展创新研究和项目不仅可以提升自己的学术水平和职业发展，还可以通过引导学生参与创新实践，增强学生的创新意识和实践能力。这种创新实践可以让学生更加深入地了解和掌握专业知识，提高自己的综合素质和实践能力。

（二）支持高校教师创新研究和项目的措施

1.提供充足的科研经费和资源。高校应该为教师提供充足的科研经费和资源，包括实验室、设备、材料等。这些经费和资源的投入可以保障教师能够顺利地开展创新研究和项目，提高研究的质量和水平。

2.建立创新团队和科研机构。高校可以建立创新团队和科研机构，鼓励教师跨学科、跨领域开展合作研究。这些团队和机构可以为教师提供良好的研究氛围和平台，促进教师之间的交流和合作，提高研究的效率和质量。

3.加强与企业的合作和交流。高校可以加强与企业的合作和交流，推动产学研一体化发展。通过与企业合作，教师可以了解到最新的科技动态和市场趋势，同时也可以获得实践经验和资金支持。这种合作不仅可以提高研究的实用性，还可以促进科技成果的转化和应用。

4.鼓励教师参加国内外学术会议和研讨会。高校可以鼓励教师参加国内外学术会议和研讨会，了解最新的学术动态和研究进展。通过参加这些会议和研讨会，教师可以拓展自己的学术视野和研究思路，为开展创新研究和项目提供更多的启示和灵感。

5.加强知识产权保护和管理。高校应该加强知识产权保护和管理，为教师的创新研究和项目提供有力的保障。通过加强知识产权保护和管理，可以避免知识产权纠纷和侵权行为的发生，为教师的研究和发展提供更加稳定和可靠的环境。

（三）支持高校教师创新研究和项目的实践案例

1.某高校为教师提供了充足的科研经费和资源，鼓励教师开展前沿研究。该校的教师团队成功地开展了一项关于人工智能的研究项目，开发出一种新型的智能算法，为社会提供了更加高效和智能的服务。

2.某高校建立了多个创新团队和科研机构，鼓励教师跨学科、跨领域开展合作研究。这些团队和机构为教师提供了良好的研究氛围和平台，推动了该校的科技创新和发展。

3.某高校与多家企业合作，共同开展了一项关于新材料的研究项目。通过与企业合作，该校的教师获得了实践经验和资金支持，成功地开发出一种新型的高性能材料，填补了国内市场的空白。

4.某高校鼓励教师参加国内外学术会议和研讨会，拓宽教师的学术视野和研究思路。该校的教师团队在参加了一次国际学术会议后，受到了启发，开展了一项关于生物医学的研究项目，取得了突破性的成果。

5.某高校加强了对知识产权保护和管理，为教师的创新研究和项目提供了有力的保障。该校的一位年轻教师开发出一种新型的工艺技术，通过加强知识产权保护和管理，成功地实现了科技成果的转化和应用。

总之，支持高校教师的创新研究和项目是推动教师发展和提升整体教育水平的重要途径之一。高校应该采取多种措施鼓励和支持教师开展创新研究和项目，提供充足的科研经费和资源、建立创新团队和科研机构、加强与企业的合作和交流、鼓励教师参加国内外学术会议和研讨会、加强知识产权保护和管理等措施来支持和推动教师的创新研究和项目。

二、加强教师科研成果的转化和应用

加强教师科研成果的转化和应用是高校教师队伍建设的重要任务之一。教师的科研成果是高校科技创新和社会服务的重要支撑，同时也是推动社会进步和发展的重要力量。然而，当前高校中存在一些问题，如科研成果转化率低、科研成果与社会需求脱节等，制约了教师科研成果对社会的影响和贡献。因此，加强教师科研成果的转化和应用是高校必须重视的问题。

（一）当前高校教师科研成果转化和应用存在的问题

1.科研成果转化率低。当前高校教师的科研成果往往只停留在学术论文、专利等阶段，而能够真正转化为实际应用和产品的成果较少。这主要是因为教师在选题、研究过程中缺乏与实际需求的结合，同时也缺乏与企业的合作和沟通。

2.科研成果与社会需求脱节。当前高校的科研成果往往只关注学术价值和理论意义，而忽略了社会的实际需求和应用价值。这导致了很多优秀的科研成果无法转化为产品，同时也制约了高校为社会做出的更大贡献。

3.教师缺乏成果转化意识。很多教师缺乏成果转化的意识和主动性，只关注学术论文的发表和专利的申请，而没有意识到自己的研究成果可以转化为产品，为社会带来更大的价值和效益。

（二）加强教师科研成果转化和应用的措施

1.加强与企业的合作和沟通。高校可以加强与企业的合作和沟通，了解企业的需求和关注点，引导教师开展与企业需求相关的研究项目。同时，通过与企业合作，可以为企业提供技术支持和服务，推动科技成果的转化和应用。

2.建立科研成果转化平台。高校可以建立科研成果转化平台，为教师提供科技成果转化的服务和支持。这些平台可以包括技术转让、专利申请、产学研合作等方面，帮助教师更好地将科技成果转化为产品。

3.引导教师关注社会需求。高校可以引导教师关注社会需求，开展与社会需求相关的研究项目。同时，可以邀请业界人士到高校进行交流和合作，为教师提供更多的机会和资源，推动科技成果的转化和应用。

4.加强知识产权保护和管理。高校应该加强知识产权保护和管理，为教师的科研成果提供有力的保障。通过加强知识产权保护和管理，可以避免知识产权纠纷和侵权行为的发生，为教师的研究和发展提供更加稳定和可靠的环境。

5.提供成果转化培训和支持。高校可以提供成果转化的培训和支持，帮助教师了解科技成果转化的流程和技巧。这些培训和支持可以包括技术转让、专利申请、产学研合作等方面，帮助教师更好地将科技成果转化为实际应用和产品。

（三）加强教师科研成果转化和应用的实践案例

1.某高校与当地政府和企业合作，共同开展了一项关于智能制造的研究项目。通过与企业合作，该校的教师获得了实践经验和资金支持，成功地开发出一种新型的智能制造系统，为当地的企业提供了更加高效和智能的生产方式。

2.某高校建立了多个产学研合作平台，引导教师开展与社会需求相关的研究项目。这些平台为教师提供了科技成果转化的服务和支持，推动了很多优秀科研成果的转化和应用。

3.某高校邀请业界人士到高校进行交流和合作，引导教师关注社会需求。该校的教师团队在与企业合作的过程中，了解到了社会的实际需求和应用价值，开展了一项关于新能源技术的研究项目，取得了突破性的成果。

4.某高校提供了成果转化的培训和支持，帮助教师了解科技成果转化的流程和技巧。该校的教师团队在接受培训后，成功地将自己的研究成果转化为实际应用和产品，为社会带来了更大的价值和效益。

总之，加强教师科研成果的转化和应用是高校教师队伍建设的重要任务之一。高校应该采取多种措施鼓励和支持教师开展与社会需求相关的研究项目，建立科研成果转化平台，引导教师关注社会需求，加强知识产权保护和管理，提供成果转化的培训和支持等措施来加强教师科研成果的转化和应用，从而为社会的进步和发展做出更大的贡献。

第三节　高校教师队伍的伦理道德与学术规范建设

高校教师队伍的伦理道德与学术规范建设是教育领域中至关重要的一环。在当前社会背景下，高校教师的角色不仅仅局限于传授知识，他们更是塑造学生价值观、引领学术风尚的重要力量。因此，加强高校教师队伍的伦理道德和学术规范建设，对于提高教育质量、促进学术健康发展具有深远意义。

伦理道德建设方面，高校教师应秉持高尚的职业道德，坚守教育初心，以身作则，为学生树立良好的榜样。他们应尊重学术自由，但同时也要承担起相应的社会责任，确保学术研究与教学活动符合社会公德和法律法规。此外，高校还应建立健全教师伦理道德评价体系，对违反职业道德的行为进行严肃处理，以维护教育行业的良好形象。

学术规范建设方面，高校教师应严格遵守学术诚信原则，杜绝学术不端行为。他们应尊重他人的知识产权，避免抄袭、剽窃等行为的发生。同时，高校应加大对学术研究的监管力度，建立严格的学术评价体系和奖惩机制，确保学术研究的真实性和可靠性。此外，高校还应加强学术道德教育，提高教师的学术素养和道德意识，推动学术研究的健康发展。

高校教师队伍的伦理道德与学术规范建设是一项长期而艰巨的任务。只有不断加强这方面的建设，才能培养出更多具有高尚品德和严谨学术态度的优秀教师，为社会的繁荣和发展做出更大的贡献。

一、加强高校教师的伦理道德教育

高校教师作为高等教育的重要力量，不仅要传授专业知识，更要肩负起培养学生品德和价值观的责任。因此，加强高校教师的伦理道德教育具有重要意义。

首先，伦理道德教育应纳入教师培训的必修课程。在教师入职培训和后续的职业发展中，设置专门的伦理道德课程，使教师系统地学习伦理理论和道德规范。通过案例分析、讨论和角色扮演等教学方法，引导教师深入思考伦理问题，提高他们的道德判断和决策能力。

其次，建立伦理道德的示范机制。高校管理层应以身作则，展现出高尚的伦理道德品质，为教师树立榜样。同时，选拔和表彰那些在伦理道德方面表现出色的教师，激励更多教师向榜样学习。此外，组织教师参加伦理道德主题的研讨会和工作坊，促进教师之间的交流和学习。

再次，注重培养教师的职业道德。职业道德是教师在教学和科研工作中应遵循的行为准则。强调教师的职业操守，如敬业精神、严谨治学、尊重学生等。鼓励教师将职业道德融入日常教学实践中，以身作则。

然后，加强教师的自我反思和自我约束。鼓励教师定期反思自己的教学行为和决策，思考其对学生和社会的影响。培养教师的自我约束意识，使他们自觉遵守伦理道德规范。此外，营造良好的校园文化氛围也对教师的伦理道德教育起到积极的推动作用。高校应倡导诚实守信、尊重他人、团队合作等价值观念，形成积极向上的校园文化。组织各类道德教育活动，如讲座、志愿服务等，让教师在实践中体会和践行伦理道德。

接着，为了确保伦理道德教育的有效性，需要建立相应的评估机制。学校可以制订教师伦理道德评价指标，通过学生评价、同事评价和自我评价等方式，对教师的伦理道德表现进行评估。评估结果应作为教师职称晋升、评优评先的重要参考。

最后，伦理道德教育应与社会发展相结合。随着社会的变化和发展，伦理道德问题也在不断演变。高校教师应关注社会热点问题，将社会责任感融入教学和科研中，培养学生的社会意识和公民责任感。

综上所述，加强高校教师的伦理道德教育是培养德才兼备的高素质人才的关键。通过系统的教育培训、示范引领、自我反思和评估机制等多种途径，不断提升教师的伦理道德水平，使他们成为学生成长道路上的良师益友和道德榜样。这样的努力将有助于营造良好的教育环境，培养具有高度道德素养的新一代人才。

二、完善学术规范与监督机制，防范学术不端行为

在高等教育领域中，学术规范与监督机制是维护学术秩序、保障学术质量的重要基石。随着学术研究的不断深入和发展，学术不端行为也时有发

生，严重损害了学术界的声誉和形象。因此，完善学术规范与监督机制，防范学术不端行为，成为当前高校学术管理的重要任务。

（一）完善学术规范体系，明确学术行为准则

完善学术规范体系是防范学术不端行为的基础。高校应建立健全学术规范制度，明确学术行为的基本准则和要求，为学者提供明确的指导和约束。这些规范应涵盖学术研究的各个环节，包括研究设计、数据采集、论文撰写、成果发表等，确保学术活动的合规性和真实性。同时，高校还应加强对学术规范的宣传和教育，提高师生的学术诚信意识和自律能力。

（二）建立严格的监督机制，确保学术规范的有效执行

监督机制是防范学术不端行为的重要保障之一。高校应建立专门的学术监督机构或委员会，负责监督学术规范的执行情况和处理学术不端行为。这些机构或委员会应具备独立性和权威性，能够公正、客观地处理学术争议和违规行为。同时，高校还应加强对学术活动的日常监管，通过定期检查、随机抽查等方式，确保学术活动的合规性和质量。此外，高校还应建立学术不端行为的举报和查处机制，鼓励师生积极举报违规行为，并对举报者进行保护和支持。

（三）强化责任追究，严肃处理学术不端行为

对于发现的学术不端行为，高校应坚决予以严肃处理，强化责任追究。对于涉及学术不端行为的个人或团队，应根据情节轻重给予相应的处罚，包括警告、撤销学术成果、限制申请项目等。同时，高校还应将处理结果及时公开，以儆效尤。通过严厉打击学术不端行为，维护学术界的公平和正义。

（四）加强国际合作与交流，共同打击学术不端行为

学术不端行为是全球性的问题，需要各国高校共同努力来打击。高校应加强与国际学术界的合作与交流，分享在防范学术不端行为方面的经验和做法。通过共同制定学术规范、开展联合监督等方式，形成国际合力，共同维护学术界的声誉和形象。

（五）注重科技手段的运用，提高监督效率和质量

在完善学术规范与监督机制的过程中，高校还应注重科技手段的运用。例如，可以利用大数据、人工智能等技术手段对学术论文进行查重、比对和

检测，快速发现可能存在的学术不端行为。同时，通过建立学术诚信数据库和黑名单制度，对违规者进行记录和公示，起到震慑作用。这些科技手段的运用不仅可以提高监督效率和质量，还可以降低监督成本，为高校学术管理提供有力支持。

（六）推动学术评价体系的改革，减少学术不端行为的诱因

学术评价体系是学术活动的重要导向。当前，一些不合理的评价指标和过于追求论文数量的评价导向，使得一些学者为了追求个人利益而做出学术不端行为。因此，推动学术评价体系的改革，减少学术不端行为的诱因，也是防范学术不端行为的重要举措之一。高校应建立科学合理的学术评价体系，注重学术质量和社会价值的评价，避免过分追求论文数量和影响因子等单一指标。同时，加强对学术评价过程的监督和管理，确保评价的公正性和客观性。

（七）加强师生学术道德教育，培养良好学术风气

防范学术不端行为，除了完善制度和强化监督机制外，还需要加强对师生学术道德教育。高校应通过开设学术道德课程、举办学术道德讲座等方式，加强师生对学术道德的理解和认识。同时，通过树立优秀学术榜样、开展学术诚信宣传活动等方式，营造良好学术风气和氛围。让师生从内心深处认同并遵守学术规范，自觉抵制学术不端行为。

综上所述，完善学术规范与监督机制、防范学术不端行为是一项长期而艰巨的任务。高校应从多个方面入手，完善学术规范体系、建立严格的监督机制、强化责任追究、加强国际合作与交流、运用科技手段、推动改革、加强道德教育等，形成全方位、多层次的防范体系。只有这样，才能有效遏制学术不端行为的发生，维护学术界的声誉和形象，推动高等教育的健康发展。同时，我们也要认识到，防范学术不端行为不是一时一地的事情，需要全校师生共同参与、长期努力。因此，高校应不断加强宣传教育，提高师生的学术诚信意识和自律能力，为营造一个良好的学术环境奠定坚实的基础。

第四节　教师队伍建设与社会人才需求的契合

本节主要围绕高校教师队伍如何更好地适应社会人才需求展开。首先，通过深入调研当前社会对各类人才的需求现状及未来趋势，为教师队伍建设提供明确的方向。其次，分析教师队伍结构与社会需求之间的匹配度，明确教师队伍建设的指导思想和原则，以确保教师队伍与社会需求有效对接。再次，探索教师培养模式的创新，以满足社会人才需求为导向，推动教师队伍整体素质的提升。然后，加强教师队伍建设与社会需求的沟通，建立有效的沟通机制和平台，确保教师队伍建设始终与社会需求保持紧密的联系。最后，提出具体的措施和建议，以加强教师队伍建设与社会需求的对接，推动高等教育与社会发展的良性互动。通过这些努力，可以进一步优化教师队伍结构，提升教师的社会服务能力，为社会培养出更多高素质的人才。

一、调研社会人才需求

如今，社会对于人才的需求呈现出前所未有的复杂性和多样性。高校作为人才培养的摇篮，其教师队伍的建设与发展直接关系到人才的质量与结构，进而影响到社会经济发展的速度和质量。因此，深入调研社会人才需求，对于高校教师队伍的建设与调整具有重要的指导意义。

首先，分析当前社会对各类人才的需求情况。这一过程需要我们从多个维度出发，全面而细致地了解社会对于人才的需求现状。一方面，我们需要关注不同行业、不同领域对于人才的需求差异。例如，信息技术、人工智能、生物科技等新兴产业对于具备创新能力和专业技能的人才需求迫切；而传统制造业、服务业等行业则更加注重人才的实践能力和团队协作能力。另一方面，我们还需要考虑地域差异对于人才需求的影响。不同地区的经济发展水平、产业结构以及社会文化特点等都会对人才需求产生影响。因此，我们需要通过广泛的调研和数据分析，全面把握当前社会对各类人才的需求情况。

在调研过程中，我们可以采用问卷调查、访谈、座谈会等多种形式，广泛收集用人单位、行业专家、政府部门等各方面的意见和建议。同时，我们还可以结合已有的研究成果和数据资料，进行综合分析和比较，以得出更加准确和全面的结论。

其次，调研未来社会人才需求的趋势和变化。未来社会将是一个更加开放、多元和创新的时代，对于人才的需求也将发生深刻的变化。因此，我们需要通过深入研究未来发展趋势，预测未来社会对人才的需求变化。这需要我们关注国际国内的政治经济形势、科技发展趋势、产业结构调整等因素，分析它们对人才需求的影响。同时，我们还需要关注社会文化的变迁和人们价值观念的变化，以了解未来社会对人才素质和能力的新要求。

在预测未来社会人才需求的过程中，我们可以借鉴国内外的研究成果和经验，结合我国的实际情况进行分析和判断。同时，我们还可以利用大数据、人工智能等现代信息技术手段，对人才需求进行数据挖掘和预测分析，以提高预测的准确性和可靠性。

通过深入调研社会人才需求，我们可以为高校教师队伍的建设提供有力的支撑和指导。一方面，我们可以根据社会对人才的需求情况，调整和优化教师队伍的学科结构和专业方向，确保教师队伍能够与社会需求保持紧密的联系。另一方面，我们还可以根据未来社会对人才的需求趋势，制订有针对性的培养计划和措施，提升教师队伍的整体素质和能力水平。

最后，我们还需要认识到，社会人才需求是一个动态变化的过程，高校教师队伍的建设也需要不断地进行调整和完善。因此，我们需要建立长效的调研机制，定期对社会人才需求进行调研和分析，以便及时发现问题和不足，并采取相应的措施进行改进。

总之，调研社会人才需求是高校教师队伍建设的重要环节。通过全面深入地了解当前和未来社会对人才的需求情况，我们可以为高校教师队伍的建设提供有力的支撑和指导，推动教师队伍与社会需求的紧密对接，为培养更多高素质人才做出更大的贡献。

在未来的工作中，我们将继续加强与社会各界的联系和合作，积极开展社会人才需求的调研工作，为高校教师队伍的建设提供更加全面、准确和及时的信息支持。同时，我们还将不断探索和创新教师培养模式和方法，提升教师队伍的整体素质和能力水平，以更好地满足社会对于人才的需求。

二、教师队伍建设与社会需求的对接

在教师队伍建设与社会需求的对接中，确定教师队伍建设的指导思想和原则至关重要。教师队伍建设的指导思想应当紧密围绕着适应社会需求、培养优秀人才、提高教学质量等方面展开。原则上，教师队伍建设应当注重以下几个方面。

首先，教师队伍建设应当以质量为核心。高校教师是培养未来人才的关键力量，其素质和能力直接影响到教学效果和学生发展。因此，教师队伍建设应当着力提高教师的学术水平、教学能力和科研能力，培养一支高素质、专业化的教师队伍。

其次，教师队伍建设应当注重创新能力的培养。随着社会的不断变化和发展，未来人才需求也在不断变化，需要教师具备创新精神和能力，能够适应未来社会的发展需求。因此，教师队伍建设应当注重培养教师的创新意识和创新能力，激发教师的创造力，推动教学和科研工作的创新发展。

再次，教师队伍建设应当注重团队合作和交流。教师队伍应当形成良好的合作氛围，建立起团队合作的机制和平台，促进教师之间的交流与合作，共同提高教学质量和科研水平。通过团队合作，可以充分发挥每位教师的优势，形成合力，更好地适应社会需求。

最后，在分析当前教师队伍结构与社会人才需求之间的匹配情况时，需要全面了解当前社会的人才需求情况，包括各行业、各领域对人才的需求特点和趋势。同时，也需要对当前高校教师队伍的结构和素质进行深入分析，看是否与社会需求相匹配。如果发现教师队伍结构与社会人才需求存在较大差距，就需要及时调整教师队伍建设的方向和重点，采取有效措施提升教师队伍的整体素质。可能需要进行教师培训、引进高层次人才、调整学科设置等措施，以确保教师队伍与社会人才需求的紧密对接。

总之，教师队伍建设与社会需求的对接是高校教育发展的重要环节，只有确保教师队伍与社会需求的契合，才能更好地为社会培养优秀人才，促进社会和经济的可持续发展。

三、探索教师培养模式

在本节，我们将着重讨论教师培养模式的创新，以满足社会人才需求为导向，并分析这种改革对教师队伍建设的影响。

教师培养模式的创新是当前高等教育领域的一项重要任务。随着社会的不断发展和变化，人才需求也在不断演变，对教师的要求也越来越高。传统的教师培养模式可能已经无法适应社会的需求，因此需要不断进行创新和改革。

首先，教师培养模式的创新应当注重实践能力的培养。传统的教师培养模式主要注重理论知识的传授，而对实践能力的培养相对较少。然而，当今社会更加注重实践能力和创新能力，教师需要具备更多的实践经验和技能。因此，教师培养模式的创新应当将实践教学、实习实训等环节纳入其中，帮助教师更好地掌握实践技能，提高实际操作能力。

其次，教师培养模式的创新应当注重跨学科和跨领域的培养。随着社会的发展，许多问题已经不再局限于某一个学科或领域，而是需要跨学科、跨领域的综合能力来解决。因此，教师培养模式的创新应当打破传统学科界限，促进不同学科之间的交叉融合，培养具有跨学科思维和能力的教师，以更好地适应社会的需求。

最后，教师培养模式的创新还应当注重教师的终身学习和发展。教师作为知识传授者和引导者，需要不断更新知识、提升能力，以适应社会的发展变化。因此，教师培养模式的创新应当为教师提供终身学习的机会和平台，鼓励他们参与不断的专业发展和学术研究，保持学习的热情和活力。

教师培养模式的改革对教师队伍建设有着深远的影响。通过创新教师培养模式，可以更好地培养适应社会需求的优秀教师，提高教师队伍的整体素质和竞争力。新的培养模式可以帮助教师更好地适应社会的变化和需求，提升他们的教学水平和科研能力，从而更好地为社会培养出色人才。

总之，探索教师培养模式的创新是当前高等教育领域的重要任务。通过不断改革和创新教师培养模式，可以更好地满足社会人才需求，提高教师队伍的整体素质，促进教育事业的发展和进步。教师培养模式的改革将为教师队伍建设带来新的机遇和挑战，也将为未来教育的发展注入新的活力和动力。

四、加强教师队伍建设与社会需求的沟通

教师队伍建设与社会需求之间的沟通和对接是教育领域中至关重要的一环。建立有效的沟通机制和平台可以更好地促进教师队伍建设与社会需求之间的互动和匹配，从而提高教育教学质量，培养更符合社会需求的优秀教师。

首先，建立教师队伍建设与社会需求沟通的机制和平台至关重要。这可以包括建立专门的教育人才培养规划部门或机构，负责对接教师培养计划与

社会需求，促进教师队伍建设与社会需求的对接。同时，建立定期的座谈会、研讨会等活动，邀请社会各界人士和专家学者参与，共同探讨教师培养的方向和目标，确保教师培养与社会需求保持紧密联系。

其次，加强教师队伍建设与社会需求的对接需要充分了解社会的发展趋势和需求。通过开展调研和调查，了解社会对教师的期望和需求，及时调整教师培养计划和内容，确保教师培养与社会需求相匹配。同时，建立教师实习基地和实践基地，让教师能够深入社会实践，更好地了解社会需求，提高实践能力和适应能力。

再次，加强教师队伍建设与社会需求的对接需要建立多方参与的合作机制。教育部门、高校、教育机构、企业等各方应当共同参与教师培养与社会需求的对接工作，共同制订教师培养计划和方案，确保教师培养与社会需求的一致性。同时，建立校企合作的机制，促进教育资源的共享和交流，为教师培养提供更多的实践机会和资源支持。

最后，加强教师队伍建设与社会需求的对接还需要加强教师的终身学习和发展。教师需要不断更新知识、提升能力，以适应社会的发展变化和需求。因此，建立健全的教师培训和发展体系，提供各类培训和学习机会，鼓励教师参与专业发展和学术研究，保持学习的热情和活力，不断提升自身素质和能力。

综上所述，加强教师队伍建设与社会需求的沟通与对接是当前教育领域亟待解决的问题。通过建立有效的沟通机制和平台，了解社会需求，调整教师培养计划，加强多方合作，推动教师的终身学习和发展，可以更好地培养符合社会需求的优秀教师，提高教育教学质量，促进教育事业的可持续发展。只有不断加强教师队伍建设与社会需求的对接，才能更好地适应社会的变化和需求，为教育事业的发展注入新的活力和动力。

第十章　高校教师队伍建设的监管与评估

　　高校教师队伍建设是高等教育质量的重要保障，因此，监管与评估是高校教师队伍建设的重要组成部分。本章将重点介绍高校教师队伍建设的监管与评估的概述、原则、方法和流程，以及相关的政策和法规。

　　首先，高校教师队伍建设需要遵循一定的原则，包括科学规划、合理配置、优化结构、注重质量等。这些原则需要贯穿于教师队伍建设的各个环节，包括招聘、培训、考核、晋升等。

　　其次，高校教师队伍建设的监管与评估需要采用科学的方法和流程。这些方法和流程应该根据不同的评估指标和评估对象进行制定，包括但不限于教师素质、教学能力、科研水平、社会服务等方面。同时，监管与评估也需要考虑到不同学科和不同类型教师的特点，制定相应的评估标准和评估方法。

　　最后，高校教师队伍建设需要遵循相关的政策和法规。这些政策和法规包括但不限于教师资格认定、教师职务评审、教师培训等方面。这些政策和法规需要与高校教师队伍建设的需求相适应，确保教师队伍建设的合法性和规范性。

　　总之，高校教师队伍建设是一个复杂的过程，需要从多个方面进行监管与评估。监管与评估的目的在于发现问题、解决问题，提高教师队伍的整体素质和能力水平，为高等教育质量的提升提供有力保障。

第一节　高校教师队伍建设的政策监管与指导

　　高校教师队伍建设是高等教育事业的重要组成部分，对于提高教学质量、促进学术研究和科技创新等方面具有重要意义。为了加强高校教师队伍建设，政府和高校应该加强对教师队伍建设的政策监管与指导。

首先，政府应该加强对高校教师队伍建设的监管和指导。政府可以通过制定相关政策和法规，规范高校教师队伍建设，确保教师队伍的质量和水平。同时，政府还可以通过开展专项检查和评估，对高校教师队伍建设进行监督和指导，发现问题及时纠正。

其次，高校也应该加强对教师队伍建设的监管和指导。高校应该建立健全教师队伍建设管理制度，规范教师招聘、培训、考核等方面的程序，确保教师队伍的质量和水平。同时，高校还可以通过开展学术交流、培训等活动，提高教师的专业水平和综合素质。

总之，政府和高校应该加强对教师队伍建设的政策监管与指导，确保教师队伍的质量和水平，为高等教育事业的发展提供坚实保障。

一、加强高校教师队伍建设的政策支持

政策支持是推动高校教师队伍建设的重要保障。在高等教育的发展过程中，政策的制定和实施对于教师队伍的建设起到了至关重要的作用。为了加强高校教师队伍建设，提高教师队伍的整体素质和水平，政策支持可以从以下几个方面展开。

一是制定吸引人才的政策。制定吸引人才的政策是加强高校教师队伍建设的重要一环。这些政策应该包括对优秀教师的奖励机制、提供良好的工作环境和条件、给予合理的薪酬待遇等等。同时，还可以通过设立人才引进基金、提供科研经费等方式，吸引更多的高层次人才加入高校教师队伍中来。

二是实施教师培养和发展政策。实施教师培养和发展政策是加强高校教师队伍建设的重要途径之一。这些政策应该包括建立完善的教师培训机制、提供各种形式的学术交流机会、鼓励教师参加国内外学术会议和研讨会等等。同时，还可以通过设立教师发展基金、提供科研启动经费等方式，鼓励教师不断提高自己的学术水平和综合能力。

三是加强师德师风建设政策。加强师德师风建设是高校教师队伍建设的重要内容之一。高校应该制定严格的师德师风建设规定，明确教师的职责和道德规范。同时，还可以通过开展师德师风宣传教育活动、设立师德师风奖励机制等方式，加强教师的师德师风建设，提高教师的社会形象和声誉。

四是完善评价和激励机制。完善评价和激励机制是加强高校教师队伍建设的关键环节。评价机制应该建立在对教师全面了解的基础上，包括教师的

学术水平、教学能力、师德师风等方面。激励机制则应该与评价结果相挂钩，对表现优秀的教师给予相应的奖励和晋升机会。同时，还可以通过实行绩效工资制度、提供福利待遇等方式，激发教师的工作积极性和创造力。

五是加强组织保障和管理体制建设。加强组织保障和管理体制建设是推动高校教师队伍建设的必要条件。高校应该建立完善的组织架构和职责分工，确保教师队伍建设工作的顺利开展。同时，还应该建立健全的管理体制和规章制度，规范教师的管理和考核方式，提高管理效率和管理质量。

六是重视青年教师培养。青年教师是高校教师队伍的中坚力量，他们的成长和发展对于高校的发展至关重要。因此，高校应该重视青年教师的培养，为他们提供更多的机会和资源。例如，可以设立青年教师科研基金、提供青年教师参加国内外学术会议和研讨会的经费支持等等。同时，还可以通过建立青年教师导师制度、开展教学比赛等方式，促进青年教师的成长和发展。

七是营造良好的工作环境和文化氛围。营造良好的工作环境和文化氛围是加强高校教师队伍建设的重要保障之一。高校应该注重营造积极向上、团结协作的工作氛围，促进教师之间的交流和合作。同时，还应该注重培育具有自身特色的校园文化，提高教师的归属感和荣誉感。例如，可以开展各种形式的校园文化活动、打造良好的校园环境等等。

总之，加强高校教师队伍建设的政策支持需要从多个方面入手综合施策才能够取得更好的效果。除了以上提到的吸引人才、培养和发展、师德师风建设、评价和激励机制、组织保障和管理体制建设、重视青年教师培养以及营造良好的工作环境和文化氛围等方面，还需要根据不同高校自身的实际情况进行个性化的设计和调整才能够达到最佳的效果。

二、完善高校教师队伍建设的监管机制

完善监管机制是保障高校教师队伍建设质量和效果的重要手段。通过对教师队伍的监管，可以及时发现和解决存在的问题，推动教师队伍的健康发展。

一是建立完善的监管制度。高校应该根据国家相关法律法规和政策规定，结合自身实际情况，建立完善的教师队伍建设监管制度。这些制度应该包括教师招聘、培训、考核、评价、晋升、奖惩等方面的规定，明确监管标准和程序，使监管工作有法可依、有章可循。

二是设立专门的监管机构。高校应该设立专门的监管机构，负责教师队伍建设的监管工作。这些机构应该具备独立性和权威性，能够有效地履行监管职责。例如，可以设立教师发展中心、教学评估中心、人事处等机构，分别负责教师队伍建设的不同方面的监管工作。

三是加强对教师的考核和评价。考核和评价是监管教师队伍的重要手段之一。高校应该建立完善的教师考核和评价制度，明确考核和评价的标准和程序。在考核和评价过程中，应该注重教师的综合素质和能力水平，避免单一的量化指标评价方式。同时，还应该注重教师评价结果的应用，将评价结果与教师的晋升、奖惩等挂钩，发挥评价的引导和激励作用。

四是建立信息共享平台。高校可以建立信息共享平台，促进教师之间的交流和合作。通过信息共享平台，教师可以了解学校的人才培养目标、教学计划、科研项目等信息，也可以分享自己的教学经验、研究成果等信息。这有助于提高教师的工作效率和质量，也有助于监管机构及时了解教师队伍的状况和问题，更好地开展监管工作。

五是加强社会监督。社会监督是促进高校教师队伍建设的重要力量。高校应该建立信息公开制度，向社会公布教师队伍建设的政策、计划、方案等信息，接受社会的监督和评价。同时，还可以邀请社会人士担任高校教师队伍建设的监督员或评估员，加强对高校教师队伍建设的监管和评估。

六是建立投诉和反馈机制。高校应该建立投诉和反馈机制，及时处理教师和学生关于教师队伍建设的投诉和反馈。例如，可以设立投诉电话、邮箱等渠道，接受师生的投诉和反馈。对于收到的投诉和反馈，高校应该及时处理并给予回应，对于存在的问题要采取措施进行整改和改进。

七是加强自律机制建设。自律机制建设是高校教师队伍建设的重要保障之一。高校应该加强教师的职业道德教育，引导教师树立正确的职业观念和价值观念。同时，还可以通过建立教师职业道德规范、开展师德师风宣传教育活动等方式，加强教师的自律意识和社会责任感。

总之，完善监管机制是加强高校教师队伍建设的重要环节之一。高校应该从制度建设、专门机构设立、考核评价、信息共享、社会监督、投诉反馈机制和自律机制建设等方面入手，综合施策才能够更好地推动教师队伍建设的健康发展，并提高其质量和效果，从而为高等教育的改革和发展做出更大的贡献。

第二节　高校教师队伍的质量评估与监控

高校教师队伍的质量评估与监控是确保高等教育质量和提升教师工作效率的重要环节。通过对教师队伍的质量进行评估和监控，可以及时发现和解决教师队伍建设中存在的问题，促进教师个人和整体队伍的发展。质量评估和监控通常包括对教师教学水平、科研能力、专业素养等多方面的综合评价，以及建立有效的反馈机制和问责制度，以确保评估结果的有效应用。通过定期进行评估和监控，高校可以及时调整教师培养计划和管理策略，优化教师队伍结构，提高教师工作满意度和职业发展动力。同时，这也有助于提高学生的学习成果和满意度，推动高校整体教育水平的提升。

一、高校教师队伍的质量评估体系

在高校教师队伍的建设中，质量评估体系扮演着至关重要的角色。它不仅可以帮助高校了解教师队伍的整体质量，还可以为改进教师培养、招聘和晋升等方面提供依据。

一是确定评估目标和原则。在构建高校教师队伍的质量评估体系时，首先要明确评估的目标和原则。评估目标应该与高校的教师队伍建设规划和人才培养目标相一致，同时还要考虑教育质量和公平公正的原则。此外，还要根据不同学科、不同层次教师的要求，制定具有针对性的评估标准。

二是建立多元化的评估指标。评估指标是衡量教师队伍质量的尺度，高校应该根据自身实际情况，建立多元化的评估指标。这些指标应该包括教学、科研、社会服务、师德师风等方面，同时还要考虑定性和定量评估相结合的方式，使评估结果更加客观、全面。此外，还要根据不同学科、不同层次教师的要求，对评估指标进行细化和调整。

三是采用多种评估方法。评估方法是实施质量评估的关键环节，高校应该根据自身实际情况，采用多种评估方法。这些方法应该包括同行评价、学生评价、自我评价、第二方评价等多种形式，使评估结果更加客观、全面。此外，还要根据不同学科、不同层次教师的要求，对评估方法进行细化和调整。

四是加强评估结果的应用。评估结果的应用是质量评估体系的重要环节，高校应该加强对评估结果的应用。首先，要将评估结果与教师的晋升、奖惩等挂钩，发挥评估的引导和激励作用。其次，要根据评估结果发现教师队伍中存在的问题和不足，制订针对性的改进措施。最后，还要将评估结果反馈给教师本人，帮助他们了解自己的优势和不足之处，促进他们的专业发展。

五是建立持续改进机制。持续改进机制是保障高校教师队伍质量的重要手段，高校应该建立持续改进机制。要根据评估结果和教师队伍的发展状况，不断调整和完善评估指标和评估方法。同时，还要加强对教师队伍的培训和发展，提高教师的整体素质和能力水平。此外，还要建立与外界的交流和合作机制，引进先进的教师队伍管理经验和评估方法，不断提高教师队伍的质量和水平。

六是加强组织保障和管理体制建设。加强组织保障和管理体制建设是推动高校教师队伍质量评估体系的重要保障。高校应该建立完善的组织架构和职责分工，确保教师队伍质量评估工作的顺利开展。同时，还应该建立健全的管理体制和规章制度，规范教师的管理和考核方式，提高管理效率和管理质量。此外，还要加强与外界的交流和合作，借鉴先进的教师队伍管理经验和评估方法，不断提高自身的管理水平和质量。

总之，建立完善的高校教师队伍质量评估体系需要从多个方面入手综合施策才能够取得更好的效果。除了以上提到的确定评估目标和原则、建立多元化的评估指标、采用多种评估方法、加强评估结果的应用、建立持续改进机制以及加强组织保障和管理体制建设等方面外，还需要根据不同高校的实际情况进行个性化的设计和调整才能够达到最佳的效果。

二、高校教师队伍建设的监控与调整

在高校教师队伍建设的过程中，监控与调整是保证建设质量和效果的重要环节。通过对教师队伍建设的监控和调整，可以及时发现和解决存在的问题，确保教师队伍建设工作的顺利进行。

一是建立监控机制。高校应该建立完善的监控机制，对教师队伍建设工作进行全面的监督和管理。这包括对教师招聘、培训、考核、评价、晋升、奖惩等环节的监控，确保每个环节都按照规定的程序和标准进行。同时，还要建立信息反馈机制，及时收集和分析教师和学生对于教师队伍建设的意见和建议，以便对存在的问题进行及时的调整和改进。

二是加强教学质量的监控。教学质量是高校教师队伍建设的重要方面之一。高校应该加强对教学质量的监控，建立完善的教学质量评估体系。这包括对教师的教学态度、教学内容、教学方法、教学效果等方面的评估，以及对学生学习情况的反馈和评估。通过定期开展教学质量评估活动，可以及时发现和解决教学中存在的问题，提高教学质量和效果。

三是注重科研质量的监控。科研质量是高校教师队伍建设的另一个重要方面。高校应该加强对科研质量的监控，建立完善的科研质量评估体系。这包括对教师的科研成果、科研项目、学术论文等方面的评估，以及对外界学术评价的参考和借鉴。通过定期开展科研质量评估活动，可以及时发现和解决科研中存在的问题，提高科研质量和效果。

四是重视师德师风。师德师风是高校教师队伍建设的核心和灵魂。高校应该加强对师德师风的建设，建立完善的师德师风评估体系。这包括对教师的职业道德、教育理念、教学态度等方面的评估，以及对学生和社会的反馈和评价。通过定期开展师德师风评估活动，可以及时发现和解决师德师风中存在的问题，提高教师的职业道德和教育理念水平。

五是做好组织保障和管理体制建设。做好组织保障和管理体制建设是实现教师队伍建设监控与调整的重要保障。高校应该建立完善的组织架构和职责分工，确保教师队伍建设工作的顺利进行。同时，还应该建立健全的管理体制和规章制度，规范教师的管理和考核方式，提高管理效率和管理质量。此外，还要加强与外界的交流和合作，引进先进的教师队伍管理经验和评估方法，不断提高自身的管理水平和质量。

六是及时调整教师队伍结构。根据教学质量、科研质量、师德师风等各方面的监控结果，高校应及时调整教师队伍结构。对于表现优秀的教师，应给予奖励和晋升机会；对于表现不佳的教师，应进行帮扶或调岗；对于无法适应高校教育教学需求的教师，应予以清退。通过及时调整教师队伍结构，确保教师队伍的整体素质和能力水平得到提高。

七是加强对教师的培训和发展。加强教师培训和发展是实现高校教师队伍建设监控与调整的重要途径之一。高校应根据教师队伍建设的需要和教师个人的发展需求，开展有针对性的培训和发展项目。这包括教育教学能力培训、科研能力提升培训、职业发展规划辅导等，以促进教师的专业成长和发展。

总之，实现高校教师队伍建设的监控与调整需要从多个方面入手综合施策才能够取得更好的效果。除了以上提到的建立监控机制、加强教学质量的监控、注重科研质量的监控、重视师德师风、做好组织保障和管理体制建设、及时调整教师队伍结构以及加强对教师的培训和发展等方面外，还需要根据不同高校的实际情况进行个性化的设计和调整才能够达到最佳的效果。

第三节　高校教师队伍建设的信息化管理与大数据应用

随着信息技术的飞速发展，信息化管理与大数据应用已经成为高校教师队伍建设的重要手段之一。通过信息化管理和大数据应用，高校可以更加高效地管理教师队伍，提升教学质量和科研水平，推动教师队伍建设的现代化和科学化。

首先，信息化管理为高校教师队伍建设提供了强大的技术支持。通过建立完善的信息管理系统，高校可以实现教师信息的数字化、网络化和智能化管理。这包括教师的个人信息、教学经历、科研成果、学术活动等方面的记录和管理。通过信息化管理，高校可以实时掌握教师队伍的整体情况和个体特点，为教师的选拔、培养、评价和管理提供有力支持。

其次，大数据应用为高校教师队伍建设提供了更加精准和科学的决策依据。通过对大量教师数据的收集、分析和挖掘，高校可以深入了解教师队伍的结构、素质和发展趋势，发现教师队伍中存在的问题和不足，为制定针对性的政策和措施提供科学依据。例如，高校可以通过大数据分析教师的学术影响力、教学水平、创新能力等指标，为教师评价提供更为客观和全面的依据。同时，大数据应用还可以帮助高校预测教师队伍的未来需求和发展趋势，为制定长远规划提供有力支持。

最后，信息化管理与大数据应用还可以促进高校教师队伍建设的创新与发展。通过信息化平台，高校可以加强教师之间的交流与合作，推动跨学科、跨领域的学术研究和创新活动。同时，大数据应用还可以为教师提供个性化的学习和发展建议，帮助他们不断提升自身素质和能力水平。

然而，信息化管理与大数据应用在高校教师队伍建设中也面临着一些挑战和问题。例如，数据安全和隐私保护问题、数据质量和准确性问题、数据分析和解读能力问题等。因此，高校在推进信息化管理与大数据应用时，需要注重数据安全和隐私保护，建立完善的数据质量控制机制，加强数据分析和解读能力的培养和提升。

综上所述，信息化管理与大数据应用是高校教师队伍建设不可或缺的重要手段。通过加强信息化建设和大数据应用，高校可以更加高效地管理教师队伍，提升教学质量和科研水平，推动教师队伍建设的现代化和科学化。同时，高校也需要不断解决信息化管理与大数据应用中存在的问题和挑战，为教师队伍建设的持续发展提供有力保障。

一、信息化管理在教师队伍建设中的应用与实践

随着信息技术的迅猛发展，信息化管理在高校教师队伍建设中扮演着越来越重要的角色。信息化管理不仅提高了教师管理的效率和精确度，也为教师的个人成长和专业发展提供了有力的支持。这一部分将深入探讨信息化管理在教师队伍建设中的应用与实践，旨在进一步推动教师队伍建设的现代化和科学化。

（一）信息化管理在教师基本信息管理中的应用

教师基本信息管理是教师队伍建设的基石。传统的教师信息管理方式往往依赖于纸质档案和人工操作，存在信息更新不及时、查询效率低下等问题。而信息化管理通过建立电子化的教师信息管理系统，实现了教师信息的实时更新和快速查询。

在实践中，高校可以通过开发或引入专业的教师信息管理系统，将教师的个人信息、学历背景、教学经历、科研成果等录入系统，并设置相应的权限和访问方式。这样，无论是学校管理层还是教师个人，都可以随时通过系统查看和更新教师信息，大大提高了管理效率和信息的准确性。

此外，信息化管理还可以通过数据分析和挖掘，为教师队伍建设提供决策支持。例如，通过对教师年龄、学历、职称等数据的分析，可以了解教师队伍的整体结构和特点，为制定针对性的政策和措施提供依据。

（二）信息化管理在教学管理与评价中的应用

教学是教师的基本职责，也是教师队伍建设的重要内容。信息化管理在教学管理与评价中的应用，有助于提升教学质量和教师的专业素养。

首先，信息化管理可以实现教学资源的共享和优化配置。通过建设在线

教学平台，教师可以上传课件、视频等教学资源，实现资源的共享和重复使用。同时，学校可以根据教学需求，对教学资源进行统一调配和管理，确保资源的有效利用。

其次，信息化管理可以加强教学过程的监控和评估。通过在线教学平台，学校可以实时跟踪教师的教学进度、学生的作业完成情况等信息，及时发现教学中存在的问题并进行干预。此外，学校还可以利用信息化管理手段，开展教学质量评价和反馈工作，收集学生和同行的意见和建议，帮助教师改进教学方法和提高教学效果。

（三）信息化管理在科研管理与服务中的应用

科研是教师专业发展的重要组成部分，也是高校综合实力的重要体现。信息化管理在科研管理与服务中的应用，有助于提升教师的科研能力和水平。

一方面，信息化管理可以实现科研项目的申报、审批、结题等流程的在线化操作。通过建设科研项目管理系统，教师可以在线提交项目申请、查看审批进度、管理项目经费等，大大简化了申报流程，提高了工作效率。

另一方面，信息化管理还可以为教师提供科研信息服务和支持。通过整合学术数据库、期刊论文等资源，学校可以建立统一的科研信息服务平台，为教师提供便捷的文献检索、论文发表等服务。同时，学校还可以利用大数据等技术手段，对教师的科研成果进行深度分析和挖掘，为教师提供个性化的科研建议和发展规划。

（四）信息化管理在教师培训与发展中的应用

教师培训与发展是教师队伍建设的重要环节。信息化管理在教师培训与发展中的应用，有助于提升教师的专业素养和综合能力。

首先，信息化管理可以为教师培训提供线上线下的混合式教学模式。通过在线学习平台，教师可以随时随地参加培训课程、观看教学视频、参与在线讨论等，实现灵活多样的学习方式。同时，学校还可以组织线下的研讨会、培训班等活动，为教师提供面对面的交流和学习机会。

其次，信息化管理还可以为教师发展提供个性化的学习路径和职业规划。通过对教师的学习记录、培训成果等数据进行分析，学校可以了解教师的学习需求和职业发展方向，为教师提供有针对性的学习资源和职业发展建议。

（五）信息化管理在教师绩效管理与考核中的应用

绩效管理与考核是教师队伍建设的重要保障。信息化管理在教师绩效管理与考核中的应用，有助于实现考核的公正、客观和高效。

一方面，信息化管理可以建立全面的教师绩效评价体系。通过设定科学的评价指标和权重，将教师的教学、科研、社会服务等方面的成果纳入评价体系，确保评价的全面性和准确性。同时，学校还可以利用信息化管理手段，收集和处理教师的绩效数据，为评价提供客观依据。

另一方面，信息化管理还可以提高考核的效率和透明度。通过在线评价系统，教师可以方便地查看自己的考核成绩和反馈意见，及时了解自己的不足之处并加以改进。同时，学校也可以利用信息化管理手段，对考核结果进行统计和分析，为制订激励措施和改进方案提供依据。

（六）信息化管理在教师队伍建设中的挑战与对策

尽管信息化管理在教师队伍建设中发挥了重要作用，但也面临着一些挑战和问题。例如，数据安全和隐私保护问题、信息系统的稳定性和可靠性问题、教师信息素养的提升等。

针对这些挑战和问题，高校需要采取相应的对策和措施。首先，加强数据安全和隐私保护，建立完善的数据管理制度和应急预案，确保教师信息的安全性和保密性。其次，提升信息系统的稳定性和可靠性，加强系统的维护和更新工作，确保系统的正常运行和数据的准确性。最后，加强教师信息素养的培训和教育，提高教师的信息技术应用能力和水平，推动信息化管理与教师队伍建设的深度融合。

综上所述，信息化管理在教师队伍建设中的应用与实践具有重要意义。通过加强信息化管理在教师基本信息管理、教学管理与评价、科研管理与服务、教师培训与发展以及绩效管理与考核等方面的应用，可以推动教师队伍建设的现代化和科学化。同时，高校也需要关注信息化管理中存在的挑战和问题，并采取相应的对策和措施加以解决，为教师队伍建设的持续发展提供有力保障。

二、大数据技术在教师队伍监管与评估中的潜力与价值

随着大数据技术的飞速发展，其在教育领域的应用也日益广泛。在高校教师队伍建设中，大数据技术的引入为监管与评估工作带来了前所未有的变革。本部分旨在深入探讨大数据技术在教师队伍监管与评估中的潜力与价

值，以期为高校教师队伍建设的优化提供有益参考。

（一）大数据技术在教师队伍监管中的应用与潜力

教师队伍的监管工作涉及教师的师德师风、教学质量、学术诚信等多个方面。传统的监管方式往往依赖于人工巡查、学生评价等手段，存在主观性强、数据收集不全面等问题。而大数据技术的应用，则为教师队伍监管提供了新的解决方案。

首先，大数据技术可以通过收集和分析教师的教学数据、学生反馈数据等，形成全面的教师画像。这些画像可以反映教师的教学风格、教学效果、学生满意度等信息，为监管工作提供客观、全面的依据。

其次，大数据技术还可以对教师的学术活动进行监管。通过分析教师的学术论文、科研项目、学术会议等数据，可以发现学术不端行为的线索，及时进行干预和处理。同时，大数据技术还可以对教师的学术影响力进行评估，为教师的职称晋升、学术奖励等提供依据。

最后，大数据技术还可以应用于教师的师德师风监管。通过收集和分析教师的师德表现、学生投诉等数据，可以及时发现和解决师德问题，提升教师队伍的整体形象。

（二）大数据技术在教师队伍评估中的价值与意义

教师队伍的评估工作对于提升教学质量、推动教师发展具有重要意义。大数据技术的应用，使得教师队伍评估更加科学、客观、全面。

首先，大数据技术可以对教师的教学效果进行精准评估。通过收集和分析学生的学习成绩、课堂表现、作业完成情况等数据，可以评估教师的教学效果，发现教学中的问题和不足，为教师提供改进的方向和建议。

其次，大数据技术还可以对教师的科研能力进行评估。通过分析教师的学术论文发表情况、科研项目参与情况、学术影响力等指标，可以客观评价教师的科研能力和水平，为教师的职称晋升、学术奖励等提供依据。

最后，大数据技术还可以对教师的综合素质进行评估。通过收集和分析教师的师德表现、社会服务、团队协作等方面的数据，可以全面评价教师的综合素质，为教师的个人发展和学校的人才选拔提供参考。

（三）大数据技术在教师队伍监管与评估中的挑战与对策

尽管大数据技术在教师队伍监管与评估中具有巨大的潜力和价值，但在实际应用中也面临着一些挑战和问题。

首先，数据质量和来源的可靠性是大数据技术应用的关键。为了确保评估结果的准确性和公正性，需要建立严格的数据采集、清洗和验证机制，确保数据的真实性和完整性。

其次，大数据技术的应用需要具备一定的技术能力和人才支持。高校需要加强对大数据技术的培训和教育，提升教师的信息素养和数据分析能力，使其能够充分利用大数据技术进行监管和评估工作。

最后，还需要关注数据安全和隐私保护的问题。在收集和使用教师数据的过程中，需要严格遵守相关法律法规和伦理规范，确保教师的个人隐私得到保护。

（四）大数据技术在教师队伍监管与评估中的发展趋势

随着大数据技术的不断发展和完善，其在教师队伍监管与评估中的应用也将呈现出以下趋势。一是数据收集的多元化和全面化。未来，大数据技术将能够收集更多种类的教师数据，包括教学视频、课堂互动、学生反馈等，以形成更加全面、立体的教师画像。二是数据分析的智能化和精准化。随着人工智能技术的不断进步，大数据分析将更加智能化和精准化，能够自动识别和预测教师的教学问题和发展趋势，为教师提供更加个性化的指导和建议。三是监管与评估的实时化和动态化。大数据技术将能够实现教师队伍监管与评估的实时化和动态化，能够及时发现和解决教师队伍中的问题，为高校教师队伍建设的持续优化提供有力支持。

综上所述，大数据技术在教师队伍监管与评估中具有巨大的潜力和价值。通过充分利用大数据技术的优势，高校可以实现对教师队伍的精准监管和科学评估，推动教师队伍建设的现代化和专业化。同时，也需要关注大数据技术应用中的挑战和问题，并采取相应的对策和措施加以解决，以确保大数据技术在教师队伍监管与评估中的有效应用。

在未来的发展中，高校应进一步加强对大数据技术的研发和应用，不断提升教师队伍监管与评估的水平和质量。同时，还需要加强与其他高校和研究机构的合作与交流，共同推动大数据技术在教育领域的创新与发展，为高校教师队伍建设的持续优化和提升做出更大的贡献。

第十一章　结论与展望

在本书中，我们深入探讨了高校教师队伍建设的重要性、现状及挑战，并提出了相应的政策建议和实践策略。本书的主要结论包括：教师队伍建设是高校发展的核心，对提升教育质量、培养优秀人才具有决定性作用。当前高校教师队伍建设面临诸多挑战，如教师素质参差不齐、结构不尽合理、评价体系不完善等。通过完善政策监管与指导、加强教师培训、优化评价体系等措施，可以有效提升高校教师队伍的整体素质和水平。

展望未来，高校教师队伍建设仍有很大的提升空间。在政策层面，需要进一步强化政府对教师队伍建设的引导和支持，加大对高等教育的投入，提高教师待遇，吸引更多优秀人才投身教育事业。在实践层面，各高校应注重教师队伍的优化和调整，加强教师培训和管理，促进教师专业化发展，推动教育教学和科研创新。同时，应积极推动教师评价体系的改革和完善，充分激发教师的积极性和创造性，全面提升高等教育质量。

第一节　对高校教师队伍建设的总结和评价

高校教师队伍建设在规模与结构、师资引进与培养、教学能力与质量、科研成果与创新等方面取得了进步，具体表现为教师人数增长，高学历、高职称教师增加，教学水平提升，科研成果丰硕。然而，也面临稳定性和职业发展等问题。未来需持续加强教师队伍建设，包括人才引进、培养机制优化、教学科研水平提升等，以推动高校教育事业发展。

一、高校教师队伍建设取得的成效和进展

随着我国高等教育事业的蓬勃发展，高校教师队伍建设取得了显著的成

效和进展。这一成就不仅体现在教师数量的增加上，更在于教师队伍整体素质的显著提升以及教育教学、科学研究、社会服务等多方面能力的不断增强。

（一）教师队伍规模稳步扩大

在过去几年中，高校教师队伍规模持续扩大，有效满足了高等教育快速发展的需求。随着高校招生规模的不断扩大，教师数量也相应增加，保证了教学工作的顺利开展。同时，高校教师队伍的结构也日趋合理，青年教师成为教师队伍中的生力军，他们拥有较高的学历和学术水平，为高等教育事业注入了新的活力。

从改革开放以来，我国高校的教师数量趋势表现为经历了多个阶段的发展和变化。

1.恢复重建阶段（1978—1991年）：这一时期，我国高等教育体系开始恢复和重建，高校教师队伍建设政策以制度建设为中心，标志着高校教师队伍的初步形成和发展。

2.内涵建设阶段（1992—1999年）：在这一阶段，高校教师队伍建设政策以创新发展为核心，注重教师队伍的质量提升，体现了从规模建设向质量建设转变的趋势。

3.开放发展阶段（2000—2006年）：此阶段，政策重心转向均衡优化，强调协同发展，反映了高校教师队伍建设从重点扶持走向更加注重质量和效率的转变。

4.繁荣新兴阶段（2007年至今）：以高素质、专业化为焦点，高校教师队伍建设进入了一个新的发展阶段，注重高水平创新人才的培育和一流师资队伍的建设。

5.教师流动政策变迁：改革开放以来，高校教师流动政策也经历了显著的变化，从政府主导到市场参与，再到自由流动阶段的演变，这不仅促进了教师队伍结构的优化，也提升了教师队伍的整体质量。

6.教师专业化发展：改革开放以来，教师专业发展呈现出从知识到素养、从经验到制度、从封闭到多元、从本土到国际等特点的变化，反映了教师专业化程度的不断提高。

综上所述，改革开放以来，我国高校的教师数量趋势先是在恢复重建的基础上逐步增加，随后通过内涵建设和开放发展等阶段，教师队伍结构和教师队伍质量得以不断优化和提升。进入繁荣新兴阶段后，高校更加注重高素质、专业化人才的培养，同时教师流动政策的变迁和教师专业化的推进也为教师队伍的发展提供了有力的支持。

（二）教师素质显著提升

高校教师队伍建设的一个重要成果是教师素质的显著提升。近年来，我国高校博士学位数量的趋势表现为持续增长和结构优化。根据不同的研究和分析，可以从以下几个方面综合理解这一趋势：一是增长趋势。据预测，到2030年，我国将授予博士学位13.82万人，年均增长率为6.44%。这表明我国的博士生教育规模仍有较大的发展空间。此外，自中华人民共和国成立以来，我国博士生招生规模不断上升，招生结构呈现多样化发展趋势。二是结构优化。我国博士生教育的总体规模呈从"渐进"到"突进"的扩张趋向，学科结构呈应用性学科为主的局部扩张，学位类型呈以专业学位为主的跨越扩张。这种结构的变化反映了对高层次创新人才需求的响应，以及对社会经济发展模式转变和产业结构升级的适应。三是质量与挑战。尽管博士生教育规模不断扩大，但其质量和培养模式仍面临挑战。例如，存在"质量削弱"和"过度教育"的隐忧，以及博士生导师队伍年轻化导致的生师比增长问题。这些挑战要求在扩张博士生规模的同时，注重博士生教育的质量保障和内涵式发展。四是政策与改革。为了应对这些挑战并促进博士生教育的健康发展，我国政府和高等教育机构已经采取了一系列措施，包括扩大博士教育规模的必要性和可行性分析，建立专业博士学位制度，以及优化博士生招生决策机制和发展博士专业学位研究生教育。五是国际比较与趋势。与美国相比，我国博士毕业生的年均增幅较大，但近年来增速下降，绝对与相对规模均低于美国。这表明我国博士生教育在全球范围内仍有较大的发展空间，同时也需要进一步统筹优化规模、结构、质量和效益，实现内涵式发展。

越来越多的教师具备硕士、博士学位，他们不仅拥有扎实的专业知识，还具备较高的教育教学能力和科研创新能力。此外，高校还注重教师的师德师风建设，通过培训、考核等多种方式，不断提升教师的职业道德水平和教育教学能力。

（三）教育教学能力不断增强

教育教学是高校教师的核心职责。近年来，高校教师队伍建设在教育教学方面取得了显著进展。一方面，教师们积极探索教学方法的改革与创新，注重培养学生的创新精神和实践能力；另一方面，他们不断更新教学内容，将最新的科研成果融入课堂，提高了教学质量和效果。

（四）科研创新能力持续提升

科研是高校教师的重要职责之一。随着高校教师队伍建设的不断推进，教师的科研创新能力也得到了显著提升。他们积极参与各类科研项目，发表了大量的学术论文和专著，取得了许多重要的科研成果。这些成果不仅提升了高校的学术声誉，也为我国的科技进步和社会发展做出了重要贡献。

（五）社会服务功能日益凸显

高校教师在履行教育教学和科研职责的同时，也积极投身社会服务工作。他们利用自己的专业知识和技能，为社会提供咨询、培训等服务，为地方经济社会发展做出了积极贡献。同时，高校教师还积极参与社会公益活动，传播科学文化知识，提升公众的素养。

（六）国际交流与合作日益频繁

随着全球化的深入发展，高校教师队伍建设的国际化水平也在不断提高。越来越多的高校教师参与到国际交流与合作中，通过访学、参加国际会议、开展合作研究等方式，不断提升自己的国际视野和学术水平。同时，高校还积极引进海外优秀人才，优化教师队伍结构，提高教师队伍的整体素质。

（七）制度建设不断完善

高校教师队伍建设取得的成效和进展离不开制度建设的不断完善。近年来，高校在教师招聘、培训、考核、激励等方面形成了一套较为完善的制度体系。这些制度不仅保证了教师队伍的稳定发展，也激发了教师的积极性和创造力。同时，高校还注重发挥学术组织的作用，加强学术评价和监督，为教师的成长和发展提供了良好的学术环境。

（八）青年教师培养机制日益健全

青年教师是高校教师队伍中的新生力量，也是未来高等教育事业发展的中坚力量。近年来，高校在青年教师培养方面投入了大量精力，通过建立导师制、开展青年教师培训项目、设立青年教师科研基金等方式，为青年教师提供了良好的成长环境和平台。这些措施有效促进了青年教师的快速成长，为高校教师队伍注入了新的活力。

（九）师德师风建设成效显著

师德师风是高校教师队伍建设的重要内容。高校注重加强师德师风建设，通过举办师德师风讲座、开展师德师风评比活动等方式，引导教师树立正确的教育观、人才观和价值观。同时，高校还建立了严格的师德师风考核机制，对违反师德师风规定的教师进行严肃处理，有效维护了教师队伍的良好形象。

综上，高校教师队伍建设取得的成效和进展是显著的。然而，我们也要清醒地认识到，当前高校教师队伍建设仍面临一些挑战和问题，如教师队伍结构不够优化、部分教师教育教学和科研创新能力有待提高等。因此，我们需要继续加大高校教师队伍建设力度，不断优化教师队伍结构，提高教师队伍整体素质，为我国高等教育事业的持续发展提供有力的人才保障。

未来，高校教师队伍建设的方向应该是进一步优化教师队伍结构，提升教师队伍的整体素质和能力。同时，还需要加强教师的国际交流与合作，拓宽教师的国际视野，提高教师的国际竞争力。此外，还需要进一步完善教师队伍建设的相关制度，为教师的成长和发展提供更好的制度保障。通过这些措施的实施，相信我国高校教师队伍建设将会取得更加显著的成效和进展。

总之，高校教师队伍建设是我国高等教育事业发展的重要组成部分。我们应该充分肯定高校教师队伍建设取得的成效和进展，同时也要清醒地看到存在的问题和挑战。只有不断加强高校教师队伍建设，提高教师队伍的整体素质和能力，才能为我国高等教育事业的持续发展提供坚实的人才保障。

二、存在的问题和改进的方向

随着高等教育的普及化和内涵式发展，高校教师队伍建设取得了显著成效，教师队伍的整体素质和能力得到了显著提升。然而，在取得成绩的同时，我们也必须清醒地看到，当前高校教师队伍建设仍然存在一些问题和挑战，需要我们深入分析和探讨，并提出相应的改进措施和发展方向。

（一）存在的问题

教师队伍结构不够优化。目前，一些高校的教师队伍结构存在不合理之处。例如，青年教师比例偏高，而具有丰富教学经验和科研能力的中年骨干教师相对较少。这种结构不平衡可能导致教学水平和科研实力难以持续提升。同时，部分高校在学科布局上不够均衡，某些学科的教师过于集中，而其他学科则相对薄弱，这不利于学科交叉融合和创新发展。

部分教师教育教学能力有待提升。尽管大部分教师具备较高的学术水平，但教育教学能力却参差不齐。一些教师缺乏先进的教育理念和教学方法，难以激发学生的学习兴趣和创新精神。此外，部分教师过于注重科研而忽视了教学，导致教学质量不高，影响了学生的培养质量。

科研创新能力不足。开展科研活动是高校教师的重要职责之一，然而当前部分教师的科研创新能力并不强。一方面，一些教师缺乏独立的科研思考和创新能力，难以产出高水平的科研成果；另一方面，部分高校在科研管理和激励机制上存在不足，导致教师的科研积极性和创新能力受到抑制。

师德师风建设仍需加强。师德师风是教师队伍建设的核心内容。尽管大部分教师都具备良好的师德师风，但仍有少数教师存在学术不端、师德失范等问题。这些问题不仅损害了教师的形象和声誉，也影响了学生的健康成长和高校的声誉。

国际化水平有待提高。在全球化的背景下，高校教师队伍的国际化水平是衡量其整体实力的重要指标。然而，目前一些高校的教师队伍国际化程度还相对较低，缺乏具有国际视野和跨文化交流能力的教师。这不仅限制了高校在国际舞台上的竞争力，也影响了学生的国际化发展。

（二）改进的方向

优化教师队伍结构。高校应根据学科发展需要和人才培养目标，合理规划教师队伍结构。一方面，加大对青年教师的培养力度，通过导师制、青年教师研修班等方式，提升他们的教学水平和科研能力；另一方面，积极引进具有丰富经验和学术造诣的中年骨干教师，发挥他们在学科建设和人才培养中的引领作用。同时，高校还应加强学科交叉融合，鼓励教师开展跨学科研究和教学，推动学科创新发展。

提升教育教学能力。高校应加强对教师的教育教学能力培训，帮助他们更新教育理念，掌握先进的教学方法。同时，建立健全教学评价体系，将教学质量作为教师考核和晋升的重要依据，激励教师投入更多的精力到教学中。此外，高校还应加强教学团队建设，通过集体备课、教学研讨等方式，提升整体教学水平。

增强科研创新能力。高校应加大对科研工作的投入，为教师提供良好的科研环境和条件。同时，建立科学的科研管理和激励机制，鼓励教师开展原创性、高水平的科研工作。此外，高校还应加强与企业、科研院所等机构的合作，推动产学研深度融合，提升教师的科研创新能力和成果转化能力。

加强师德师风建设。高校应把师德师风建设作为教师队伍建设的重要内容，通过举办师德师风讲座、开展师德师风评比活动等方式，引导教师树立正确的教育观、人才观和价值观。同时，建立健全师德师风考核机制，对违反师德师风规定的教师进行严肃处理，维护教师队伍的良好形象。

提升国际化水平。高校应加大引进海外优秀人才的力度，吸引更多具有国际视野和跨文化交流能力的教师加入。同时，鼓励和支持教师参加国际学术会议、访学等活动，提升他们的国际化水平和国际竞争力。此外，高校还应加强与国际知名高校和机构的合作与交流，推动教师队伍的国际化发展。

（三）具体实施策略

建立科学的招聘机制。在招聘教师时，高校应注重教师的学术背景、教学经验和综合素质，确保招聘的教师具备较高的教育教学能力和科研创新能力。同时，建立严格的招聘流程和考核标准，确保招聘工作的公正性和有效性。

完善培训和发展体系。高校应建立完善的教师培训体系，包括岗前培训、在职培训、专题研修等多种形式，为教师持续提供学习和发展机会。同时，建立教师发展档案，记录教师的成长轨迹和发展成果，为教师的晋升和评聘提供依据。

强化激励和约束机制。高校应建立合理的薪酬体系和激励机制，通过提高教师待遇、设立教学科研成果奖励等方式，激发教师的积极性和创造力。同时，建立严格的考核和约束机制，对教师的教学和科研工作进行定期评估和监督，确保教师履行好职责和义务。

推动产学研合作。高校应积极与企业、科研院所等机构开展产学研合作，共同推动科技创新和人才培养。通过合作项目、共建实验室等方式，加强教师与企业界的联系和交流，提升教师的实践能力和应用水平。

建立健全激励机制与评价体系。建立健全激励机制和评价体系对于提升教师队伍的整体素质至关重要。高校应完善教师评价体系，建立多维度、全方位的评价标准，包括教学质量、科研成果、师德师风等方面。同时，应加大对优秀教师的奖励力度，通过设立教学奖、科研奖等，激励教师积极投入教学科研工作。此外，还应建立完善的晋升机制，为教师的职业发展提供广阔的空间和机会。

强化教师队伍建设的顶层设计。高校在教师队伍建设过程中，应注重顶层设计和统筹规划。应明确教师队伍建设的目标、任务和措施，制订符合学校实际和发展需求的教师队伍建设规划。同时，应加强组织领导，建立健全教师队伍建设工作的协调机制，确保各项措施得到有效落实。

提升教师信息素养与现代教育技术运用能力。随着信息技术的快速发展，现代教育技术在教学中的应用越来越广泛。高校应加强对教师信息素养和现代教育技术运用能力的培养，帮助教师掌握先进的教育技术手段，提升教学效果和学生学习体验。可以通过开展信息技术培训、推广在线教育平台等方式，推动信息技术与教育教学的深度融合。

加强教师团队建设与协作精神。教师团队是提升教学质量和科研水平的重要力量。高校应注重教师团队建设，鼓励教师之间的跨学科合作与交流，形成团队协作和资源共享的良好氛围。可以通过建立教学团队、科研团队等方式，促进教师之间的合作与交流，提升教师团队的整体实力和创新能力。

关注教师身心健康与工作环境。教师的身心健康和工作环境对于教师队伍建设同样具有重要意义。高校应关注教师的身心健康状况，提供必要的健康保障和医疗服务。同时，还应改善教师的工作环境，提供舒适的教学和科研条件，为教师创造一个良好的工作氛围。

综上所述，高校教师队伍建设存在的问题和改进的方向涉及多个方面，需要高校从多个角度入手，采取切实有效的措施加以解决。通过优化教师队伍结构、提升教育教学能力、增强科研创新能力、加强师德师风建设、完善教师发展支持体系等举措，可以推动教师队伍建设不断取得新的成效。同时，高校还应注重顶层设计、强化激励机制与评价体系、提升教师信息素养与现代教育技术运用能力、加强教师团队建设与协作精神以及关注教师身心健康与工作环境等方面的工作，为教师队伍的全面发展提供有力保障。

在推进教师队伍建设的过程中，高校还应积极借鉴国内外先进经验和做法，结合自身的实际情况和发展需求，不断创新和完善教师队伍建设机制。通过持续的努力和探索，相信我国的高校教师队伍建设一定能够取得更加显著的成效，为培养更多优秀人才、推动高等教育事业的繁荣发展做出更大的贡献。

第二节　对未来高校教师队伍建设的展望和建议

随着知识经济的迅猛发展和全球竞争的日益加剧，高等教育作为人才培养和科技创新的重要基地，其地位和作用愈发凸显。而高校教师队伍作为高等教育事业的核心力量，其建设质量直接关系到高校的办学水平和人才培养质量。因此，对未来高校教师队伍建设的展望和建议，具有十分重要的现实意义和深远的历史意义。

一、未来高校教师队伍建设的展望

专业化与多元化并存。未来高校教师队伍将更加注重专业化和多元化的发展。一方面，随着学科领域的不断细分和交叉融合，教师将需要更加深入地钻研某一领域，形成自己的专业特色和学术优势；另一方面，教师也需要具备跨学科的知识背景和综合能力，以适应复杂多变的教学和科研需求。这种专业化与多元化的并存，将使得教师队伍更加丰富多彩，更具活力和创新力。

国际化与本土化相结合。随着全球化的深入推进，高校教师队伍的国际化趋势将更加明显。未来，高校将更加注重引进海外优秀人才，提升教师队伍的国际化水平；同时，也将鼓励和支持教师参与国际交流与合作，拓展国际视野和跨文化交流能力。然而，国际化并不意味着完全西化或照搬国外模式，而是在借鉴国际先进经验的基础上，结合本土文化和实际需求，形成具有中国特色的教师队伍建设模式。

信息化与智能化引领。信息技术的快速发展为高校教师队伍建设提供了新的机遇和挑战。未来，高校将更加注重利用信息技术提升教师的教学水平和科研能力，推动信息技术与教育教学的深度融合。同时，智能化技术的应用也将为教师队伍管理、评价和激励提供更加科学、高效的方式和手段。信息化与智能化的引领，将使得教师队伍建设更加现代化和智能化。

二、对未来高校教师队伍建设的建议

加强师德师风建设，提升教师职业素养。师德师风是教师队伍建设的灵魂和核心。未来，高校应进一步加强师德师风建设，引导教师树立正确的教

育观、人才观和价值观，坚守教育初心和使命。同时，还应加强对教师的职业道德教育和培训，提升教师的职业素养和责任意识，确保教师能够以身作则、为人师表。

优化教师队伍结构，促进青年教师成长。青年教师是教师队伍的新鲜血液和未来希望。高校应注重优化教师队伍结构，合理配置不同年龄、职称和学历的教师比例，为青年教师提供更多的成长机会和发展空间。可以通过设立青年教师培养计划、实施导师制度等方式，加大对青年教师的指导和帮助力度，促进他们的快速成长和进步。

加大人才引进力度，提升教师队伍整体水平。人才是高校发展的核心竞争力。高校应加大人才引进力度，积极引进国内外优秀人才加入教师队伍。可以通过提高薪酬待遇、优化工作环境、提供科研支持等方式，吸引更多优秀人才前来工作。同时，还应注重人才的选拔和评估机制建设，确保引进的人才真正符合学校的发展需求和学科特色。

加强教师培训和学术交流，提升教师教育教学能力。培训和学术交流是教师提升教育教学能力的重要途径。高校应加强对教师的培训和学术交流工作，为教师提供更多的学习和交流机会。可以通过举办教学研讨会、开展教学观摩活动、组织教师参加国内外学术会议等方式，促进教师之间的经验分享和相互学习，提升他们的教育教学水平和能力。

完善激励机制和评价体系，激发教师工作热情。激励机制和评价体系是激发教师工作热情和提升教师工作绩效的重要手段。高校应完善激励机制和评价体系，建立科学、公正、有效的评价标准和奖励机制。可以通过设立教学奖、科研奖等奖项，对表现优秀的教师进行表彰和奖励；同时，还应加强对教师的绩效考核和反馈工作，帮助他们发现自身不足并加以改进。

推动产学研深度融合，提升教师科研创新能力。产学研深度融合是提升教师科研创新能力的重要途径。高校应加强与产业界和科研机构的合作与交流，推动产学研深度融合。可以通过共建实验室、联合开展科研项目、共同培养研究生等方式，实现资源共享和优势互补，提升教师的科研创新能力和水平。

注重青年教师国际化培养，提升国际竞争力。随着全球化的推进，国际化已经成为高校发展的重要趋势。对于青年教师而言，具备国际视野和跨文化交流能力至关重要。高校应加大对青年教师国际化培养的支持力度，鼓励他们参加国际学术会议、访学交流等活动，拓宽国际视野，提升国际竞争力。同时，高校还可以与国际知名高校和研究机构建立合作关系，为青年教师提供更多的国际交流机会和平台。

建立灵活多样的用人机制，激发教师队伍活力。高校应建立灵活多样的用人机制，以适应不同学科、不同领域的发展需求。可以实行固定岗位与流动岗位相结合的制度，吸引更多优秀人才加入教师队伍；同时，还可以推行项目聘用、短期聘用等灵活方式，满足特定任务或项目的需求。这种灵活多样的用人机制将有助于激发教师队伍的活力和创造力，推动高校事业的持续发展。

综上所述，未来高校教师队伍建设既面临着前所未有的机遇，也面临着前所未有的挑战。展望未来，专业化与多元化、国际化与本土化、信息化与智能化将成为教师队伍建设的显著趋势。为此，高校应积极采取一系列切实可行的措施，加强师德师风建设，提升教师职业素养；优化教师队伍结构，促进青年教师成长；加大人才引进力度，提升教师队伍整体水平；加强教师培训和学术交流，提升教师教育教学能力；完善激励机制和评价体系，激发教师工作热情；推动产学研深度融合，提升教师科研创新能力；注重青年教师国际化培养，提升国际竞争力；建立灵活多样的用人机制，激发教师队伍活力。通过这些举措的实施，我们有望打造出一支高素质、专业化、具有国际视野和创新精神的高校教师队伍，为高等教育事业的持续健康发展提供有力的人才保障和智力支持。同时，我们也需要保持清醒的头脑，认识到教师队伍建设的长期性和复杂性，不断总结经验教训，持续改进和完善相关政策和措施，确保高校教师队伍建设的目标得以实现。

三、未来高校教师队伍建设的发展趋势

随着时代的进步和科技的发展，高等教育作为社会进步的重要引擎，其地位和作用日益凸显。作为高等教育体系的核心组成部分，高校教师队伍建设也呈现出一系列新的发展趋势。这些趋势不仅反映了教育领域的变革需求，也体现了社会对于人才培养和科技创新的更高期待。

（一）专业化与精细化发展

未来，高校教师队伍建设将更加注重专业化和精细化的发展。一方面，随着学科领域的不断细化和深化，教师需要更加深入地研究和掌握某一特定领域的知识和技能，形成自己的专业特色和学术优势。这种专业化的发展趋势将使得教师在某一领域内具有更高的权威性和影响力，能够为学生提供更

加精准和深入的教学和指导。

另一方面，精细化发展也是未来高校教师队伍建设的重要方向。这包括对教师职业角色的细分和深化，如教学型教师、研究型教师、实践型教师等，以及针对不同类型教师的不同培养和发展路径。通过精细化发展，可以更好地满足高等教育多元化、个性化的需求，提升教师的教学效果和科研水平。

（二）国际化与开放化融合

全球化背景下，高校教师队伍建设正逐步走向国际化和开放化。一方面，随着国际交流与合作的不断加强，高校需要引进更多具有国际视野和跨文化交流能力的优秀人才，以提升教师队伍的整体素质和水平。同时，也需要鼓励和支持教师参与国际学术交流和合作项目，拓宽教师的国际视野和学术影响力。

另一方面，开放化也是未来高校教师队伍建设的重要趋势。这包括开放教师招聘和选拔机制，吸引更多优秀人才加入教师队伍；开放教师培训和学术交流平台，促进教师之间的经验分享和合作研究；开放教育资源，推动教育教学的共享和共创。通过开放化的发展，可以使得教师队伍更加充满活力和创新力，推动高等教育的持续发展和进步。

（三）信息化与智能化升级

信息技术的快速发展为高校教师队伍建设提供了新的机遇和挑战。未来，高校教师队伍建设将更加注重信息化和智能化的升级。一方面，信息化技术可以帮助教师更加高效地进行教学、科研和管理等工作，提升工作效率和质量。例如，利用在线教育平台、虚拟实验室等信息化教学手段，可以打破时间和空间的限制，为学生提供更加灵活和便捷的学习体验。

另一方面，智能化技术也将为教师队伍建设带来新的突破。通过人工智能、大数据等技术的应用，可以对教师的教学效果、科研能力等进行精准评估和预测，为教师的个性化发展和职业规划提供更加科学的依据。同时，智能化技术还可以帮助教师更好地了解学生的需求和特点，提供更具针对性和实效性的教学和指导。

（四）多元化与综合性发展

未来高校教师队伍建设将呈现多元化与综合性发展趋势。在多元化方面，随着社会的进步和教育的普及，学生对于教育的需求也变得更加多元化和个性化。这要求教师队伍不仅要具备扎实的专业知识，还要具备跨学科的知识背景和综合能力，以满足学生多样化的学习需求。同时，教师队伍的来源也将更加多元化，包括从社会各行业引进具有实践经验的专业人才，以及鼓励和支持不同背景、不同领域的人才加入高等教育事业。

在综合性发展方面，未来高校教师队伍将更加注重综合素质和能力的提升。这包括教师的教育教学能力、科研创新能力、社会服务能力以及国际交流能力等多个方面。通过综合性的培养和发展，可以使得教师更好地适应高等教育事业发展的需要，为人才培养和科技创新做出更大的贡献。

（五）产学研深度融合

产学研深度融合是未来高校教师队伍建设的重要方向之一。随着经济社会的发展，高等教育与产业界的联系日益紧密，产学研合作成为推动高等教育发展的重要力量。未来，高校将更加注重与产业界、科研机构的合作与交流，推动产学研深度融合。

一方面，高校可以积极与企业合作，共同开展科研项目合作、人才培养等活动，实现资源共享和优势互补。这不仅可以提升教师的科研能力和实践经验，还可以为学生提供更多的实践机会和就业渠道。另一方面，高校也可以加强与科研机构的合作，共同推动学科发展和创新研究。通过合作研究、共同发表论文等方式，可以提升教师的学术水平和影响力，推动学科领域的进步和发展。

（六）师德师风建设常抓不懈

师德师风是教师队伍建设的灵魂，对于培养学生的道德品质、塑造良好的教育环境具有重要意义。未来，高校将更加注重师德师风建设，将其作为教师队伍建设的首要任务。

一方面，高校将加强对教师的师德教育和培训，引导教师树立正确的教育观、人才观和价值观，坚守教育初心和使命。通过举办师德讲座、开展师德评比等活动，增强教师的职业荣誉感和责任感。另一方面，高校还将建立健全师德师风考核机制，将师德表现作为教师评价的重要指标之一。对于违反师德师风规定的教师，将依法依规进行严肃处理，以维护教育的公平、公正和尊严。

综上所述，未来高校教师队伍建设的发展趋势将呈现出专业化与精细化发展、国际化与开放化融合、信息化与智能化升级、多元化与综合性发展、产学研深度融合，以及建设师德师风等特点。这些趋势将推动高校教师队伍不断适应时代发展的需要，提升教育教学质量和科研创新能力，为培养更多优秀人才、推动高等教育事业的繁荣发展做出更大的贡献。同时，我们也需要清醒地认识到，这些趋势的实现需要高校、政府、社会等多方面的共同努力和配合，只有各方形成合力，才能推动高校教师队伍建设不断迈上新的台阶。

四、高校教师队伍建设的重点和优先领域

随着高等教育事业的快速发展和全球竞争的加剧，高校教师队伍建设的重要性日益凸显。为了推动高校教师队伍的整体素质提升和结构优化，必须明确教师队伍建设的重点和优先领域，确保资源投入和改革措施能够精准有效地发挥作用。

（一）师德师风建设：塑造教师职业形象与风范

师德师风建设是教师队伍建设的核心，它关系到教师的职业形象、教育教学的质量和效果，以及学生的健康成长。因此，必须将其作为教师队伍建设的首要任务。

在师德师风建设方面，首先，要加强教师的职业道德教育，引导教师树立正确的教育观、人才观和价值观，坚守教育初心和使命。其次，要建立健全师德师风考核机制，将师德表现作为教师评价的重要指标，对违反师德师风规定的教师进行严肃处理。最后，还要加强师德师风的宣传和推广，营造尊师重教的良好氛围，提升教师的社会地位和职业荣誉感。

（二）青年教师培养：打造后备人才队伍

青年教师是教师队伍的重要组成部分，也是未来高等教育事业发展的中坚力量。因此，加强青年教师培养，打造一支高素质、有潜力的后备人才队伍，是高校教师队伍建设的重点之一。

在青年教师培养方面，首先，要完善青年教师的选拔机制，吸引更多优秀的人才加入教师队伍。其次，要加强青年教师的培训和指导，帮助他们快速适应教育教学工作，提升教育教学能力。最后，还要为青年教师提供更多的发展机会和平台，如参与科研项目、参加学术会议等，以激发他们的创新潜力和工作热情。

（三）高层次人才引进与培育：提升教师队伍整体实力

高层次人才是提升教师队伍整体实力、推动高校学科建设和科研创新的关键。因此，加大高层次人才的引进与培育力度，是高校教师队伍建设的又一重点。

在高层次人才引进方面，高校应制定具有竞争力的引进政策，吸引国内外优秀人才来校工作。同时，要注重引进人才的学科背景、研究方向与学校的整体发展规划相契合，以形成优势互补、共同发展的良好局面。

在高层次人才培育方面，高校应提供充足的科研资源和平台支持，鼓励教师开展前沿性、创新性研究。通过设立科研基金、建立科研团队、加强国际交流合作等方式，为高层次人才提供良好的学术环境和成长空间。此外，还应建立健全人才激励机制，对在科研、教学等方面取得突出成绩的教师给予相应的奖励和荣誉，激发他们的创新精神和工作积极性。

（四）教育教学能力提升：确保人才培养质量

教育教学能力是教师的基本素养，直接关系到人才培养的质量和效果。因此，提升教师的教育教学能力，是高校教师队伍建设的又一重要领域。

在教育教学能力提升方面，首先，要加强教师的教育教学培训，帮助他们掌握先进的教育理念和教学方法，提高教学效果。其次，要鼓励教师开展教学改革和创新实践，探索适应新时代人才培养需求的教学模式和课程体系。最后，还要加强教育教学质量的监控和评估，及时发现和解决教学中存在的问题，确保人才培养质量。

（五）科研创新能力培养：推动学术进步与知识创新

科研创新能力是高校教师的重要素质，也是推动学术进步和知识创新的关键因素。因此，培养教师的科研创新能力，是高校教师队伍建设的又一重要任务。

在科研创新能力培养方面，首先，要营造良好的科研氛围和文化，鼓励教师积极参与科研工作，开展原创性、探索性研究。其次，要加强科研团队的建设和管理，形成具有凝聚力和创新力的科研团队。最后，还要加强科研资源的整合和优化配置，为教师提供充足的科研支持和保障。高校应积极推动产学研合作，鼓励教师将科研成果转化为实际应用，推动社会经济发展。

（六）国际化视野拓展：提升教师国际竞争力

随着全球化的深入发展，高等教育国际化已成为不可逆转的趋势。因此，拓展教师的国际化视野，提升他们的国际竞争力，也是高校教师队伍建设的重点之一。

在国际化视野拓展方面，高校可以加强与国际知名高校和研究机构的合作与交流，为教师提供更多的国际访学、合作研究等机会。同时，鼓励教师参与国际学术会议、发表国际学术论文，提升他们的国际学术影响力。此外，高校还可以引进外籍教师，加强师生之间的国际交流，促进多元文化的融合与发展。

（七）激励机制完善：激发教师工作热情与创造力

激励机制的完善对于激发教师的工作热情和创造力具有重要意义。因此，高校应建立健全与教师队伍建设相适应的激励机制。

在激励机制完善方面，高校可以根据教师的不同需求和特点，制定个性化的激励政策。例如，对于在教学和科研方面取得突出成绩的教师，可以给予物质奖励、职称晋升、学术荣誉等激励；对于具有创新潜力和发展空间的青年教师，可以提供更多的发展机会和平台支持。同时，高校还应加强教师的职业发展规划和指导，帮助他们明确职业目标和发展路径，激发他们的职业成就感和归属感。

综上所述，高校教师队伍建设的重点和优先领域涵盖了师德师风建设、青年教师培养、高层次人才引进与培育、教育教学能力提升、科研创新能力培养、国际化视野拓展以及激励机制完善等多个方面。这些领域不仅关乎教师个人的成长与发展，更是提升高等教育质量、推动学术进步和知识创新的关键所在。

师德师风建设是教师队伍建设的基石，它决定了教师的职业风范和教育教学的方向。青年教师培养则是为教师队伍注入新鲜血液，确保后备人才的不断涌现。高层次人才的引进与培育，则是提升教师队伍整体实力、推动学科建设和科研创新的重要措施。教育教学能力的提升，直接关系到人才培养的质量和效果，是教师队伍建设的核心任务。科研创新能力的培养，则是推动学术进步、提升学校整体科研水平的关键所在。国际化视野的拓展，有助于提升教师的国际竞争力，推动高等教育的国际化进程。而激励机制的完善，则是激发教师工作热情、创造力和职业归属感的重要保障。

在未来的高校教师队伍建设中，我们需要进一步深化对这些重点和优先领域的认识，制定更加精准有效的政策和措施，确保资源投入和改革力度能够真正落到实处。同时，我们还需要加强教师队伍建设的整体规划和协调，形成合力，推动教师队伍整体素质的全面提升。

具体而言，我们可以从以下几个方面入手：一是加强师德师风建设的长效机制建设，确保教师职业道德的持续提升；二是加大对青年教师的培养力度，提供更多的发展机会和平台；三是完善高层次人才的引进和培育机制，吸引更多优秀人才来本校工作；四是加强教师的教育教学和科研创新能力培训，提升他们的专业素养和实践能力；五是加强与国际知名高校和研究机构的合作与交流，促进教师的国际化发展；六是建立健全与教师队伍建设相适应的激励机制，激发教师的工作热情和创造力。

通过这些措施的实施，我们相信可以打造出一支师德高尚、业务精湛、结构合理、充满活力的教师队伍，为高等教育事业的持续发展和国家的人才培养做出更大的贡献。

第三节　研究的局限性与进一步研究的方向

在本书的撰写过程中，尽管我们力求全面而深入地分析新时代背景下高校教师队伍建设的各个方面，但仍不可避免地存在一些局限性。这些局限性主要体现在数据收集与处理的限制、研究方法与范围的局限以及理论框架的完善程度等方面。

首先，数据收集与处理的限制是一个不容忽视的问题。由于高校教师队伍建设的实践涉及多个层面和维度，数据收集的难度较大。一些关键数据可能由于各种原因而难以获取，或者数据的时效性和准确性无法得到充分保证。这在一定程度上影响了我们对高校教师队伍建设的全面分析和准确判断。

其次，研究方法与范围的局限也是我们需要正视的问题。本研究主要采用了文献研究、案例分析等方法，这些方法虽然能够为我们提供一定的参考和启示，但难以完全揭示高校教师队伍建设的深层次原因和机制。此外，本研究的范围主要集中在国内高校，缺乏与国际高校教师队伍建设的比较和借鉴，这也在一定程度上限制了我们的研究视野和深度。

最后，理论框架的完善程度也是本研究的一个局限。尽管我们尝试整合多个学科的理论观点来构建理论框架，但仍可能存在某些方面的遗漏或不足。理论框架的完善程度直接影响到我们对高校教师队伍建设的解释力和预测力，因此我们需要进一步加强理论学习和研究，不断完善理论框架。

针对以上局限性，我们认为未来的研究可以从以下几个方面进行拓展和深化。首先，我们可以加大数据收集与处理的力度，通过更加科学和规范的方法获取更全面、准确的数据，以支持我们的研究和分析。其次，我们可以拓展研究范围，引入更多的实证研究方法和国际比较视角，更全面、深入地揭示高校教师队伍建设的内在规律和特点。最后，我们可以进一步完善理论框架，加强跨学科的理论学习和研究，以构建更加完善、系统的理论框架来指导我们的实践探索和创新发展。

一、研究的局限性

（一）数据收集与处理的限制

在新时代高校教师队伍建设的探索与实践研究中，数据收集与处理的限制成为一项重要的研究局限性。这种限制不仅影响了我们对教师队伍现状的准确了解，还可能导致我们对问题的分析存在偏差。因此，深入探讨数据收集与处理的限制，对于提高研究的准确性和可靠性具有重要意义。

首先，数据可得性是我们在数据收集过程中面临的一大难题。高校教师队伍建设的详细数据往往涉及多个方面，包括教师的教育背景、学术成果、教学质量、师德师风等。这些数据是全面、深入地了解和分析教师队伍现状的基础。然而，在实际研究中，我们发现部分高校并未公开这些详细数据，或者出于保密原则，无法获取完整的数据集。这导致我们无法对教师队伍建设的各个方面进行全面、深入的剖析，只能依据有限的公开数据进行研究。这种数据可得性的限制不仅影响了我们的研究深度，也可能使我们的结论缺乏全面的支撑。此外，即使我们能够获取到一些数据，这些数据的完整性也可能存在问题。有些高校可能只公开了部分数据，或者数据的统计口径和标准不一致，这使得我们在进行数据整合和比较时面临困难。这种数据完整性的不足可能导致我们对教师队伍建设的实际情况产生误解，从而影响研究的准确性。

其次，数据时效性也是我们在数据收集过程中需要关注的一个重要问题。随着教育政策的不断调整和教育改革的不断深入，高校教师队伍建设的实践也在不断发展变化。因此，我们需要及时获取最新的数据来反映教师队伍建设的最新情况。然而，在实际研究中，我们发现由于数据收集的难度和时效性限制，我们往往只能获取到一定时间范围内的数据。这些数据可能已经无法完全反映当前教师队伍建设的实际情况，因为它们可能是在过去某个时间点收集的，而此时的教育政策、社会环境等可能已经发生了显著变化。这种数据时效性的限制可能导致我们的研究结论存在一定的滞后性，无法及时准确地反映新时代高校教师队伍建设的最新动态和趋势。

再次，数据处理方法的选择和技术的应用也是影响研究质量的关键因素。在数据处理过程中，我们需要选择适当的方法和技术来对数据进行清洗、整理和分析。然而，由于研究者的技术水平和经验差异，以及数据处理软件的局限性，可能存在方法选择不当或技术应用不当的情况。这可能导致数据处理结果的解读存在误差，甚至可能产生误导性的结论。例如，如果我们选择了不合适的统计方法或模型来分析数据，那么得出的结果可能无法准确反映数据的真实情况；如果我们没有对数据进行充分的清洗和整理，那么数据中可能存在的异常值或缺失值就可能对结果产生干扰。此外，数据处理过程中的主观性也可能导致误差的产生。在数据处理和分析过程中，研究者往往需要根据自己的理解和判断对数据进行解读和解释。然而，由于研究者的背景、经验和观点不同，可能会对同一份数据产生不同的解读和解释。这种主观性的存在可能导致研究结果的不确定性和不可重复性。

为了克服数据收集与处理的限制，我们可以采取一系列措施。首先，加强与高校和教育行政部门的合作与沟通，争取获取更多详细、全面的数据。通过建立合作机制和数据共享平台，我们可以更好地获取和利用相关数据资源，提高研究的深度和广度。其次，关注教育政策的调整和改革动态，及时更新数据并进行分析。我们可以定期收集最新的数据，以确保研究的时效性和准确性。同时，我们还可以利用现代技术手段，如大数据分析和云计算等，对海量数据进行快速处理和分析，提高研究的效率和准确性。最后，加强数据处理方法和技术的学习和研究也是非常重要的。我们可以不断学习和掌握新的数据处理技术和方法，提高数据处理的准确性和可靠性。我们还可以建立数据处理的质量控制体系，对数据进行严格的质量检查和验证，以确保研究结果的准确性和可靠性。

综上所述，数据收集与处理的限制是新时代高校教师队伍建设研究中不可忽视的一个问题。为了克服这一限制，我们需要加强数据收集与处理的力度，提高数据处理方法的准确性和可靠性。只有这样，我们才能更好地揭示新时代高校教师队伍建设的内在规律和特点，为实践提供有力的理论支持和指导。同时，我们也需要在未来的研究中持续关注数据收集与处理的最新技术和方法，以适应不断变化的研究需求和实践挑战。

（二）研究方法与范围的限制

方法局限性：本研究主要采用了文献研究和案例分析，可能缺乏实证研究的支持，导致结论的普适性受到一定影响。

在探讨新时代高校教师队伍建设的探索与实践时，我们主要采用了文献研究和案例分析的研究方法。尽管这两种方法为我们提供了丰富的理论支撑和实践经验，但也存在一定的局限性，尤其是在缺乏实证研究支持的情况下，可能使得我们的结论在普适性上受到一定影响。

首先，文献研究作为本研究的主要方法之一，为我们提供了大量关于高校教师队伍建设的理论观点和实践经验。通过梳理和分析相关文献，我们能够深入了解教师队伍建设的理论基础、发展历程和现状问题。然而，文献研究也存在一定的局限性。一方面，文献资料的质量和数量可能受到限制，尤其是针对特定问题或特定高校的深入研究文献可能较少，这使得我们在构建理论框架和提出对策建议时可能缺乏充分的支撑。另一方面，文献研究主要依赖于已有的研究成果，可能无法捕捉到最新的实践动态和创新经验。高校教师队伍建设是一个不断发展变化的领域，新的理念、方法和实践不断涌现，而文献研究往往无法及时反映这些变化。

其次，案例分析作为本研究的另一重要方法，通过深入分析具体案例，帮助我们深入了解高校教师队伍建设的实际情况和存在的问题。案例分析能够揭示现象背后的深层次原因和机制，为我们提供具体的、有针对性的见解。然而，案例分析也存在一定的局限性。一方面，案例的选择可能受到主观因素的影响，研究者可能更倾向于选择具有代表性或典型性的案例，而忽视了一些具有特殊性或边缘性的情况。这可能导致我们的研究结论存在一定的偏差。另一方面，案例分析的结果往往只能反映个别高校或个别教师的情况，难以代表整体情况。高校教师队伍建设的实践具有多样性和差异性，不同高校、不同地域、不同学科的教师队伍建设情况可能存在较大差异。因此，仅仅依靠案例分析可能无法全面反映高校教师队伍建设的整体状况。

最重要的是，本研究缺乏实证研究的支持。实证研究能够通过收集和分析实际数据来验证和检验理论观点，其结果更加客观、准确和可靠。然而，由于本研究主要采用了文献研究和案例分析，未能充分结合实证研究，因此可能导致结论的普适性受到一定影响。实证研究能够为我们提供关于高校教师队伍建设的量化数据和统计分析结果，帮助我们更加准确地了解现状、问题和趋势。同时，实证研究还能够通过对比不同高校、不同地域、不同学科的情况，揭示出教师队伍建设的差异性和共性特征，为制定更具针对性和可操作性的政策措施提供有力支持。

为了克服这些局限性，未来的研究应该注重引入实证研究方法。通过设计科学的调查问卷、开展深入的访谈和实地观察等方式，收集一手数据，为高校教师队伍建设的研究提供更加坚实的数据支撑。同时，我们还应该注重将文献研究、案例分析和实证研究相结合，形成多元化的研究方法体系，以更加全面、深入地了解高校教师队伍建设的实际情况和问题。

研究范围：本研究主要集中在国内高校，涉及的国际高度比较少，可能导致视野受限，无法全面把握全球高校教师队伍建设的最新动态。

本研究主要集中在国内高校，旨在深入探索新时代背景下我国高校教师队伍建设的现状、问题及对策。然而，这种研究范围的局限性可能导致我们的视野受限，无法全面把握全球高校教师队伍建设的最新动态和趋势。

首先，国际比较是了解全球高校教师队伍建设的重要途径之一。不同国家和地区的高校在教师队伍建设方面可能存在着不同的经验、做法和挑战。通过国际比较，我们可以学习借鉴其他国家和地区的先进理念、方法和模式，以推动我国高校教师队伍建设的创新和发展。然而，由于本研究主要集中在国内高校，缺乏对国际高校教师队伍建设的深入研究和比较，因此我们可能无法全面揭示全球范围内的最新动态和趋势。

其次，国际交流的日益频繁使得高校教师队伍建设的国际视野尤为重要。随着国际交流与合作的不断深化，高校教师队伍的国际化水平已成为衡量一所高校综合实力和国际影响力的重要指标之一。国际交流不仅有助于提升教师的学术水平和专业素养，还能够促进不同文化背景下的教育理念和教学方法的交流与融合。然而，由于本研究的研究范围主要集中在国内高校，我们可能无法充分关注到国际交流在高校教师队伍建设中的重要作用和影响。

为了拓宽研究视野，更全面地把握全球高校教师队伍建设的最新动态，未来的研究应该注重加强国际比较和跨文化交流。我们可以通过收集和分析国际上的相关数据和信息，了解其他国家和地区在高校教师队伍建设方面的政策和实践。同时，我们还可以加强与国际高校的合作与交流，开展联合研究、学术互访等活动，以推动国内高校教师队伍建设的国际化进程。

最后，我们还应该关注全球教育发展趋势和变革对高校教师队伍建设的影响。随着科技的不断进步和社会需求的不断变化，教育领域也在不断发生变革。这些变革可能对高校教师队伍的素质、结构和能力提出新的要求。因此，我们需要密切关注全球教育发展的最新动态和趋势，及时调整和完善高校教师队伍建设的策略和措施。

综上所述，本研究主要集中在国内高校的研究范围可能导致我们的视野受限，无法全面把握全球高校教师队伍建设的最新动态。为了克服这一局限性，未来的研究应该注重加强国际比较和跨文化交流，拓展研究视野，以更全面地了解全球高校教师队伍建设的现状和未来发展趋势。

（三）理论框架的局限性

在探讨新时代高校教师队伍建设的探索与实践时，理论框架的构建起着至关重要的作用。然而，我们必须承认，现有的理论框架在某些方面存在局限性，这主要体现在理论深度和跨学科整合两个方面。

首先，就理论深度而言，现有理论框架可能尚未触及高校教师队伍建设的深层次问题。高校教师队伍建设是一个复杂而多元的领域，涉及教育哲学、教师心理、组织行为学等多个方面。然而，当前的理论框架往往停留在较为表面的层次，主要关注教师队伍建设的制度设计、政策实施等方面，而对于教师个体发展、教育理念的更新等深层次问题则涉及较少。这使得我们在理解和应对高校教师队伍建设中的问题时，可能缺乏足够的深度和洞察力。

以教育哲学为例，它关注教育的本质、目的和价值，对于指导教师队伍建设具有重要意义。然而，现有的理论框架往往忽视了教育哲学在高校教师队伍建设中的应用，导致我们在实践中可能缺乏明确的价值导向和目标定位。同样，教师心理也是一个值得深入研究的领域。教师的心理状态、职业认同和动机等因素对其教学质量和职业发展具有重要影响。然而，现有的理论框架在这些方面的探讨相对较少，使得我们难以全面理解教师的内心世界，从而难以提出有效的支持和发展措施。

其次，在跨学科整合方面，现有理论框架可能存在衔接不畅或解释力不足的问题。高校教师队伍建设是一个涉及多个学科的领域，需要整合不同学科的理论和方法来进行全面深入的研究。然而，现有的理论框架往往缺乏足够的跨学科整合能力，导致不同学科的理论和方法在研究中难以形成有机的整体。这使得我们在分析问题时可能无法充分利用各个学科的优势，也无法提供全面而深入的解释和解决方案。

跨学科整合的困难主要来自不同学科之间的语言、方法和视角的差异。例如，教育学主要关注教育的理论和实践，而心理学则更侧重于人的心理过程和行为机制。这两个学科在高校教师队伍建设中都有重要作用，但如何将它们有效地结合起来却是一个挑战。此外，不同学科之间的研究重点和兴趣点也可能存在差异，这使得在整合过程中需要付出更多的努力来寻找共同点和交集。

为了克服这些局限性，未来的研究应该注重深化理论探讨和加强跨学科整合。首先，我们需要加强对教育哲学、教师心理等深层次问题的研究，以更全面地理解高校教师队伍建设的本质和要求。其次，我们应该积极寻求不同学科之间的合作与交流，建立跨学科的研究团队和平台，以促进不同学科之间的融合与创新。最后，我们还应该注重将理论与实践相结合，通过实证研究来检验和完善理论框架，以提高其解释力和指导作用。

综上所述，理论框架的局限性是当前高校教师队伍建设研究中不可忽视的问题。为了推动该领域的深入发展，我们需要不断深化理论探讨、加强跨学科整合，并注重将理论与实践相结合，以构建更加完善、科学的理论框架来指导实践工作。

二、进一步研究的方向

（一）数据收集与处理的优化

在探究新时代高校教师队伍建设的探索与实践过程中，数据收集与处理的优化是提升研究质量、增强决策科学性的关键所在。数据收集与处理技术已经不再是简单的记录与整理，而是涉及更为复杂、精细的信息筛选、分析与应用。

首先，完善数据收集机制至关重要。现有的数据收集系统可能存在着数据更新不及时、数据覆盖范围有限、数据质量参差不齐等问题。为了解决这些问题，我们需要建立更为完善的数据收集系统。具体而言，可以通过定期更新数据，确保所收集的数据能够及时反映教师队伍的最新情况；同时，加强高校间数据共享，打破高校间的信息孤岛，实现数据资源的互通有无，从而构建起一个全面、准确、及时的数据收集网络。

其次，提升数据处理技术同样重要。传统的数据处理方法往往只能对数据进行简单的统计分析，无法深入挖掘数据背后的深层信息和潜在规律。因此，我们需要利用先进的数据处理技术，如大数据分析和机器学习等，对教师队伍数据进行深度挖掘。大数据分析可以帮助我们发现数据之间的关联性和趋势，揭示教师队伍建设的内在规律和特征；而机器学习则可以通过建立模型，对教师队伍的发展趋势进行预测和预警，为政策制定和决策提供更为科学的依据。

当然，数据收集与处理的优化并非一蹴而就的过程。我们需要不断探索和实践，逐步完善数据收集系统，提升数据处理技术。同时，还需要加强数据安全和隐私保护，确保数据收集与处理的合法性和合规性。只有这样，我们才能更好地利用数据资源，推动高校教师队伍建设的科学化和精细化发展。

综上所述，数据收集与处理的优化对于提升高校教师队伍建设的研究质量和决策科学性具有重要意义。我们应该不断完善数据收集系统，提升数据处理技术，为高校教师队伍建设的探索与实践提供更为坚实的数据支撑。

（二）研究方法与范围的拓展

在深入探究高校教师队伍建设的过程中，我们不仅要深化现有的研究方法，还要积极拓展研究的范围，以便更全面、细致地把握这一领域的全貌。具体而言，引入实证研究和加强国际比较是两项至关重要的拓展工作。

首先，引入实证研究对于提升研究的科学性和准确性具有重要意义。过去的研究往往侧重于理论分析和案例探讨，虽然这些方法能够提供一定的洞见，但缺乏实证数据的支撑，使得结论的可靠性和普适性受到一定限制。因此，我们需要通过问卷调查、实地访谈等方式，深入一线教师队伍，收集他们的真实想法和需求。这样不仅可以为理论研究提供实证支持，还能更直接地反映教师队伍建设的实际情况，为政策制定提供更为精准的依据。

在实证研究中，问卷调查是一种高效且广泛适用的方法。通过设计科学合理的问卷，我们可以覆盖不同地域、不同类型的高校，收集到大量关于教师队伍建设的第一手数据。同时，实地访谈则能够更深入地了解教师的内心世界和真实感受。通过与教师的面对面交流，我们可以获取更为详细、生动的信息，揭示出教师队伍建设的深层次问题和挑战。

其次，加强国际比较也是拓展研究范围的重要方向。高校教师队伍建设是一个全球性的议题，不同国家和地区都在积极探索和实践。通过对比不同国家的高校教师队伍建设情况，我们可以找出共性和差异，为我国高校提供借鉴和启示。例如，一些发达国家在高校教师招聘、培训、评价等方面积累了丰富的经验，我们可以通过学习他们的经验，提升我国高校教师队伍建设的水平。同时，也要关注到不同国家之间的文化差异和制度差异，以避免盲目照搬和"一刀切"的做法。

在加强国际比较的过程中，我们需要充分利用各种国际交流与合作平台，积极与国际同行开展交流与合作。通过参加国际会议、访学交流等方式，我们可以了解国际前沿的研究动态和实践经验，为我国的教师队伍建设提供新的思路和方向。

综上所述，引入实证研究和加强国际比较是拓展高校教师队伍建设研究方法与范围的重要举措。通过这两项工作，我们可以更全面地把握高校教师队伍建设的实际情况和发展趋势，为我国高校教师队伍建设的科学化和规范化提供有力支持。

（三）理论框架的深化与拓展

在高校教师队伍建设的探索与实践中，理论框架的深化与拓展是至关重要的。这不仅有助于我们更深入地理解教师队伍建设的本质和规律，还能为实践工作提供更为坚实的理论指导。

首先，挖掘深层次理论是深化理论框架的关键。目前，我们对于高校教师队伍建设的探讨往往停留在表面，未能触及一些深层次的、根本性的问题。因此，我们需要从教育哲学、教师心理等角度出发，对这些深层次问题进行深入探讨。教育哲学可以帮助我们理解教育的本质、目的和价值，从而为我们构建更为科学、合理的教师队伍建设理念提供指导；而教师心理则关注教师的内心世界、职业动机和发展需求，有助于我们更好地了解教师的成长规律和职业特点，为教师队伍建设提供更为精准的支持。

其次，加强跨学科整合也是拓展理论框架的重要途径之一。高校教师队伍建设是一个涉及多个学科的复杂领域，需要整合教育学、心理学、社会学等多学科的理论观点，形成更为全面、系统的理论框架。通过跨学科整合，我们可以充分利用不同学科的优势，从多个角度对教师队伍建设进行深入研究。例如，教育学可以为我们提供关于教师培养、评价和激励机制等方面的理论支持；心理学则可以帮助我们了解教师的职业心理、工作压力和应对策略；而社会学则可以从社会结构、文化背景等宏观角度对教师队伍建设进行考察和分析。

在深化与拓展理论框架的过程中，我们还需要注重理论与实践的相结合。理论是实践的指导，而实践则是检验理论的重要标准之一。因此，我们需要在实践中不断探索、验证和完善理论框架，使其更加符合实际情况和需要。同时，我们还需要关注理论框架的适用性和可操作性，确保其能够为实践工作提供有效的指导和支持。

综上所述，理论框架的深化与拓展对于推动高校教师队伍建设的探索与实践具有重要意义。我们需要从深层次理论挖掘和跨学科整合两个方面入手，不断完善和丰富理论框架，为实践工作提供更为坚实的理论指导。

（四）政策建议与实践探索

在深入研究和分析了高校教师队伍建设的现状、问题及发展趋势后，我们需要将理论成果转化为实践动力，通过具体的政策建议和实践探索，推动高校教师队伍建设向更高水平迈进。

首先，针对当前高校教师队伍建设中存在的问题和不足，我们应提出具体的政策建议。这些建议应基于实证研究和理论框架的深化与拓展，确保针对性和实效性。例如，针对教师队伍结构不合理的问题，我们可以建议政府和教育行政部门优化教师招聘机制，加大高层次人才引进力度，同时注重青年教师的培养和发展。针对教师评价体系不完善的问题，我们可以提出建立多元化、科学化的评价体系，注重教学、科研和社会服务的综合评价，激发教师的积极性和创造力。

其次，开展实践探索是检验和完善政策建议的重要途径之一。我们可以与高校合作开展实践项目，将研究成果应用于实际生产中，探索高校教师队伍建设的新模式、新路径。例如，可以开展教师团队建设项目，通过团队合作和资源共享，提升教师队伍的整体素质和创新能力。同时，也可以开展教师培训和学术交流活动，提高教师的专业水平和国际视野。

在实践探索中，我们需要注重总结经验和教训，及时调整和完善政策建议。通过实践检验，我们可以发现哪些政策是有效的，哪些政策需要进一步优化，从而为未来的政策制定提供更为准确的依据。

此外，我们还需关注政策实施的效果评估。通过建立科学的评估体系，我们可以对政策实施的效果进行定量和定性的分析，为政策的改进提供有力支持。同时，评估结果也可以作为政策调整的重要依据，确保政策的针对性和实效性。

综上所述，政策建议与实践探索是推动高校教师队伍建设的关键环节。我们需要将研究成果转化为具体的政策建议，通过实践探索不断完善和优化这些建议，为高校教师队伍建设提供有力的支持和保障。

参考文献

论文：

［1］王传毅，辜刘建.加强高校教师队伍建设为现代化建设提供坚实的人才支撑［J］.中国高教研究，2023，（02）：16—23.

［2］张伶俐，成一川，叶长胜，李家成.以银龄教师优化高校教师队伍建设：时代使命、关键任务及发展策略［J］.中国高教研究，2023，（02）：24—30.

［3］范永庚，李劲松.新时期高校教师队伍建设与教师职业生涯规划研究——评《教师职业生涯规划与发展》［J］.人民长江，2022，（11）：238.

［4］苏娜.新文科建设背景下高校教师队伍建设：问题识别与路径选择［J］.江苏高教，2022，（11）：114—119.

［5］周进军.审核评估视域下应用型普通本科高校教师队伍建设路径研究［J］.教育理论与实践，2022，（27）：39—41.

［6］栾培中.整体性治理视阈下高校教师队伍建设政策发展之道［J］.内蒙古社会科学，2021，（05）：192—198.

［7］杨程.分类管理背景下民办高校教师队伍建设的困境、归因与对策——基于利益相关者的访谈分析［J］.黑龙江高教研究，2021，（08）：87—91.

［8］李世珍，郝婉儿.习近平新时代高校教师队伍建设重要论述研究［J］.北京交通大学学报（社会科学版），2021，（02）：141—147.

［9］张伯伦."四有"好老师引领下的高校教师队伍建设探索［J］.产业与科技论坛，2020，（15）：247—248.

［10］吴英策，周海涛，朱泽峰.高校教师队伍建设的现状与对策——基于7所高水平大学师资队伍建设的调研分析［J］.西北工业大学学报（社会科学版），2020，（02）：38—43.

［11］韩俊兰，刘爱玲.新中国70年高校教师队伍建设政策的变迁、成就与启示［J］.中国高等教育，2019，（17）：7—9.

［12］任友群.以奋进精神全面加强新时代高校教师队伍建设［J］.中国高等教育，2019，（17）：13—15.

［13］王鹏炜，李莹.改革开放40年我国高校教师队伍建设政策的变迁逻辑［J］.陕西师范大学学报（哲学社会科学版），2019，（04）：157—165.

［14］景安磊，周海涛.加强高校教师队伍建设的关键任务和路径探析［J］.国家教育行政学院学报，2019，（03）：48—52.

［15］邵广，铁振.课程思政与高校教师队伍建设［J］.航海教育研究，2018，（02）：109—112.

［16］刘志飞.河南省民办高校教师队伍建设问题及对策研究［D］.华北水利水电大学，2018.

［17］宁滨.新时代加强高校教师队伍建设的若干思考［J］.中国高教研究，2018，（04）：5—8.

学位论文：

［1］李萍.新时代思想政治教育学科人才培养高质量发展研究［D］.吉林大学，2023.

［2］鲜立倩.B市W区农村义务教育教师队伍建设问题研究［D］.电子科技大学，2023.

［3］尹杨洋.高职院校实践类课程"双师型"教师队伍建设研究［D］.西华师范大学，2023.

［4］马欣灵.高职院校"双师型"教师队伍建设研究［D］.西华师范大学，2023.

［5］田梦.习近平关于师德师风建设的重要论述研究［D］.西安建筑科技大学，2023.

［6］邹庆沁.习近平以人民为中心发展教育的重要论述研究［D］.南昌大学，2023.

［7］梁璐.师范高等专科学校教师队伍建设研究［D］.沈阳师范大学，2023.

［8］鲁鑫.职业院校"双师型"师资队伍建设中存在的问题与对策［D］.青岛大学，2023.

［9］黄欣.新时代民办高校学生思想政治教育问题与对策研究［D］.兰州理工大学，2023.

［10］赵博洺.统筹社会资源融入高校思政课教师队伍建设研究［D］.石河子大学，2023.

［11］张娇.新时代民办高校思政课教师队伍建设研究［D］.华中师范大学，2023.

［12］代云珍.昆明市"民转公"学校体育教师队伍现状及对策研究［D］.云南农业大学，2023.

［13］李琳琳.绥化学院师资队伍存在的问题及对策研究［D］.黑龙江大学，2023.

［14］刘刚.基于胜任力模型的高职院校创新创业教师队伍建设研究［D］.河北工业大学，2022.

［15］薛西.民办学校教师队伍建设研究［D］.青岛大学，2022.

［16］杜佳.云南省转型高校"双师型"教师队伍建设研究［D］.云南师范大学，2022.

［17］徐艳.高职院校教师队伍治理体系现代化研究［D］.安庆师范大学，2022.

［18］王莉欣.杨石先高等教育思想研究［D］.天津师范大学，2022.

［19］宁霞.高校思想政治理论课教师形象塑造研究［D］.西南大学，2022.

［20］齐砚奎.我国民办高校教师队伍建设的问题与对策研究［D］.华东师范大学，2022.

［21］陈志军.上海高校教师岗位分类管理及其对教师行为取向的影响研究［D］.华东师范大学，2022.

［22］金燕.民国国立大学国际化办学研究（1917—1937）［D］.西南大学，2022.

［23］宋文静.高校思想政治理论课教师队伍建设研究［D］.西南大学，2022.

［24］李沐曦.新时代高校"三全育人"理论与实践研究［D］.吉林大学，2022.

［25］杨芳.基于旅游类高职院校的教师准入制度研究［D］.华东师范大学，2022.

［26］汤惠婷.普通高校专任教师队伍结构演变及优化研究（2001—2020年）［D］.郑州大学，2022.

［27］王秋庆.甘肃省转型试点高校"双师型"教师队伍建设研究［D］.兰州大学，2022.

［28］赵媛.多元文化背景下民办S高校师资队伍建设研究［D］.河南财经政法大学，2022.

［29］肖鑫.习近平总书记关于思政课教师队伍建设重要论述研究［D］.华中师范大学，2022.

［30］赵维.课程思政视阈下B高专教师队伍建设研究［D］.河北大学，2022.

［31］张斌.习近平关于思想政治理论课教师队伍建设重要论述研究［D］.西南大学，2022.

［32］宁慧.湖北省"双高计划"高职院校"双师型"教师队伍建设研究［D］.湖北大学，2022.

［33］王璐瑶.地方高校高水平教师队伍治理体系研究［D］.武汉理工大学，2022.

［34］石雅欣."1+X"证书制度下高职院校教师队伍建设困境及对策研究［D］.天津职业技术师范大学，2022.

［35］涂丽芳.Y民办大学教师队伍生态建设研究［D］.福建师范大学，2021.

［36］庄甲鹏.我国高校教师聘任制改革［D］.华中师范大学，2021.

［37］李建立.延安时期高校政治课教师队伍建设研究［D］.陕西师范大学，2021.

［38］殷洁.新时代民办高校思想政治理论课教师队伍建设研究［D］.西南科技大学，2021.

［39］杨俊龙.高职院校教师职业倦怠研究［D］.广西师范大学，2021.

［40］赵洁.习近平"立德树人"教育观研究［D］.新疆师范大学，2021.

［41］刘健.民办高校教职工队伍建设研究［D］.安徽工程大学，2021.

［42］连梦瑶.习近平关于师德的重要论述研究［D］.福建师范大学，

2021.

专著：

〔1〕王通讯.高校师资培训工作概论〔M〕.北京：人民教育出版社，1997.

〔2〕王宪平，王立强.高校教师队伍建设研究〔M〕.北京：教育科学出版社，2001.

〔3〕谢安邦，李晓东.高校教师专业发展的理论与实践〔M〕.北京：人民教育出版社，2007.

〔4〕张祥明.高校师资管理的理论和实践〔M〕.厦门：厦门大学出版社，2008.

〔5〕王丽娟，王立中.高校教师职业发展及其影响因素研究〔M〕.北京：北京师范大学出版社，2010.

〔6〕王建华，韩迎春.高校教师教育技术能力培养研究〔M〕.北京：北京师范大学出版社，2010.

〔7〕李明传，曾小玲.高校教师工作压力管理〔M〕.北京：中国轻工业出版社，2011.

〔8〕王晓春，王通讯.高校教师创新教育能力培养与提升〔M〕.北京：中国科学技术出版社，2011.

〔9〕郭祥超，王毅.高校教师绩效评价与激励机制〔M〕.北京：科学出版社，2012.

〔10〕王长乐，干通讯.高校教师学术道德与诚信建设〔M〕.北京：中国社会科学出版社，2013.

〔11〕王俊杰，王毅.高校教师工作投入与心理健康〔M〕.北京：中国人民大学出版社，2013.

〔12〕张端鸿，王通讯.高校教师职业倦怠的成因与对策〔M〕.上海：上海教育出版社，2013.

〔13〕李志峰，王通讯.高校教师专业伦理与实践智慧〔M〕.北京：教育科学出版社，2014.

〔14〕石冬喜，王通讯.高校教师角色定位与职业发展〔M〕.北京：北京师范大学出版社，2014.

［15］张祥明，王晓春.高校教师教育技术培训教程［M］.厦门:厦门大学出版社，2015.

［16］王晓春，王通讯.高校教师创新能力开发与提升［M］.北京:中国科学技术出版社，2015.

［17］李明传，王通讯.高校教师工作满意度与留任意愿研究［M］.北京:中国社会科学出版社，2016.

［18］郭建峰，王通讯.高校教师团队建设与领导力开发［M］.北京:中国人民大学出版社，2016.

［19］徐平，王通讯.高校教师绩效评价制度研究［M］.北京:教育科学出版社，2017.

［20］朱旭东.高校教师专业发展的国际比较研究［M］.北京:教育科学出版社，2018.

［21］李瑾瑜.教师队伍建设理论与实践［M］.北京:科学出版社，2008.

［22］张民选.教师专业发展:国际视野与本土实践［M］.上海:华东师范大学出版社，2009.

［23］朱旭东.教师专业发展理论研究［M］.北京:北京师范大学出版社，2011.

［24］饶从满.教师专业发展:原理与策略［M］.长春:东北师范大学出版社，2005.

［25］叶澜.教师角色与教师发展新探［M］.北京:教育科学出版社，2001.

［26］刘捷.专业化:挑战 21 世纪的教师［M］.北京:教育科学出版社，2002.

［27］陈向明.教师专业发展的实践与反思［M］.北京:教育科学出版社，2013.

［28］钟启泉.教师的挑战:宁静的课堂革命［M］.上海:华东师范大学出版社，2013.

［29］郑金洲.教师如何做研究［M］.上海:华东师范大学出版社，2005.

［30］申继亮，辛涛.教师素质论纲［M］.北京:华艺出版社，1999.

［31］林崇德.教育的智慧:写给中小学教师［M］.北京:开明出版社，

1999.

　　［32］傅道春. 教师的成长与发展［M］. 北京: 教育科学出版社, 2001.

　　［33］顾明远. 教师教育研究［M］. 北京: 人民教育出版社, 2008.

　　［34］肖川. 教师的幸福人生与专业成长［M］. 长沙: 岳麓书社, 2008.

　　［35］赵国祥. 教师发展论［M］. 开封: 河南大学出版社, 2003.

　　［36］王建军. 教师专业发展论纲［M］. 南京: 江苏人民出版社, 2008.

　　［37］周川. 学校管理与教师发展［M］. 北京: 北京师范大学出版社, 2013.

　　［38］吴康宁. 教师教育: 从自在走向自为［M］. 北京: 教育科学出版社, 2004.

　　［39］刘良华. 教师专业成长: 刘良华教育讲演录［M］. 上海: 华东师范大学出版社, 2008.

　　［40］檀传宝. 走向新师德: 师德现状与教师专业发展研究［M］. 北京: 北京师范大学出版社, 2009.

　　［41］操太圣. 教师专业成长与教师教育的政策转向［M］. 南京: 江苏教育出版社, 2013.

　　［42］王长纯. 教师发展: 基于教师生涯的视角［M］. 北京: 北京师范大学出版社, 2013.

　　［43］陈桂生. 教育原理［M］. 上海: 华东师范大学出版社, 1993.

　　［44］金一鸣. 教育原理［M］. 北京: 北京师范大学出版社, 2001.

　　［45］扈中平. 现代教育理论［M］. 北京: 高等教育出版社, 2000.

　　［46］黄济, 王策三. 现代教育论［M］. 北京: 人民教育出版社, 1996.

　　［47］石中英. 教育哲学导论［M］. 北京: 北京师范大学出版社, 2004.

　　［48］全国十二所重点师范大学联合编写. 教育学基础［M］. 北京: 教育科学出版社, 2008.

　　［49］王道俊, 郭文安. 教育学［M］. 北京: 人民教育出版社, 2009.

　　［50］夸美纽斯. 大教学论［M］. 傅任敢, 译. 北京: 教育科学出版社, 1999.

　　［51］杜威. 民主主义与教育［M］. 王承绪, 译. 北京: 人民教育出版社, 2001.

　　［52］布卢姆. 教育目标分类学: 第一分册认知领域［M］. 罗黎辉, 译. 上海: 华东师范大学出版社, 1986.

［53］加涅.学习的条件和教学论［M］.皮连生，等译.上海：华东师范大学出版社，1999.

［54］奥苏伯尔.教育心理学：认知观点［M］.佘星南，等译.北京：人民教育出版社，1994.

［55］皮亚杰.发生认识论原理［M］.王宪钿，等译.北京：商务印书馆，1981.

［56］维果茨基.教育心理学［M］.李维，译.杭州：浙江教育出版社，1997.

［57］佐藤学.教师的挑战：宁静的课堂革命［M］.钟启泉，译.上海：华东师范大学出版社，2012.

［58］帕尔默.教学勇气：漫步教师心灵［M］.吴国珍，等译.上海：华东师范大学出版社，2005.

［59］克里希那穆提.一生的学习［M］.张南星，译.北京：群言出版社，2004.

［60］苏霍姆林斯基.给教师的建议［M］.杜殿坤，译.北京：教育科学出版社，1984.

［61］陶行知.陶行知文集［M］.南京：江苏教育出版社，2008.

［62］福禄贝尔.人的教育［M］.孙祖复，译.北京：人民教育出版社，2001.

［63］蒙台梭利.有吸收力的心灵［M］.高潮，等译.北京：中国发展出版社，2003.

［64］马拉古奇.孩子的一百种语言：意大利瑞吉欧方案教学报告书［M］.张莉，鲍钰，译.南京：江苏教育出版社，2004.

［65］雅斯贝尔斯.什么是教育［M］.邹进，译.北京：生活·读书·新知三联书店，1991.

［66］第斯多惠.德国教师培养指南［M］.袁一安，译.北京：人民教育出版社，2001.

［67］多尔.后现代课程观［M］.王红宇，译.北京：教育科学出版社，2000.

［68］布鲁纳.教育过程［M］.邵瑞珍，译.北京：文化教育出版社，1982.

［69］阿普尔.教育与权力［M］.曲囤囤，等译.上海：华东师范大学出

版社，2005.

　　［70］弗莱雷. 被压迫者教育学［M］. 顾建新，等译. 上海: 华东师范大学出版社，2001.

　　［71］舒尔茨. 人力资本投资: 教育和研究的作用［M］. 蒋衡，等译. 北京: 商务印书馆，1990.

　　［72］斯宾塞. 教育论［M］. 胡毅，王承绪，译. 北京: 人民教育出版社，1962.

　　［73］博比特. 课程［M］. 黄明皖，译. 杭州: 浙江教育出版社，2008.

　　［74］泰勒. 课程与教学的基本原理［M］. 罗康，张阅，译. 北京: 中国轻工业出版社，2008.

　　［75］多尔. 课程愿景［M］. 王红宇，译. 北京: 教育科学出版社，2004.

　　［76］派纳. 理解课程: 历史与当代课程话语研究导论［M］. 张华，等译. 北京: 教育科学出版社，2003.

　　［77］古德莱德. 课程与课程论［M］. 施良方，译. 北京: 教育科学出版社，1996.

　　［78］斯基尔贝克. 教育社会学: 一种系统分析法［M］. 汪凌，译. 华东师范大学出版社，2003.

　　［79］布迪厄，华康德. 实践与反思: 反思社会学导引［M］. 李猛，李康，译. 北京: 中央编译出版社，1998.

　　［80］伯恩斯坦. 教育、社会与文化的再生产［M］. 王瑞贤，译. 台北: 远流出版事业股份有限公司，1992.

参考文献

后　记

　　时光荏苒，转眼间，我的专著《高校教师队伍建设的探索与实践》已经完成。在这本书中，我试图对高校教师队伍建设的现状、问题和挑战进行了深入的研究和分析，并提出了一些解决方案和思考。

　　写这本书是一个充满挑战和收获的过程。在这个过程中，我梳理了大量的文献资料，进行了案例分析，并与一些教育专家、高校管理者和教师进行了深入的交流和讨论。通过这些努力，我逐渐对高校教师队伍建设的现状和问题有了更深入的理解。

　　在写作的过程中，我也深刻地认识到高校教师队伍建设是一个复杂而庞大的系统工程。它涉及教师的招聘、培养、评价和激励等多个环节，需要全社会的共同努力和支持。同时，高校教师队伍建设也是一个长期而艰巨的任务，需要持续地投入和改革。

　　在这本书中，我提出了一些对高校教师队伍建设的思考和建议。我认为，高校教师队伍建设需要注重教师的专业发展和素质提升，需要建立科学、公正、公开的教师评价机制，需要加强教师的团队合作和学科交叉互动，需要推动教师的国际化发展等。这些思考和建议，希望能够为高校教师队伍建设的改革和发展提供一些参考和借鉴。

　　最后，我要感谢所有支持和帮助过我的人，感谢我的家人、朋友和同事们对我写作工作的理解和支持。同时，我也要感谢所有参与调研和访谈的教育专家、高校管理者和教师们，是你们的宝贵意见和经验为我提供了很多启发和思考。

特别感谢石恪老师和从春蕾老师的无私帮助和大力支持。

希望这本书能够对高校教师队伍建设的改革和发展有所帮助，能够引起更多人对这个重要议题的关注和思考。我也希望这本书能够为高校管理者、教育工作者和研究者们带来一些参考和启示，为打造更加优秀的高校教师队伍贡献一份力量。

祝愿我们的高校教师队伍在新时代中蓬勃发展！

王智勇

后
记